AF201814

Felix Lobrecht & Malte Rosskopf

10 MINUTEN? DIT SIND JA 20 MARK!

FELIX LOBRECHT & MALTE ROSSKOPF

10 MINUTEN? DIT SIND JA 20 MARK!

ZEIT IST GELD UND WIR HABEN'S EILIG

SATYR
VERLAG

Felix Lobrecht
1988 geboren, ist Berliner, der im temporären Exil in Marburg weilt. Er ist erfolgreicher Poetry-Slammer, Autor, Comedian und Stammautor bei den Lesebühnen »Hund im Gelände« in Marburg und »Wal fällt auf Boot« in Gießen sowie 50 Prozent des Slam-Teams »Slamdog Millionaire«. Mit seinen Texten bringt er vor allem sich selbst, aber auch mal das Publikum zum Lachen. Ferner zeichnen ihn sein ausgeprägter Bizeps und die Berliner Schnauze aus (ebenfalls ausgeprägt). Nach dem Studium wird er zurück in seine geliebte Heimat ziehen, um dort groß und noch stärker zu werden.

Malte Rosskopf
wurde 1988 geboren und ist Slam-Poet, Autor und Vorleser. Als zugezogener Berliner hat er es sich seit 2009 im Wedding bequem gemacht, ist aber ohnehin meist unterwegs, wenn er mit seinen Gedichten und Kurzgeschichten erfolgreich durch Deutschland, Österreich und die Schweiz tourt. Rosskopf ist Mitglied der Berliner Lesebühne »Schnaps & Würde« und zweier Poetry-Slam-Teams, von denen eines bekannt ist (»Slamdog Millionaire«) und das andere noch keinen Namen hat, weil es sehr geheim ist.

So war es beim Erscheinen dieses Buches im Jahr 2015. Mittlerweile ist Felix preisgekrönter Comedystar und Malte fast fertiger Promovent der Rechtswissenschaften.

9. Auflage Oktober 2022

© Satyr Verlag Volker Surmann, Berlin 2015
www.satyr-verlag.de

Cover, Satz und Lektorat: Marvin Ruppert
Autorenfoto: Tobias Heyel
Druck: CPI-Books Clausen & Bosse, Leck
Printed in Germany

Die Deutsche Nationalbibliothek verzeichnet diese Publikation in der Deutschen Nationalbibliografie; detaillierte bibliografische Daten sind im Internet abrufbar über: http://dnb.d-nb.de

Die Marke »Satyr Verlag« ist eingetragen auf den Verlagsgründer Peter Maassen.

ISBN: 978-3-944035-55-0

INHALT

PROLOG

STRASSE & STUDIUM

»FICK DICH, ROSSKOPF, FICK DICH EINFACH!«, TOBT FELIX. IN DER Hand hält er drohend einen Nothammer aus einem Bus, vor ihm liegt eine leere Flasche Ouzo. »Wie zur Hölle soll dein beschissener Vorschlag funktionieren? Wie, frag ick dich!«

»Halt doch mal deine bekackte Scheißfresse, Felix!«, brüllt Malte zurück und nimmt noch einen großzügigen Schluck Whiskey. Neben ihm liegen griffbereit zwei Äxte. »Wir müssen bis morgen ein Scheißbuch bei unserem Scheißverleger abgeben und es war ein Scheißfehler, dir zu erlauben, das letzte Kapitel zu schreiben. Hast du dir deinen lieblos hingekackten Rotz mal selber durchgelesen? Schau mir in die Augen und sag mir, dass du das letzte Kapitel gelesen hast, ohne zu denken, dass das die verfickteste Fickscheiße ist, die je ein ›Mensch‹ geschrieben hat.«

»Ick schau dir in die Augen und sag dir, dass du schielst, dit sag ick dir, du Lappen. Dit letzte Kapitel vom Buch ist einsame Spitze und bevor du jetzt hier alles mit deinen lappigen, weichgespülten Scheißideen kaputtmaltest, zünd ick hier lieber den janzen Laden an. Den janzen verfickten Laden!« Felix zückt sein Feuerzeug. »Und hör auf, *Mensch* in Tüddelchen zu setzen, du arroganter Sack!« Beide schnauben sich wütend an.

»Alter, Felix, wach endlich auf.« Malte versucht, die Situation ein wenig zu beruhigen. »Wir müssen morgen ein Buch abgeben. Morgen. Verstehst du? Das ist der Tag nach heute. Und wir sind fast fertig, haben da so viel Arbeit reingesteckt, aber mit so einem Ende machen wir doch alles zunichte, was wir vorher mühsam aufgebaut haben.«

»Nischt wird hier zunichte jemacht. Dit ist 'ne runde Sache, so wie ick dit jeschrieben hab. 'ne runde Sache. So wie ein Ball. Oder 'n runder Kasten. Die von dir anjebotene Alternative is' keene runde Sache. Die is' eckig. Wie 'n normaler Kasten. Wenn wir jetzt deinem Vorschlag folgen, dann konterkarieren wir doch allet von vorher.«

Malte winkt herablassend ab. »Du weißt doch nicht mal, was ›konterkarieren‹ heißt, Felix. Deine ganze Familie weiß nicht, was ›konterkarieren‹ heißt.«

»Jut, ick wiederhole: Fick dich, Rosskopf, fick dich einfach!«

»Fick dich selber, Felix! Das ist doch alles für'n Arsch!«

Beide sind auf Hundertachtzig und warten ab, was passiert. Keiner senkt den Blick. Da zunächst aber niemand Anstalten macht, den anderen anzugreifen, regen sie sich ein bisschen ab.

»Du kannst doch gar nicht mehr klar denken, Felix«, sagt Malte. »Du bist doch rotzbesoffen von dem ganzen Ouzo!«

»Dit ist doch völlig sachfremd jetzt. Außerdem bist du mindestens noch besoffener als icke. Und überhaupt, wat macht'n dieser Lauch eigentlich hier?«, fragt Felix und nickt abfällig zu dem in der Ecke kauernden jungen Mann, der vor Angst zittert.

»Ja, was mach ich eigentlich hier?«, fragt der junge Mann.

»Kann der mal bitte sein Maul halten, Malte?«, mahnt Felix.

»Ja, halt dein Maul, mit dir spricht hier gerade niemand!«, blafft Malte ihn an, um dann an Felix gerichtet fortzufahren. »Das ist Troy, ein befreundeter Schriftsteller. Ich habe ihn gebeten, meine Einschätzung hinsichtlich deines Kapitels zu bestätigen.«

»Wir sind nicht befreundet, ich kenne Sie nicht«, stottert Troy. »Und ich wurde nicht gebeten, sondern erpresst. Ich möchte bitte schnell nach Hause gehen. Ich habe Angst.«

Malte schüttelt den Kopf und versperrt den Weg zur Tür.

»Kann der mal bitte sein Maul halten?«, mahnt Felix ein zweites Mal.

»Ja, halt dein Maul, Troy. Du gehst nirgendwo hin, bevor du Felix nicht erklärt hast, dass er beim letzten Kapitel versagt und sich bis auf die Knochen blamiert hat und nur mein Vorschlag unser Buch retten kann.«

»Spinnst du jetzt komplett, Rosskopf? Du hast 'nen Schriftsteller hierher zitiert, damit er deinen völlig abwegigen Vorschlag unterstützt?«

»Ja, das habe ich. Troy hat schon mehrere Bücher veröffentlicht. Und er als Experte wird dir meine Einschätzung bestätigen. Du Arschgeige!«

»Bitte, wir kennen uns nicht«, wimmert Troy. »Und ich bin kein Schriftsteller, ich arbeite im Callcenter eines kleinen Möbelhauses, bei dem nie jemand anruft. Ich schreibe nur privat kleine Geschichten und trete damit auf kleinen Poetry Slams im Großraum Zossen auf. Ich möchte jetzt bitte gehen. Ich habe Familie und Sie machen mir Angst.«

»Jetz' reicht mir dit aber hier mit dir, Troy! Mir platzt gleich der Helm hier, ey. Mann!« Felix macht eine helmplatzende Armbewegung. Er bewirft Troy mit einer Gabel und dreht sich wieder zu Malte.

»Dit is' doch allet albern, is' dit doch allet. Und peinlich, Malte, peinlich! Es ist peinlich, dass du dir hier den hinterletzten Wannabe-Schriftsteller greifst, nur weil dein Vorschlag die größte Kackscheiße ist, die ick je lesen musste. Und ick musste nicht viel lesen bisher!«

Malte schüttelt den Kopf. »Tu doch nicht so, Felix, du hast dir doch selber Unterstützung geholt«, sagt er und deutet auf das Sofa, hinter dem eine blasse Gestalt hervorlugt, die im Wesentlichen genauso aussieht wie Troy.

»Ja, und? Hab ick«, gibt Felix zu. »Dit ist aber keen Schriftsteller, sondern Marcel.« Felix nickt abschließend, so als sei damit alles gesagt.

»Wer ist Marcel?«, fragt Malte.

»Ich bin Marcel«, sagt Marcel. »Und auch ich habe große Angst und würde wirklich gerne nach Hause gehen.«

»Sag mal, kann der mal bitte sein Maul halten und sich hier nicht so dummdreist einmischen?«, echauffiert sich Malte.

»Du hast den Mann jehört, Marcel. Halt dein Maul!«

»Warum ist Marcel hier?«

»Weil ick ihn darum jebeten habe. Marcel war Streitschlichter an meiner alten Schule«, erklärt Felix, der sich nun überlegen fühlt, sehr sachlich. »Ick dachte mir: Jut, Malte und ick streiten, wer kann da helfen? 'n Streitschlichter. Et voilà, Marco, äh, Marcel oder wat weeß ick.«

»Bitte, Felix«, setzt Marcel an. »Ich, äh, ich war nur Streitschlichter, weil das die einzige Möglichkeit war, dem Pausenhof fernbleiben zu können. Dort wurde ich immer geärgert und hin und wieder angezündet. Dann bin ich Streitschlichter geworden und durfte in der großen Pause immer im Streitschlichterraum sitzen. Ich hab dann aber trotzdem schnell die Schule gewechselt, immer wenn ich was schlichten wollte, wurde ich danach von beiden Parteien gehauen, als die Lehrer nicht geguckt haben. Ich bin kein guter Streitschlichter und kann euch nicht helfen.«

»Da hörst du ihn, Felix!«, sagt Malte. »Dein kauziger Schulfreund kann uns nicht helfen. Also wieder zu dir, Schriftsteller.« Er wendet sich dem immer noch zitternden Troy zu. »Du liest jetzt das letzte Kapitel und sagst uns, was du davon hältst. Du kriegst dafür 'ne halbe Stunde Zeit.«

»Ich möchte das nicht lesen, ich schreibe, wie gesagt, nur ganz selten mal kleine, belanglose Kurzgeschichten«, sagt Troy eingeschüchtert.

»Wat für einen peinlichen Versager du dir da ins Haus jeholt hast, Malte. Lächerlich.«

»Troy, du weißt, was ich gegen dich in der Hand habe«, antwortet Malte knapp. »Ich habe den vierten August 2011 nicht vergessen, Troy. Die offene Bühne in Blankenfelde ...«

»Du warst da?« Troy ist entsetzt.

»Ich war da, Troy, ich war da. Und auch Backstage, als du ... du weißt schon. Da war ich auch da, Troy, auch da.«

»O... Okay, dann, äh, okay.« Er nickt wissend und schweigt.

»Kann ich dann jetzt gehen?«, fragt Marcel hoffnungsvoll.

»Klar, Marcel, klar, du kannst jehen. Soll ick dir noch 'n Zehner mit uff'n Weg jeben, als Dank? Oder darf ick dir direkt 'n Taxi spendieren?«, fragt Felix. »Nee, Marcel, du kannst mal überhaupt nicht jehen. Du hältst jetzt die Schnauze und liest dir mein letztet Kapitel durch. Dit kann nämlich nicht sein, dass Rosskopf hier seinen muchtigen Billo-Schriftsteller hat und ick hier alleene gegen die Kloppifraktion argumentieren muss. Du bist immer noch jenauso nutzlos wie früher, Marcel. Weeßte dit eigentlich? Dit fällt allet auf mich zurück, Marcel. Willst du dit? Willst du, dass ick mich vor dem da lächerlich mache?« Er nickt zu Malte.

»Nein, natürlich nicht«, antwortet Marcel.

»Dacht' ick mir schon«, fährt Felix fort und steckt sein Feuerzeug wieder ein. »Du kriegst jetzt 'ne halbe Stunde, um dir 'ne Lösung für unser Problem zu überlegen. Malte will, dass am Ende vom Buch der Geist von Adolf Hitler auftaucht. Ick will, dass allet nur ein Traum war. Und denk ma nicht, dass ick mich nicht an früher erinner, Marcel. Ick weiß, wer damals gepetzt hat, dass Emre das Auto von Frau Müller kaputt jemacht hat. Du weißt schon, als Emre dann von der Schule jeflogen ist und in den Jugendknast musste. Wo er noch meinte, was er macht, wenn er rausfindet, wer gepetzt hat. Willst du, dass meine Infos ihren Weg in die Öffentlichkeit finden?«

Marcel schüttelt panisch den Kopf.

»Dacht' ick mir, Marco, äh, Marcel. Dacht' ick mir. Also, an die Arbeit!«

Malte und Felix verlassen das Zimmer und schließen ab. Dann stellen sie einen Wecker.

»Erpressen wir gerade zwei Menschen, nur weil wir uns auf kein Ende einigen können?«, fragt Malte.

»Wir betreiben Outsourcing, Malte. Entscheidungsoutsourcing. Dit macht man heutzutage so«, antwortet Felix.

»Wo hast du gelernt, Menschen mit Informationen zu erpressen?«, fragt Malte.

»Auf der Straße, Neukölln«, antwortet Felix. »Und du?«

»Drittes Semester, Jurastudium!«

Sie schweigen kurz.

»Ick find deinen Vorschlag für das letzte Kapitel übrigens immer noch richtig scheiße!«

»Ich deinen auch!«

»Fick dich, Rosskopf!«

»Fick dich selber, Lobrecht!«

30 TAGE ZUVOR – TAG I

FISCHE, DIE LEUCHTEN & DER ANFANG VOM REST DES LEBENS

FELIX GEHT DEN LANGEN FLUR DER WOHNUNG ENTLANG. ER macht vor Maltes Zimmer halt und klopft mit seinen durchtrainierten Armen laut gegen die Zimmertür. Die Tür wackelt, aber eine Antwort von Malte bleibt aus. Felix schlägt weitere zweihundertdreiundachtzigmal fest gegen die Tür, bis endlich eine Reaktion erfolgt.

»Wer immer das ist, jetzt nicht!«, ruft Malte. »Heute ist mein erster freier Tag seit einer gefühlten Ewigkeit und den möchte ich damit verbringen, im Bett zu liegen und mir Tiefseedokus anzugucken. Thema heute: ›Fische, die leuchten.‹«

Felix öffnet die Tür und betritt das Zimmer.

»Ey! Was soll das?«, fragt Malte. Er liegt noch im Bett und guckt Tiefseedokus. Ein leuchtender Fisch schwimmt durch das ansonsten komplett schwarze Bild.

»Sorry, ick dachte, ick hätte ein ›Herein‹ gehört«, antwortet Felix.

Malte blickt auf und ist sichtlich überrascht, Felix zu sehen. »Was machst du denn hier, warum bist du nicht in Marburg?«

»Warum sollt' ick in Marburg sein?«, fragt Felix.

»Weil du da wohnst?«

»Stimmt.« Felix wirkt unbeeindruckt.

»Und warum bist du dann jetzt in Berlin? In meiner Wohnung?«

»Ach so, darauf wolltest du hinaus. Na ja, um's kurz zu machen: Ick wohn die nächsten vier Wochen hier. Nice, oder?« Er sieht Malte erwartungsvoll an.

»Bitte was?«

»Ick – wohn – die – nächsten – vier – Wochen – hier«, wiederholt Felix. Er betont dabei jedes Wort einzeln, als glaube er, Malte sei der deutschen Sprache nicht mächtig.

»Danke, akustisch hab ich das verstanden«, antwortet Malte. »Ich habe nur erhebliche Zweifel am Inhalt deiner Äußerung. Ich wüsste nicht, warum und wie du hier wohnen solltest.«

»Dit *wie* is' ja nun keen Kunstwerk: Rinnjehen, da sein, zack – wohnen!«, sagt Felix. »Und warum ick hier wohnen werde? Na ja, wir müssen ja immerhin bis nächsten Monat ein Buch zusammen schreiben. Da hab ick mir jedacht, machste ma' 'ne WG mit Malte, dann können wa besser zusammen arbeiten. Jut, oder?« Er sieht Malte noch erwartungsvoller als eben an.

»Wovon zur Hölle sprichst du?« Malte hat sich mittlerweile aufgesetzt, um eines seiner fünfzehn blau-weiß gestreiften T-Shirts anzuziehen, um seinen im Vergleich zu Felix sehr untrainierten Oberkörper zu bedecken.

»Dein Körper ist auch im Vergleich zu anderen Menschen untrainiert«, sagt Felix plötzlich.

»Wie bitte?«

»Ick hab doch jenau jesehen, wie du dachtest, dass dein Körper im Vergleich zu meinem sehr untrainiert ist.« Er flext völlig grundlos seinen Trizeps. »Aber bild dir mal nix ein, du bist generell ein Lauch. Nicht nur im Vergleich zu mir.«

»Äh, okay, was auch immer«, wundert sich Malte über Felix' Fähigkeiten zum Gedankenlesen. »Aber viel wichtiger: Was meinst du damit, dass wir ein Buch schreiben müssen?«

»Ganz einfach«, sagt Felix. »Auch wenn du das wohl vergessen hast, du bist Poetry-Slammer. Dit heißt, du nimmst an Poetry Slams teil. Poetry Slams sind moderne Dichterwettkämpfe, bei denen ...«

»Jaja, ich weiß, was Poetry Slams sind, ich bin zufällig Poetry-Slammer«, unterbricht Malte Felix sanft.

»Unterbrich mich nicht!«, unterbricht Felix Malte barsch.

»Aaalso: Poetry Slams sind moderne Dichterwettkämpfe, bei denen die Teilnehmer mit selbst geschriebenen Texten gegeneinander antreten. Auf Bühnen. Letztet Jahr hast du an einem Slam teilgenommen. Weil ick zufällig auch Poetry-Slammer bin, hab ick zufällig auch teilgenommen. Danach kam ein Mann zu mir, der sagte, er sei zufällig Verleger ...«

»Zufällig Verleger? Wie wird man denn zufällig Verleger?«

»Hab ick ooch jefragt«, sagt Felix. »Der wollte ursprünglich Maurer werden, hat er erzählt. Hier mal 'ne Wand mauern, da mal 'n Haus, vielleicht auch ma' 'ne kleene Brücke. Aber nee – Eltern tot, Verlag geerbt. Jetzt ist er zufällig Verleger.«

»Verrückt«, murmelt Malte. Er muss plötzlich drei Minuten lang niesen.

»Wie dem auch sei«, sagt Felix. »Der fand mich janz jut, weil ick so Berliner Schnauze hab und witzig bin, pipapo. Dich fand er janz jut, weil in deinen Texten *Harry Potter* und Hitler vorkommen.« Er zwinkert Malte gönnerhaft zu. »Ist wie Salz und Pfeffer fürs Essen, meinte er. Jehört halt durchschnittlich dazu. Er meinte, wir sollten mal 'n Buch zusammen schreiben. Würde sich spitzenmäßig ergänzen.« Er macht eine Pause und überlegt. »Wie Salz und Pfeffer hat er gesagt. Oder Simon und Graf Onkel oder so.«

»Und hast du dann einfach zugesagt? Ohne mich vorher zu fragen?«, fragt Malte.

Felix schweigt. Er erkennt in Maltes Blick, dass dieser auf eine Antwort wartet. Dann geht er wortlos in die Küche und holt sich einen Kaffee.

Nach vier Minuten kommt er ins Zimmer zurück und sagt nach längerem Schweigen schließlich: »Ja. Theoretisch hab ick zujesagt.« Er nimmt einen Schluck Kaffee und ergänzt: »Ick dachte, vielleicht freuste dich ja. Hat sich dann aber eh zunächst zerschlagen, weil wir mehrere Deadlines verpasst haben, um 'ne Arbeitsprobe zu schicken.«

Malte echauffiert sich innerlich, hört aber wortlos zu.

»Immerhin hat er irgendwann wütend jeschrieben, dass wir nur noch eine Chance bekommen. Hab ick vergessen, drauf zu antworten. Fand er jar nicht lustig.« Felix grinst und schüttelt seine Hand, als ob er sie sich gerade verbrannt hat. »Der Verleger hat, glaub ick, 'ne Vorliebe für Deadlines, muss wat Persönlichet sein«, fügt er hinzu.

»Sorry, Felix«, bricht es aus Malte heraus. »Aber das ist ja wohl die Höhe! Du weißt genau, dass es eines der großen Ziele auf meiner großen Liste meiner großen Ziele ist, ein Buch zu schreiben!«

»Mir ist diese Liste gänzlich unbekannt«, antwortet Felix knapp.

Malte geht nicht darauf ein. »Und du hast mir nicht Bescheid gesagt, mir also die Chance geraubt, einen Traum zu verwirklichen. Und dann verpasst du auch noch mehrere Deadlines. Dabei hab ich Arbeitsproben der letzten zwölf Jahre für genau solche Fälle alphabetisch und chronologisch sortiert rumliegen. Ich fasse es nicht!«

»*Wir* ham Deadlines verpasst, Malte«, korrigiert Felix, »dit war'n wir janz alleene. Wir sind ein Team, Malte, ein Team. Wir jewinnen zusammen und verlieren zusammen. Und wir verpassen Deadlines zusammen. Denn wir sind ein Team!«

»Das ist doch ausgemachter Unfug!«, entrüstet sich Malte und klingt dabei wie eine alternde Deutschlehrerin, die einem zu spät kommenden Schüler die Ausrede nicht glaubt. »Du hast die Deadlines verpasst, du alleine. Und vor allen Dingen: Du hast nichts gesagt, nichts hast du gesagt! ›Da hat ein Verleger Interesse an dir und deinen Texten‹, das wäre mal ein Grund für einen Anruf gewesen. Stattdessen rufst du mich manchmal nachts an, um zu fragen, ob Enten die Kinder von Gänsen und Gänse die Kinder von Schwänen sind. Und ob dann Enten im Umkehrschluss die Enkel von Schwänen sind und was Falken damit zu tun haben. Wegen so was rufst du an. Ich bin richtig geladen, Felix, richtig geladen bin ich!«

»Jetzt reg dich mal wieder ab«, sagt Felix mit beschwichtigender Geste. »Wie du meiner Aussage, dass wir ein Buch schreiben müssen, entnehmen kannst, müssen wir ein Buch schreiben. Dit spricht doch dafür, dass in der Causa Buch dit letzte Wort noch nicht jesprochen ist. Deadline hin oder her.«

»Ich bin ganz Ohr«, sagt Malte und versucht, Zorn und Neugier in Einklang zu bringen, ohne Felix gleich wieder wohlgesonnen zu sein.

»Schön, dass de mir wieder wohlgesonnen bist«, sagt Felix lächelnd. »Na ja, also: Letzten Monat ruft mich der Verleger dann plötzlich an und berichtet, dass mehrere Autoren ihre Projekte zurückgezogen hätten. Dann gab's da plötzlich Autorenbedarf. Aber es muss schnell gehen, hatta jesagt. Ergo: Zeitdruck! Einen Monat ham wa.«

»Bis nächsten Monat? Du verarschst mich doch!« Malte hofft, dass Felix ihn verarscht.

»Ist nicht ausjeschlossen, dass ick dem Verleger gegenüber behauptet hab, dass wir im Prinzip schon 'nen fertigen Roman rumliegen haben. Da war er ganz begeistert!«, gibt Felix zu.

»Oh Mann«, stöhnt Malte. Er weiß nicht, was er von all dem halten soll. Einerseits mag er Felix gerne und hatte schon immer den Wunsch, mal ein Buch zu schreiben. Andererseits findet er Felix mit seiner eigenartigen Art manchmal unerträglich, und vor allen Dingen: Wie sollen sie es schaffen, in so kurzer Zeit ein Buch zu schreiben? Außerdem will er doch eigentlich endlich mal seinen dringend benötigten Urlaub machen.

Janz schön bockig der Malte, denkt Felix, ohne zu hinterfragen, ob das von ihm selbst nicht gerade ganz schön dreist war. Der Junge sollte mal dankbar sein, ein Buch schreiben zu dürfen. Umstände hin oder her. So schwer wird dit schon nicht sein, 'n paar Sätze, 'n paar Seiten und fertig. Malte und seine nervige Malte-Art manchmal.

»Und wie kommst du darauf, dass du jetzt hier wohnst?«, geht Malte zum nächsten Thema über. »Hier ist kein freies Zimmer und meine bescheidenen Räumlichkeiten sind zu klein.«

»Ick wohn temporär bei deinem Mitbewohner, der ist doch den ganzen Sommer über weg«, sagt Felix.

»Und woher willst du das wissen?«

»Janz einfach, immer wenn wir telefonieren, sagst du, wie du dich auf deinen freien Sommer freust. Keene Uni, Mitbewohner im Urlaub, die Wohnung nur für dich alleene haben und überhaupt. Jut, da hab ick dit Wichtige vom Unwichtigen getrennt und als Kerninformation herausgefiltert: Freiet Zimmer bei Malte.«

»Du hast nicht etwa herausgefiltert: Malte freut sich auf einen freien Sommer mit leerer Wohnung?«, fragt Malte. »Weißt du, das wäre nämlich das Naheliegende gewesen.«

»Ick hör lieber zwischen den Zeilen«, erwidert Felix. »Et voilà, hier bin ick.«

»Und woher hast du einen Schlüssel?«

»Von deinem Mitbewohner. Ham vorhin noch 'nen Kaffee getrunken zusammen. *Wir* mögen uns. Ick würd ja auch nicht einfach in sein Zimmer ziehen, ohne ihn zu fragen. Für wie dreist hältst du mich?«

»Na, klasse«, sagt Malte. »Also willst du jetzt wirklich hier wohnen und binnen vier Wochen ein Buch schreiben. Ich denke, ich find das alles eher nicht so richtig cool.«

»Manchmal bist du eigenartig«, sagt Felix. »Aber da müssen wa jetz' durch. Außerdem gloob ick, es ist gut, dass ick hier vorübergehend wohne. Offensichtlich fehlt dir eine Vaterfigur.«

»Wieso? Ich habe eine Vaterfigur«, antwortet Malte, »meinen Vater!«

»Ja«, erwidert Felix. Er sieht sich um. »Aber so wie ick die Sache sehe, ist dein Vater gerade nicht hier.« Er versucht, diesen Konter mit einer coolen Geste zu verstärken.

»Wie viele andere Menschen wohne auch ich im Alter von sechsundzwanzig nicht mehr bei meinen Eltern und meine Eltern wohnen auch nicht bei mir«, antwortet Malte gestenlos und seine Gestenlosigkeit direkt bereuend.

»Dit bekommt dir vielleicht nicht so gut«, sagt Felix. »Du scheinst die Kontrolle über dein Leben verloren zu haben. Es ist 16:09 Uhr und du liegst noch im Bett. An einem Wochentag.«

»Erstens«, erwidert Malte, »ist heute Samstag. Und zweitens waren die letzten drei Wochen so voll mit Uni, Arbeit, Renovierungsscheiße in der Wohnung, Auftritten bei Poetry Slams, Familienbesuchen und so weiter, dass ich einfach nur sehr froh bin, heute mal freizuhaben, nichts zu tun zu haben und abschalten zu können.«

»Also«, erklärt Felix, »erstens ist Samstag auch 'n Wochentag. So wie ick dit jelernt hab, hat 'ne Woche sieben Tage. Samstag jehört dazu. Zweitens: Es ist 16:10 Uhr und du liegst noch im Bett. Bist du krank?«

»Ganz im Gegenteil, mir ging es richtig gut, bis du kamst. Ich hatte das Gefühl, alles erledigt zu haben, was zu erledigen war. Ich war richtig entspannt und stand über den Dingen, bis du aus dem Nichts beziehungsweise Marburg aufgetaucht bist. Alles war toll, bis du mir gesagt hast, dass wir ab sofort Mitbewohner und Co-Autoren eines Buches seien, das wir nie fertig kriegen werden, weil wir nicht ausreichend Zeit dafür haben.« Maltes Stimme überschlägt sich vor Aufregung. »Und wenn wir es doch schaffen sollten – und ich betone erneut meine ausgewachsenen Zweifel –, dann wird es schlecht und unwürdig. Wir werden grausame oder gar keine Kritiken ernten und unser aufgehender Stern wird verbrannt sein, bevor der Zenit überhaupt in Sichtweite war. Das ist doch alles bescheuert!«

Felix kratzt sich den Bizeps, zieht sein Muskelshirt aus und zupft das noch engere Muskelshirt darunter zurecht. Er überlegt. »Also, wenn's dir richtig gut geht, dann liegste nur im Bett, ja?«, fragt er ungläubig. »Während andere vor Freude on se Sunshine walken, in se Rain singen oder in se Moonlight dancen, liegst du einfach nur im Bett und guckst vor lauter Euphorie Tiefseedokus?«

»Alter, da sind Fische, die leuchten. *Leuchten!*«

»Scheiß auf leuchtende Fische! Dit ist bedenklich, Rosskopf. Geh raus, mach Party, räum das Zimmer deines Mitbewohners auf oder schreib 'n Buch! Apropos Buch schreiben, *wir* müssen ein Buch schreiben. Hopp hopp, raus aus 'n Federn!« Felix greift sich einen Besen und deutet an, Malte damit aus dem Bett zu kehren. »Komm, wir schaffen dit. Ein Monat ist viel Zeit. Ick sag ja immer: ›'n Monat ist wie dit Soloprogramm von Dieter Nuhr – länger, als man denkt‹, nur is' dit in unserem Fall wat Jutet!«

Malte atmet tief durch, verschränkt die Hände hinter dem Kopf und sagt: »Das sagst du nie. Das hast du dir gerade ausgedacht. Und jetzt leg den Besen weg und hör auf, dich wie Karlsson vom Dach aufzuführen, Felix!«

Felix hört nicht auf.

»Du sollst den Besen weglegen!«

»Dann steh endlich uff! Der Tag wartet auf uns!« Felix reißt demonstrativ die Vorhänge auf und dabei versehentlich ab.

»Nein, auf mich wartet der Tag nicht. Auf dich wahrscheinlich auch nicht. Ich zum Beispiel habe auch nicht auf dich gewartet. Und jetzt, wo du trotzdem da bist, finde ich das eher so mittel irgendwie. Ich kann mir nicht vorstellen, dass es dem Tag anders gehen wird, wenn ich aufstehe, ohne dass er auf mich gewartet hat. Alleine aus Gründen des Trotzes muss ich jetzt liegen bleiben! Um dir eine Lektion zu erteilen, du verstehst?«

Felix atmet tief durch, verschränkt die breiten Arme und sagt wie einer der Streitschlichter seiner alten Schule, die von beiden Streitparteien verprügelt wurden, sobald die Lehrer weg waren: »Na jut, Dornröschen, dann folgender Vorschlag zur Güte: Ick mach uns Kaffee, rauch noch eine und du erklärst mir noch mal, warum du partout nicht aufstehen willst. Dann nicke ick, sag, ick könnte dit verstehen, obwohl's nicht stimmt, und dann stehst du auf, okay?« Cool steckt er sich zu diesen Worten eine Zigarette an.

»Das ist eine Nichtraucher-WG«, sagt Malte knapp.

»Wir sollten eh mal zeitnah 'n ernstet WG-Gespräch anpeilen«, entgegnet Felix trocken. Er zieht lässig an der Zigarette und geht.

Fünf Minuten später kommt er mit Kaffee zurück ins Zimmer. Malte ist in der Zwischenzeit aufgestanden und hat sich ein neues, anderes blau-weiß gestreiftes T-Shirt angezogen und sich wieder hingelegt, ohne zu wissen, warum er sich umgezogen hat. Was für ein komischer Tag.

Felix reicht Malte einen Kaffee.

»Nun denn«, sagt Malte. »Da du mir nun offensichtlich zugelaufen bist und ich mich deiner annehme, habe ich einen Bildungsauftrag, mein wissensbelückter Freund. Ergo werde ich nun erläutern, warum ich liegen bleibe und warum das auch richtig und im Einklang mit der Alltagsästhetik ist. Pass auf!«

LIEGEN BLEIBEN

Wenn ich als Kind ein Buch las und dieses dann an einer Stelle wunderschön zu werden begann, dann las ich weiter bis zum Zenit der Perfektion, hielt dort inne, legte das Buch beiseite und genoss den vom Autor kreierten Moment, bevor ich weiterlas.

So auch im wahren Leben. Wenn alles läuft, dann mache ich eine Pause und sauge das auf. Dann ist ein grenzdebiles Dauergrinsen die Überschrift meines Gesichtes. Dann schweigt der Kopf. Dann habe ich das Gefühl, auf jede Es-ist-jetzt-oder-nie-Situation antworten zu können: »Ja, aber nicht jetzt! Mal gucken, vielleicht morgen, ich möchte nichts versprechen, denn meine Uhren sind kaputt, die Wecker nicht gestellt, ich habe alle Zeit der Welt, sitze am längeren Hebel, habe den längeren Hebel und bin so cool: Wäre ich ein Kühlschrank, dann wäre ich zwei Kühlschränke.«

Normalerweise hätte ich jetzt Angst, draußen in der Welt irgendetwas sehr Krasses zu verpassen. Denn wenn man zu Hause sitzt und sich sorgt, etwas zu verpassen, dann ist die Realität immer vergessen. So wie eine Tupperdose im Schulranzen eines Grundschülers, der sie erst nach den großen Ferien wiederentdeckt und sich denkt: Aha, es gab damals Banane!

Aber heute gibt es keine Banane und auch nichts zu verpassen, weil Banane zu gesund ist und ich mich nicht in Kämpfen und Vergleichen aufreiben will, die ich nicht mal dann gewinnen würde, wenn der andere verliert. Denn irgendwer ist immer krasser. Bis in die kleinsten Kreise zieht sich der Konkurrenzkampf, beherrscht den Alltag, fängt schon in der Familie an. Wenn Wilson Gonzales Ochsenknecht auffälliger sein will als sein Bruder Jimi Blue und sich die Haare »blue« färbt. Wenn sich dann Jimi Blue, zum Konter entschlossen, die Haare »gonzales« färbt. Wenn Vater Uwe Ochsenknecht dann daran erinnert, dass man Haare nicht mehr färben kann, wenn man keine mehr hat. Und dass er sowieso das dickste Snickers in der Minibar ist und die Söhne sowieso nie seinem Schatten entfliehen werden, obwohl es gleichzeitig das väterliche Lichte der Berühmtheit erst war, welches die Söhne überhaupt aus dem Schatten geholt hat. Irgendwer ist immer krasser!

Und wieso, weshalb, warum, wird man eh nicht verstehen. Wie man vieles eh nicht versteht, bei all den Widersprüchen überall: Hillary Clinton bekommt von einer Eliteuniversität zweihundertfünzigtausend US-Dollar dafür, an ebenjener Eliteuniversität einen Vortrag darüber zu halten, warum Eliteuniversitäten so teuer sind. Meine Klausuren werden suboptimal bewertet, weil der Korrektor meine Schrift nicht lesen kann, was er unter die Klausuren schreibt, vermute ich zumindest, weil ich seine Schrift nicht lesen kann. Und mein Vater schreibt mir SMS, in denen steht: »Sohn, mach dein Handy an!«

Mein Handy bleibt heute aus! Das ist eine der wenigen Entscheidungen, die ich heute treffe, denn es ist nicht der Zeitpunkt für Entscheidungen zwischen richtig und falsch. Nichts ist schwarz und weiß, nicht mal schwarz und weiß. Und dazwischen gibt es mindestens fifty shades of grey.

Nur muss ich versuchen, nicht jede Schattierung erkennen zu wollen. Muss mal runterkommen, mal abschalten, und zwar nicht nur das Handy. Ich muss versuchen, nicht zu übertreiben, Balance finden. Niemand geht nach dem All-you-can-eat-Büfett nach Hause und sagt: »Mensch, toll, ich habe genau richtig gegessen! Nicht zu viel, nicht zu wenig, sondern genau richtig, super!« Nein, jeder sagt: »Boah, ich bin so vollgefressen, ey, ich hab Bauchschmerzen, aber das ist gut, weil ich ja dafür bezahlt habe.«

Noch mehr ist immer irgendwann zu viel. Es gibt ja derart dominante Boxer, die nicht mehr nur vorher vorhersagen, dass sie gewinnen werden. Sondern vorher auch vorhersagen, wann und wie sie gewinnen werden. Dominanten Schachspielern könnte es nach diesem Motto irgendwann darum gehen, nicht mehr nur zu gewinnen, sondern so zu dominieren, dass ihre Bauern die Dame des Gegners nach spätestens sechs Zügen schänden. Und der König muss zugucken. Denn alles, was man macht, kann man noch krasser machen, noch faster, harder, scooter, hyper hyper, hyper hyper, über über, bis in die Sinnlosigkeit des Selbstzwecks.

Aber ich muss auf Pause drücken, darüber heute nicht nachdenken, nicht alles zerdenken, mich nicht in jede Position und Perspektive hineindenken. Der träge Schüler würde beispielsweise denken: »Mutter, ich bin krank, ich bleib heute zu Hause, ich habe 36,8 Grad Fieber!« Die strenge Mutter würde denken: »Natürlich gehst du in die Schule, stell dich nicht so an! Nichts ist Fieber unter 45 Grad!« Der Mathematiker würde denken: »45 Grad Fieber mal zwei und wir hätten einen rechten Winkel.« Der oder die Gleichberechtigungsbeauftragte für Gedichte würde denken: »Und was ist dann ein linker Winkel?« Der Jurist würde denken: »Solange es kein unrechter Winkel ist, ist alles kein Problem!« Und LaFee würde antworten: »Heul doch!« Denn alles kommt immer auf den Augenblick, den Blickwinkel, den Augenblickwinkel an, der, je nachdem, wo man wann steht, ein rechter oder unrechter Winkel ist. Auch in Abhängigkeit davon, wie subjektiv das eigene Objektiv ist.

Aber mein Blickwinkel heute stimmt, der Augenblick auch. Heute bin ich entspannt wie ein kaputtes Katapult und so selbstsicher wie der wirre, schicke Mann im Anzug, der mir neulich nachts eine Dose Sparkling Eistee Peach aus der Hand gerissen und gesagt hat: »Nice! Dreißig Pfennig Pfand für mich, Bitch!«

Ach, wie gut, dass ich heute liegen bleibe, ausnahmsweise keine wirren Leute treffe. Keine aufgedrängten Bekannten wie Lars, den man nur kennt, weil Jens diesen Lars in der S-Bahn vorstellt und sofort danach selber aussteigt. Man deswegen mit Lars reden muss, sodass man Lars jetzt »kennt«. Obwohl man ja schon Jens nur kennt, weil man irgendwann in einer Bar mit Nils über Sven gesprochen hat, den der vorbeigehende Jens über Lars auch kannte und sich daher mit den Worten eingemischt hat: »Die Welt ist schon klein, Wahnsinn, oder?« Das sind Menschen, von denen man sich immer sofort wieder verabschiedet, um dann festzustellen: »Nein, wie unangenehm, wir müssen noch weiter in dieselbe Richtung laufen – acht Kilometer!« Menschen, die scheinbar immer unterwegs sind, weil sie immer Angst haben, irgendwo irgendwas oder irgendwen irgendwie zu verpassen und deswegen nicht mehr das bosshafteste Bounty im Candystore zu sein.

»Bei Angst hilft sowieso nur ein Patronus«, würde ein *Harry-Potter*-Fan dann vielleicht dazu sagen. »Halt's Maul!«, würde ein Nicht-*Harry-Potter*-Fan antworten. Ein Literaturkritiker würde entgegnen: »Aha, ein Patronus! Man denkt ganz doll an was Schönes, nimmt seinen Zauberstab ganz fest in die Hand und dann kommt da vorne was Weißes raus. Happiness is a warm gun, bang bang shoot!«

Und irgendein *Harry-Potter*-Fan würde widersprechen und irgendein *Beatles*-Fan würde zustimmen und irgendein Lars, Nils, Jens oder Sven fände die *Rolling Stones* und *Herr der Ringe* besser. Und Uwe Ochsenknecht fände sich besser, irgendein Patronus dagegen wäre ein Ochsenknecht, während Jimi Blue und Wilson Gonzales *Harry Potter* und *Fifty Shades Of Grey* lesend die *Beatles* covern, worüber Hillary Clinton vielleicht einen Vortrag hielte, wenn man ihr genügend Geld böte.

Aber ich würde sie alle nicht hören können, denn ich hätte auf lautlos gestellt und Pause gedrückt. Ein grenzdebiles Dauergrinsen zierte mein Gesicht. Das, was ich wissen muss, weiß ich. Das, was ich meine zu brauchen, habe ich. Der Kopf schweigt, jeder Kampf ist gewonnen, Zeit und Glück gehören mir. Für den Moment.

»Dit war mal 'ne ausführliche Antwort!«, sagt Felix.
»Also wenn's dir jut jeht, dann bleibste liegen, weil du Angst hast, dass es dir nicht mehr jut jeht, wenn du aufstehst, richtig?«

»Ja, so ungefähr«, sagt Malte. »Aber ich bleibe nicht direkt liegen, weil ich Angst habe. Wenn ich akut Angst hätte, dann ginge es mir ja nicht gut, sodass ich nicht liegen bliebe, weil es mir gut ginge. Aber das ist jetzt ohnehin egal, der Plan mit dem Nichtaufstehen ist sowieso nicht aufgegangen, weil du reingekommen bist und alles kaputtgemacht hast. Statt süßem Nichtstun soll ich jetzt ein Buch schreiben. Mittlerweile liege ich wie gesagt nur noch aus bloßem Trotz im Bett. So wie Yoko Ono und John Lennon oder Joko und Klaas oder wer immer das mal gemacht hat.«

»Jaja.« Felix guckt nachdenklich. »Momente des Glücks sind einfach meist sehr, sehr kurz. Manchmal zu kurz.«

»Ich weiß. Der Schriftsteller Robert Frost sagte dazu mal, Glück mache durch Höhe wett, was ihm an der Länge fehlt.«

»Dit is' 'n schöner Satz, Malte. Aber hat dit nicht irgend'n drittklassiger Rapper schon mal in einem viertklassigen Track gesagt? Dieser Dendemann?«

»Also erstens«, sagt Malte und zeigt aus Versehen neun Finger, »ist Dendemann erstklassig. Ich weiß, dir und deinem Stamm aus Südneukölln sind die Texte nicht blutig und brutal genug und vermutlich auch zu intelligent, aber unter gebildeten Leuten gilt: Dendemann ist herausragend.« Malte guckt Felix herausfordernd an. »Zweitens«, fährt er fort und zeigt entsprechend zwei Finger, »reime ich mir zusammen, dass du die Zeile ›Jedermann ist seines Glückes Schmied‹ aus dem Lied ›Ich so, er so‹ meinst? Das ist übrigens kein Lied von Dendemann als Solo-Künstler, sondern von seiner Band *Eins Zwo*.« Malte guckt stolz, weil »zusammenreimen« im Zusammenhang mit Dendemann eine eigene Bedeutung bekommt, eine Metabedeutung geradezu. »Und drittens zitiert Dendemann nur einen Satz, der eigentlich bloß eine alte Volksweisheit ist.« Diesen Punkt untermalt Malte wieder durch das Zeigen von neun Fingern.

Felix grübelt, ob Malte wohl ein binäres Fingersystem hat. Bestehend aus zwei und neun.

Malte egalisiert diesen Gedanken, als er drei Finger in die Luft streckt und sagt: »Viertens hat diese Aussage nichts mit der von Robert Frost zu tun.«

»Na ja, so wie ick dit sehe«, Felix blickt sich im Raum um, »kommt in beiden Sätzen das Wort Glück vor. Unabhängig davon find ick 'n anderen Satz besser. Nämlich: ›Wenn das Glück kurz ist, dann muss man es strecken.‹«

»So wie Heroin?«, fragt Malte.

»Nein!«

»Na ja, ich dachte«, erklärt sich Malte mit schnell gesprochenen Worten, »Heroin muss man ja auch strecken, wenn es zu kurz oder zu wenig ist. Und für Heroinjunkies ist Heroin ja eigentlich schon das Glück. Und als fortschrittlicher Mensch, der Drogensüchtige nicht pauschal stigmatisiert, traue ich mich auch, das geradeheraus genau so zu sagen! Jawohl!«

»Schön für dich! Wat ick meinte, ist: Der Schlüssel ist doch, dass man sich sein Glück sucht, dass man Dinge unternimmt, dass man am Ende des Tages sagen kann: ›Jut, dit war dit. Tag is' vorbei, ick hab wat jeleistet und nicht nur wie 'n anjeschossenet Pony im Bett jelegen.‹ In diesem Sinne: *Steh auf!*«

»Ich denk gar nicht dran!«

Malte fühlt sich mittlerweile wohl in seiner Rolle als Malte gewordenes gallisches Dorf wider dem Bestreben, den Tag auf Zwang nutzen zu müssen. Genüsslich lehnt er sich zurück und überlegt, ob er sich im Internet noch ein paar blau-weiß gestreifte T-Shirts bestellen sollte. Nur für den Fall. Man weiß ja nie, wann man nicht doch mal dreiundzwanzig solcher Shirts braucht. Felix merkt unterdessen, wie Malte beginnt, ihn zu langweilen. Kurz überlegt er, was zu tun ist, dann scheint die Sache klar. Er schnappt sich einen Zollstock und begibt sich zu der Kommode, die neben Maltes Bett steht.

»Äh, was zur Hölle machst du da?«, fragt Malte mit Blick auf den ausgebreiteten Zollstock in Felix' Hand.

»Lustig, dass de fragst. Hab grad voll das Déjà-vu«, sagt Felix und führt ungewöhnlich lange aus:

HOBBYS

Mein Mitbewohner fragt mich, wat ick mit dem ausgebreiteten Zollstock an seiner Kommode mache. Ick antworte so kurz wie ehrlich: »Ick messe. Ick messe aus, um jenau zu sein. Bescheuerte Frage.«

Mach ick öfter, so wat. Ick rechne die Maße dann um, weil: Ick interessiere mich für Quadratmeter. Find ick faszinierend. Ick meine, dit is' 'n Meter mal 'n Meter mal 'n Meter mal 'n Meter. Den Großteil des Tages pause ick Landkarten ab. Aber auch sonst, ick krieg meine Zeit schon sinnvoll jenutzt. Ick mach diverset: Ick wiege, ick messe, ick zähle aus, ick prüfe nach, ick nehme, ick platziere neu, diverset.

Und ick hab's mit Hobbys probiert. Dachte mir: Bumerangwerfen, wär' doch mal ... wat. Ick hab mir dann ooch 'n Bumerang jekooft, ab uffe Wiese damit, einmal jeworfen – weg. Oder kommta dahinten wieder? Nee. Weg. Hat mir keen' Spaß jemacht. War zwar im wahrsten Sinne des Wortes sehr kurzweilig, aber Spaß is' ooch wat anderet.

Und ick hab's mit Lenkdrachen probiert. Ick meine: Klar intressier' ick mich fürs Lenken. Drachen find ick ooch okay. Lenkdrachen war naheliegend. Jut, plötzlich kommste zu dir und dann stehste da, alleene, irgendwo am Arsch der Heide uffm Feld, weit und breit keene Sau zu sehen, und du stehst da und lenkst 'ne Runde. Jut, eenmal links, zweemal rechts, dann fängste ooch an, dich zu fragen: »Samma, wo will ick denn eigentlich *hin*lenken?«

Hat mir keen' Spaß jemacht, überhaupt keen' Spaß hat mir dit jemacht. Ick hab dann ooch einfach losjelassen. Keen Platz mehr im Keller für so 'ne Scheiße. Kammer steht schon voll mit Exhobbys. Dit Diavolo lässt grüßen. Oder dit Einrad. Wenn ick dit schon sehe, krieg ick Kopfschmerzen. War wieder so 'n Moment jewesen mit dem Einrad. Ick uffn Gehweg mit dem Ding, wollt' losfahren. Schon bevor ick uffjestiegen bin, dacht' ick mir: »Nee! Dit bin ick nicht.«

Der Tach war jeloofen. Jeloofen, wie ick nach Hause, weil ick mich bestimmt nich' uff so 'n halbet Fahrrad setze, Freunde. Albern is' dit. Mir kann ooch keener erzählen, dass dit auch nur 'n bisschen Spaß macht. Scheiße war dit.

Und ick hab's mit Schnitzen probiert. Wollt' mir dann ooch 'n Puma schnitzen, zum Verschenken oder Selber-sich-drüber-Freuen. Jut, sah am Ende aus wie 'ne Maus und meine Hand musste mit drei Stichen jenäht werden. Hat mir keen' Spaß jemacht, überhaupt keen' Spaß hat mir dit jemacht.

Manchmal frag ick mich, warum dit mit der Hobbysuche so 'n Krampf ist. Ick gehe da sehr schematisch vor. Namentlich agiere ick nach dem JKM4-Schema:

J: Jibt's dit Hobby überhaupt?

K: Kann ick da erst mal kostenlos rinnschnuppern in dit Hobby?

M: Muss ick mir da extra festet Schuhwerk für zulegen, für dit Hobby, fänd ick nämlich nich' so dolle?

4: Zahlen machen immer wat her.

Zu 'nem Ergebnis komm ick trotzdem nie.

Wenn mir wirklich jar nischt mehr einfällt, also wirklich nix mehr geht, wenn die letzte Kommode in Höhe, Breite und Tiefe vermessen, die letzte Ente jefüttert, der letzte Vogel beobachtet ist, erst wenn der letzte Tanzkursus besucht, der ausgefallenste Joghurt gerührt und die letzte Briefmarke sortiert ist, werd ick einsehen, dass Hobbys nicht mein Thema sind.

Und dann schnapp ick mir 'nen Zollstock und dann mess ick. Ick kriege meene Zeit schon sinnvoll jenutzt.

»Also«, sagt Malte, »kann man das im Prinzip so zusammenfassen, dass du immer was zu tun haben willst oder musst? Vielleicht sagst du das das nächste Mal einfach und sparst uns die fünfzehn Minuten, die du für gewöhnlich benötigst, um das bisschen Inhalt zu erklären.«

»Na ja«, erwidert Felix, »ick find deine Inhaltsangabe 'n wenig knapp, ehrlich jesagt. Ick könnt' dir jetzt jenau erklären, wat ick in diesen fünfzehn Minuten sagen wollte, aber dann müsst' ick alles von eben noch mal wiederholen. Vielleicht sind meine Gedanken einfach zu komplex, um beim ersten Mal verstanden zu werden.«

»Darauf, dass die Aussage ›einfach zu komplex‹ schon in sich widersprüchlich ist, gehe ich gar nicht erst ein. Aber ich finde, dass du gerade übertreibst. Du hast ein paar Hobbys aufgezählt und vorher behauptet, dass du gerne beschäftigt bist. Mehr nicht.«

»Findeste nicht, dass dit Tiefgründige manchmal im Offensichtlichen liegt? Dit is' wie 'n tiefer Bach, der sehr klar ist, in dem aufm Grund wat liegt.« Felix sieht Malte mit kraftvollem Blick in die Augen.

»Wovon zur Hölle sprichst du eigentlich?«, fragt Malte.

»Sag du's mir«, antwortet Felix.

»Kann ich nicht«, gibt Malte ehrlich zu. »Ich hab nämlich keine Ahnung, wovon du sprichst.«

»Von 'nem Bach sprech ick: 'nem tiefen, aber klaren Bach.« Felix redet langsam und deutlich.

»Immer noch keine Ahnung, wovon du sprichst.«

»Zu komplex, ick sag's doch!«, sagt Felix.

Es folgt ein kurzer Moment der Stille.

»Also kann man deine fünfzehnminütigen Ausführungen im Prinzip so zusammenfassen, dass du immer was zu tun haben willst oder musst?«, wiederholt Malte seine Frage vom Anfang.

»Ja!«, blafft Felix trotzig. »Kann man. Herzlichen Glückwunsch. Los, fass jetzt allet immer zusammen, wat ick sage.«

Felix parodiert Malte, was mittelgut gelingt: »Oh, ick bin

Malte. Ick hatte 'ne Drei minus in Deutsch. Ick kann Inhalts-angaben und kürze Felix' Aussagen immer auf exakt ein Drittel zusammen. Ick bin Malte.«

»Ich hatte keine Drei minus in Deutsch«, sagt Malte. »Das ist aber auch wirklich keine so besonders tolle Note eigentlich. Ich hatte meistens eine Zwei!«

»Jetzt reicht's«, entgegnet Felix genervt. »Hör doch mal uff, permanent mit allem immer und überall anzugeben! Wieso machste dit immer? Oh, ick bin Malte, ick hatte ja immer 'ne Zwei in Deutsch, weil dit nun mal so läuft in meinem perfekten Leben. Ick hab nämlich 'n perfektet Leben!« Felix fuchtelt zu sei-ner mittelgut gelungenen Parodie wild mit den Händen. »Also, Rosskopf, warum machste dit?«

»Sag du's mir!« Malte schaut Felix mit kraftvollem Blick in die Augen.

»Schielst du eigentlich?«, fragt Felix.

»Tu ich das?« Malte sieht unsicher in seinen Schminkspiegel.

»Hast du 'nen Schminkspiegel?«, fragt Felix und schaut un-gläubig auf den Schminkspiegel.

»Sag du's mir!«, sagt Malte und vermeidet Blickkontakt, aus Angst zu schielen.

»Ja!«, sagt Felix. »Die Antwort ist ›Ja!‹. Du hast einen Schminkspiegel. Da. In deiner Hand. Aber warum? Und nein, du schielst nicht. Atme durch, Prinzessin. Aber du solltest dich fragen, warum du so leicht aus'm Konzept zu bringen bist, du eitler Widerling!«

»Ich bin nicht leicht aus dem Konzept zu bringen, Felix. Gar nicht. Erstens hab ich meistens kein Konzept, ich bin Freestyler. Und zweitens bin ich gefestigt genug ...«

»Kriegst du 'ne Glatze?«, unterbricht Felix Malte.

»Äh, nein!«, empört sich Malte und tastet seinen Kopf nach kahlen Stellen ab.

»Siehst du, du bist krass leicht aus'm Konzept zu bringen, du eitler Widerling!«

»Sollten wir nicht langsam mal über das Buch sprechen?«, wechselt Malte das Thema.

»Dit wär' unter dem Aspekt, dass wir eins schreiben sollen, vielleicht gut«, stimmt Felix zu und fragt: »Aber biste denn jetzt bereit dafür? Du kennst mein Motto: Keene halben Sachen und so.«

»Na klar, ich bin ja zweckmäßig und nicht eitel«, entgegnet Malte und versucht, entschlossen zu wirken. Tatsächlich ist in der Zwischenzeit der Entschluss in ihm gereift, bei dieser Kamikazeaktion mitzumachen. Wann bekommt man schon die Chance, ein eigenes Buch zu veröffentlichen? Außerdem ist die Ausgangslage gar nicht so furchtbar, wie er zunächst angenommen hat. Sollte das Buch am Ende ein Fehlschlag werden, ließe sich das auf den Zeitmangel und natürlich auf Felix schieben. Felix würde auch nicht anders denken, wenn er häufiger denken würde. Außerdem braucht Malte Geld. Viel Geld. »Ich bin, wie gesagt, aus Trotz liegen geblieben«, erklärt er. »Aber ein reifer Mensch erkennt, wenn der Widerstand zum Selbstzweck geworden und die Zeit gekommen ist, dem Wind der Veränderung Einzug zu gewähren, auf dass dem Fortschritt der Weg geebnet wird. Weißt du, das ist nämlich auch das Problem an der Politik: Die CDU findet alles blöd, was die SPD sagt, und umgekehrt und überhaupt und das ist mit allen Parteien so. Insgeheim stimmen die sich auch mal zu, aber aus Trotz bewegen sie sich keinen Deut. Wäre ich ein Politiker, dann würde ich jetzt liegen bleiben, weil ich vorher schon liegen geblieben bin und weil du nicht liegst und ich mir in der Rolle des Widersachers gefalle. Ja, mich sogar darüber definiere. Aber, Felix, ich bin kein Politiker, ich bin ein Mensch. In erster Linie bin ich immer Mensch. Und als Mensch sage ich dir: Lass uns aufstehen und dieses Buch schreiben, als wäre es unser letztes Buch!« Malte ist in der Zwischenzeit aufgesprungen, hat sich die Bettdecke als Umhang umgeworfen und streckt die Faust in die Luft.

»Erstens«, entgegnet Felix, »biste ooch in zweiter und dritter

Linie immer Mensch. Du hast keene anderen Qualifikationen.«
Er fährt den zweiten Finger aus. »Zweitens bin ick mir sicher,
dass dit sowieso unser letztes Buch wird, wenn du nicht bald was
lieferst, Rosskopf. Drittens sollten wir uns jetzt mal Gedanken
über das Thema des Buchs machen. Ach ja, und viertens: Noch
eine Superman-Imitation und ick töte dich!«

Malte hält das für einen Scherz und setzt zu einem Lachen an.
Felix verzieht keine Miene.

Malte lacht nicht. Dann versucht er, den Fokus wieder aufs
Buch zu lenken: »Okay, dann lass uns einen Titel für das Buch
finden. Als Erstes brauchen wir einen Titel. Wenn wir einen Titel
haben, dann kommt das Thema von ganz alleine!«

»Dit is' doch albern«, sagt Felix und guckt ungläubig. »Zunächst brauchen wa ma' 'n Thema. Danach kann man sich Jedanken über 'ne Überschrift machen.« Mit »Überschrift« meint
er natürlich »Titel«.

»Quatsch mit Soße«, erwidert Malte wie ein Schüler von In-
ternatsserien im Kinderfernsehen, die auch immer realitätsfer-
ne, veraltete Floskeln wie »Quatsch mit Soße« benutzen. »Es ist
doch klar wie Kloßbrühe«, ergänzt er, »dass man immer zuerst
einen Titel braucht.«

»Nein, Malte. Dit ist Humbug. Das Thema bestimmt den Titel, nicht umjekehrt.« Felix streicht sich mit dem rechten Zeigefinger über die Nase, wie er es immer tut, bevor er etwas Kluges
sagen will. »Dit ist wie bei Marx: ›Das Sein bestimmt das Bewusstsein.‹ Oder andersrum. Weeß ick nich' mehr so jenau. Ick
bin ja einfache Leute. Aber du verstehst dit Argument?«

»Wie kannst du so was sagen?«, fragt Malte. »So viele Bücher haben doch Titel, die nichts mit dem Inhalt zu tun haben.
Einfach weil sich das gut verkauft. Ich könnte dir jetzt Beispiele
nennen, aber das kann ich nicht, weil ich sehr wenig lese. Ich
schaue lieber Serien. Aber ich denke, du verstehst das Prinzip.
Also: Wenn's nach mir geht, dann suchen wir uns erst einen Titel aus. Dann wissen wir schon mal, worum das Buch nicht ge-

hen soll. Von da an wird's dann ein Spaziergang, okay?« Er blickt Felix triumphierend an. »Das ist nämlich viel eher wie bei Hegel: Das Bewusstsein bestimmt das Sein!« Er macht eine Pause und ergänzt dann kleinlaut: »Oder umgekehrt. Was weiß denn ich. Also?«

»Nö!«, sagt Felix.

»Wie nö?«

»Einfach nö!«

»Also jetzt doch?«

»Nö!«

»Na ja, weil minus mal minus ja plus ergibt, dachte ich«, klugscheißt Malte.

»Niemand hat hier irgendwat malgenommen.«

»Doch!«

»Hör uff damit!«

»Womit?«

»Mit dem Rechnen.«

»Ich hatte 'ne Drei minus in Mathe. Ich rechne, wann ich will.«

»Du kriegst graue Haare!«

»Echt? Wo? Gib mir den Schminkspiegel. Äh, den Spiegel, der nicht zum Schminken ist und den ich für die Prämienpunkte für Leserbriefe in der InTouch, äh, ich meine – ach, fick dich, ich hab keine grauen Haare!«

»Siehste. Wieder hab ick dich aus'm Konzept gebracht, du konzeptloset, anjeschossenet, widerlich eitlet Pony. Wir überlegen uns jetzt 'n Thema, fertig!« Felix fühlt sich wieder als Gewinner dieser Diskussion.

Zwei Stunden später sitzen Felix und Malte bei Kaffee und Kaffee in der Küche und starren auf einen kaputten Fernseher.

»Vielleicht sollten wir doch erst 'nen Titel finden«, seufzt Felix resigniert.

»Ach, komm«, besänftigt ihn Malte. »Jetzt sind wir schon so weit gekommen!«

»Wir haben noch nix besprochen, Malte, nix. Du hast einmal ›Hach, Schriftstellerleben, schon ein Privileg‹ gesagt und 'nen Schnaps getrunken. Mehr ist nicht passiert. Und warum bist du überhaupt plötzlich so optimistisch, Mr. Wir-haben-viel-zu-wenig-Zeit?«

»Das hat mehrere Gründe, lieber Felix. Schön, dass du fragst.« Malte setzt zu einer großen Malte-Ansprache an. »Zunächst sehe ich mich gerade in einer Rolle, wie Dr. Bob Kelso sie in Staffel sechs, Folge sieben bei *Scrubs* hat. Nämlich als ausgleichendes Element, das antizyklisch handeln muss. Gerade bist du pessimistisch, dann muss ich optimistisch sein. Insofern habe ich doch die Rolle eines Widersachers. Ferner wollte ich ja eigentlich Urlaub machen. Und je entspannter ich bin, desto urlaubsähnlicher wird das hier alles. Darüber hinaus liegt die Kraft in der Ruhe, habe ich mir überlegt. Je entspannter ich bin, desto kräftiger bin ich, desto eher sind wir fertig, desto eher kann ich richtigen Urlaub machen. Außerdem habe ich mir eben eine Dosis von meinem speziellen Medikament gegönnt. Das wird der Hauptgrund sein. Ich habe da so eine Enzymstörung, deswegen bin ich immer voll euphorisch überdreht, wenn ich das genommen habe.«

»Warum nimmst du Tabletten?«, fragt Felix.

»Ich habe eine Kondition?«, antwortet Malte, betont seine Antwort aber als Frage.

»Wat heißt dit, 'ne Kondition? Und warum das Fragezeichen am Ende?«

»Ich dachte, das macht ›die Kondition‹ mysteriöser.«

»Wer bist du? Jonathan Frakes?« Felix freut sich, auch mal jemanden aus Funk und Fernsehen zu kennen. »Aber jetzt ma' echt, Rosskopf. Wat haste?«

»Nichts Dauerhaftes.«

»Aber wie heißt deine Krankheit?«

»Wenn ich dir das sage, dann muss ich dich töten!«, sagt Malte und versucht, gefährlich auszusehen.

»Hör uff, in Filmzitaten zu sprechen!«

»Okay.«

»Also?«

»Also was?«

»Wie heißt deine Krankheit?«

»Du meinst meine Kondition?«

»Ja, deine Krankheit mein' ick.«

»Schwer zu erklären, ich fände es mysteriöser, dir das nicht zu sagen, mein kleiner, muskulöser Freund aus der Unterschicht.«

»Lächerlich, einfach lächerlich. Egal.« Felix hat keine Lust, sich weiter auf Maltes albernes Spiel einzulassen. »Wir sollten deine Hochphase produktiv nutzen«, sagt er stattdessen.

»Ja, aber viel von dem, was ich jetzt sagen werde, ist Quatsch. Noch mehr als sonst. Enzymstörung, Nebenwirkungen, du verstehst?«

Felix antwortet mit einem Schweigen.

Malte schweigt zurück.

Felix antwortet mit einer Antwort. »Hmm, helfen deine Tabletten ooch bei mir? Ick hab grad 'ne Schreibblockade.« Felix schielt auf Maltes Wundermittel.

»Nope, keine Enzymstörung, keine aufputschende Wirkung, sorry!«

»Ach, fuck. Seit du so motiviert bist, bin ick voll down. Hab keene Ideen mehr und keene Inspiration.«

»Hattest du denn mal Ideen oder Inspiration?«

»Für dit Buch? Nö, aber ick dachte, dit kommt schon irgendwie.« Felix blickt konsterniert in die Leere.

Malte blickt Felix an und denkt, dass die von Felix mit Blicken belästigte Leere auch nur eine Küche ist. Er durchbricht die Stille: »Okay, pass auf, Planänderung: Vielleicht sollten wir zur Inspiration erst mal Urlaub machen. Was meinst du? Richtigen Urlaub. Ohne all-inclusive, WLAN und Minibar. Richtigen Urlaub. Ohne Buch, Verleger und Zeitdruck. Ich rede hier von Alaska oder den Färöer-Inseln. Nur wir, die Natur und der Horizont. Um den Kopf freizukriegen nach all dem Stress. Was meinst du?«

»Welcher Stress?«, antwortet Felix schmallippig.

»Na ja, der Stress vom Buch mit allem, was dazugehört: Pressetermine, Zeitdruck, Intrigen hinter den Kulissen, Dreiecksbeziehungen, das volle Programm. Du verstehst schon!«

»Nein, Malte! Du weißt seit drei Stunden von dem Buch und wir haben noch nischt, ick wiederhole: nischt jemacht seitdem. Du hast dir keinen Urlaub verdient. Urlaub von wat denn?«

»Gut, dann finden wir jetzt halt ein Thema und fahren dann in den Urlaub. Kann ja nicht so schwer sein.«

»Okay«, stimmt Felix zu. »Wir machen das so: erst dit Thema, dann die Zielgruppe, dann den Titel – dit janze schnell runterschreiben, dann Urlaub. Fertig. Wat sagste?«

»Jawohl, mein Ghettofreund.«

Felix ist genervt. »Also, Themenvorschläge?«, fragt er.

»Wie stehst du zu Vampiren?«

»Wat ist das?«

Malte sieht Felix ungläubig an. »Du weißt nicht, was Vampire sind?«

»Nein.«

»Wie kannst du nicht wissen, was Vampire sind, was ist denn bei dir kaputt?« Malte kann es nicht fassen.

»Keine Ahnung, ick bin eben nicht mit dem goldenen Löffel im Mund aufgewachsen, entschuldige bitte!« Felix kann Maltes Malte-Art nicht fassen.

»Du hast wirklich keine Ahnung, was Vampire sind? Wirklich nicht? Du hast noch nie von *Rüdiger, dem kleinen Vampir* gehört, oder von *Twilight*?«

»Nö.«

»Krass, dann hast du alle Bücher noch vor dir, ich beneide dich. Ich beneide dich richtig. Pass auf, du liest jetzt alle *Twilight*-Bücher und danach schreiben wir unsere eigene kleine abgefahrene Vampirgeschichte. Na, wie klingt das in deinen Ohren?«

»Beschissen. Hast du noch 'nen anderen Vorschlag?«

»Ja! Hab ich. Wir könnten ein Buch über *Harry Potter* schreiben!«, ruft Malte, stolz über seinen Pool an Alternativen.

»Dit jibt's schon. Siebenmal. Es heißt: *Harry Potter*!«

»Schade!«

»Wat hältst du von 'nem Buch darüber, wie man 'n Buch schreibt?«, wirft Felix in den Ring.

»Gar nichts!«

»Wieso?«

»Weil wir nicht wissen, wie man ein Buch schreibt. Darum!«

Felix guckt nachdenklich, trinkt einen Schluck Kaffee und stimmt zu: »Du hast recht. Außerdem wär' dit dann wieder viel zu sehr auf Metaebene gemacht. Aber eher so Möchtejernmeta. Und hinterher ist man ooch nicht klüger.« Er denkt kurz nach. »Ick hab neulich eine Dokumentation gesehen, die hat erklärt, wie Fertigsandwiches hergestellt werden. Die ging fünfundvierzig Minuten lang. Ick möchte dit kurz zusammenfassen: Im Wesentlichen werden die jenau so hergestellt, wie man sich dit vorstellt – Toast, Belag, Toast, fertig.«

»Echt? Ich hätte mir das aufwendiger vorgestellt«, sagt Malte. »Aber ich verstehe deinen Punkt. Und ich weiß, ich darf nicht wieder über den Titel unseres Buches reden, aber wenn wir ein Buch darüber schrieben, wie wir ein Buch schreiben, dann wär' auch der Titel unfassbar albern: ›Wie wir keinen Titel fanden‹ oder ›Hier könnte Ihre Werbung stehen‹ oder ›Dieses Buch ist nicht rechtzeitig fertig geworden‹. Wie albern das wäre!«

»Dit wär' todesalbern!«, bestärkt Felix ihn.

»Volle Kanne albern wär' das!«, wiederholt Malte ein weiteres Mal.

»Don't push it – so schlimm isset jetz' ooch wieder nicht. Na ja, also«, fasst Felix zusammen, »wir sind uns schon mal einig, ein Buch darüber, wie wir 'n Buch schreiben, wird es nicht, richtig?«

»Genau!«, sagt Malte. »Das wär' nämlich albern!«

»Ick denke, dit wurde jetzt deutlich, Malte.«

»Gut!«, sagt Malte. »Dann hätten wir ja schon mal was geschafft für heute. Das fühlt sich gut an. Hach, Schriftstellerleben halt.«

Zwei Stunden später sitzen Felix und Malte noch immer bei Kaffee und Kaffee in der Küche und starren auf einen funktionierenden Fernseher.

»Warum funktioniert der Fernseher wieder?«, fragt Malte.

»Keene Ahnung«, antwortet Felix. »Ist irgendwann einfach angegangen.«

»Verrückt!«, sagt Malte. »Manchmal passieren die wunderlichsten Dinge.«

»Wir könnten versuchen herauszufinden, warum der Fernseher wieder jeht«, antwortet Felix.

»Ach, lass mal lieber«, sagt Malte. »Reicht doch, dass er funktioniert.«

»Weißt du, Malte«, antwortet Felix, »im Erfolg werden die größten Fehler gemacht. Wenn's klappt, wird's unhinterfragt hinjenommen. Oder umgekehrt. Weeß ick nicht mehr jenau.«

»Okay, und jetzt?«, fragt Malte.

»Keene Ahnung!«, sagt Felix. »Wollt' ick nur mal sagen.«

»Weißt du, Felix«, sagt Malte, »oft sagen Leute kluge Dinge und alle jubeln darüber, aber am Ende ändert sich doch nichts.«

»Wir sind krass politisch, findeste nicht?«, fragt Felix.

»Ja doch, das sind wir wohl«, entgegnet Malte. »Vorhin hab ich schon das mit den Eitelkeiten und der Opposition um ihrer selbst willen gesagt, und jetzt dieses Gespräch hier. Denkst du, was ich denke?«

»Wir schreiben eine Zeitung?«, fragt Felix.

»Genau! Also fast. Wir schreiben ein Politikbuch«, sagt Malte.

»Puh, gut, dass du dit dachtest. Meistens klappt so wat ja nicht, weil einer wat janz anderet dachte und am Ende steht man peinlich betroffen da«, antwortet Felix. »Alleene und mit 'nem Berg Schulden.«

Malte weiß nicht genau, was Felix mit dem Zusatz »alleene

und mit 'nem Berg Schulden« meint. Das ergibt keinen Sinn. Malte weiß aber, warum Felix diesen Zusatz zu seiner Aussage addiert hat. Weil Felix sehr, sehr komisch ist, darum. »Okay«, sagt er, »also ich finde Nazis blöd und Frieden gut. Ich finde, man sollte etwas gegen Armut unternehmen und Frauen sollten bedingungslos gleichberechtigt sein. Und ich fänd' es wichtig, dass die Wahlbeteiligung höher ist in Deutschland.«

»Finde ick allet ooch«, sagt Felix. »Reicht dit, um eine Zeitung zu schreiben?«

»Keine Zeitung, Felix, ein Buch«, antwortet Malte, »abgesehen davon reicht es auf jeden Fall, um einen Text für einen Poetry Slam zu schreiben und danach erwartungsvoll ins Publikum zu gucken. Und wenn jemand aus der Jury eine schlechte Wertung gibt, dann kann man sagen, dass er oder sie ein Nazi ist. Das habe ich schon oft beobachtet.«

»Reichtet denn, einen Poetry-Slam-Text über ein Buch herauszubringen?«, fragt Felix.

»Ich finde nicht«, antwortet Malte.

»Ick ooch nicht«, sagt Felix. »Vielleicht sollten wir doch in 'ne andere Richtung denken.«

»Du meinst, in eine rechtere Richtung? Das fänd' ich nicht so gut. Aber wir könnten noch mehr Hitler reinbringen. Richtig viel Hitler. Ganz, ganz viel Hitler. Und ein bisschen *Harry Potter*. Aber mehr Hitler.«

»Nein!«, erwidert Felix bestimmt.

»Hm, also, weil ... ich hatte mal die Idee der Hitler-WG«, sagt Malte.

»Wat für 'ne WG?«, fragt Felix.

»Hitler-WG«, erklärt Malte und guckt vorfreudig. »Der Verleger will Hitler im Buch wegen Salz und Pfeffer und so. Und ich hatte zufällig mal die Idee einer Hitler-WG: Diverse Nachkommen von Adolf Hitler wohnen in einer WG und müssen damit leben, Urenkel von Hitler zu sein. Einer zum Beispiel könnte komplett gegen alles sein, was irgendwie mit Hitler zu tun hat.

Um sich abzugrenzen und so. Der fährt aus Prinzip nie auf Autobahnen und ist Alkoholiker, der auf Gemüse verzichtet, weil Hitler ja nie trank und Vegetarier war. Und einmal im Jahr lädt er alle zu einer wilden Technoparty mit Stroboskoplicht in eine Turnhalle ein. Ein sogenanntes Unkonzentrationslager.«

»Dit is' dit Dümmste, wat ick jemals gehört hab. Mit sehr, sehr, sehr großem Abstand.« Felix lässt lange Pausen zwischen den »sehr«. »Ick find, das Thema Politik ist damit ooch vom Tisch. Irgendwie haste dit grad kaputt jemacht mit deinem selten beknackten Vorschlag!«

»Gut, also keine Vampire, kein *Harry Potter*, keine Metaebene und nichts über Politik. Wir nähern uns an«, fasst Malte zusammen.

»Oh, ick bin Malte. Ick fass mal wieder wat zusammen, einfach weil ick toll bin!«, äfft Felix Malte nach.

»Hast du doch vorhin auch gemacht«, empört sich Malte.

»Wirklich, Malte, wirklich?«, fragt Felix. »Jetzt spielst du die Du-hast-aber-angefangen-Karte?«

»Tu ich das?«, fragt Malte.

Felix boxt Malte.

»Aua«, sagt Malte.

»Dit tat mir mehr weh als dir«, sagt Felix.

Malte steht auf, schleppt ob des Spruches eine unhandliche hölzerne Windhundskulptur im Maßstab zwei zu eins, also doppelt so groß wie in echt, in die Küche und stellt sie neben Felix auf den Boden.

»Ist es das, wat ick denke?«, fragt Felix.

»Genau«, sagt Malte. »Bei jeder Phrase gilt: drei Euro in den Phrasen-Windhund, den du mir zu Weihnachten geschenkt hast!«

»Na, denn schmeiß mal rein«, sagt Felix.

»Wieso?«

»Schon der Spruch ›drei Euro in den Phrasen-Windhund‹ ist eine Phrase!«

»Okay, kannst du mir drei Euro leihen?«, fragt Malte beschämt.

»Nö!«

»Schade, ich habe nämlich nicht mal drei Euro. Wir sollten also wirklich, wirklich ein erfolgreiches Buch schreiben.« Malte reckt die Faust gen Himmel und will schon aufstehen, um seine Decke als Umhang zu holen, dann erinnert er sich an Felix' wütenden Blick von vorhin und tut so, als hätte er sich mit dem gestreckten Arm nur kratzen wollen. Dann muss er wieder unkontrolliert niesen.

Ob dieset Niesen wohl auch eine Nebenwirkung von Maltes Medikamenten ist?, überlegt Felix. Dann hört er auf, das zu überlegen. Denn es ist ihm sehr egal.

Zwei Stunden später sitzen Felix und Malte immer noch bei Kaffee und Kaffee in der Küche. Der Fernseher ist weg.

»Wo ist eigentlich der Fernseher?«, fragt Malte.

»Hab ick deinem Nachbar von gegenüber verkooft für drei Euro, damit ick dir drei Euro leihen kann. Jetzt könn' wa uns endlich auf dit Buch konzentrieren.« Felix fühlt sich als Macher – jemand, der anpackt und nicht nur redet.

»Ist dir eigentlich aufgefallen, dass wir sechs Stunden lang Kaffee mit Kaffee getrunken haben?«, fragt Malte.

»Ja«, erwidert Felix. »Ick trau mich gar nicht, später schlafen zu gehen.«

»Darüber könnten wir ein Buch schreiben«, schlägt Malte vor.

»Hmm, nee«, erwidert Felix, »viel mehr als dit weeß ick jetzt nicht über das Thema. Ein bisschen dünn für ein Buch. Oder sollen wir 'n dünnet Buch schreiben?« Sein Blick verrät, wie stolz er auf diese Idee ist. Als eine Reaktion von Malte ausbleibt, schwenkt er zum Thema zurück. »Aber die Idee, 'n Sachbuch zu schreiben, find ick in Ordnung!«

»Was ist ein Sachbuch?«, fragt Malte.

»Na ja, halt 'n Buch über irgendeine Sache. Eins, das jetzt nicht nur ausjedacht ist«, stammelt Felix, »also, so hab ick mir dit herjeleitet.«

»Okay, das find ich gut«, sagt Malte. »Je weniger wir uns ausdenken müssen, desto weniger Arbeit haben wir. Kennst du dich mit irgendwas besonders gut aus?«

»Du weißt, mit wem du redest, oder?«, fragt Felix. »Ick bin's, Felix Lobrecht: Ick bin schon ziemlich krass, aber ick kenne mich mit nichts wirklich aus. Ick habe mein Abitur auf dem siebzehnten Bildungsweg gemacht. Und du?«

»Ich kenne mich mit Fußball, TV-Serien, unnötigen Statistiken und *Harry Potter* sehr gut aus.«

»Also keen Sachbuch«, stellt Felix nüchtern fest.

»Sieht so aus«, stimmt Malte zu. »Aber merkst du, wir grenzen das Thema immer weiter ein, viel bleibt nicht mehr übrig. Bald sind wir am Ziel. Ich kann die frische Tinte schon riechen. Ich denke, Felix, ich denke, wir können uns langsam mit dem Urlaub beschäftigen, wenn wir weiter solche Fortschritte erzielen.« Malte hat vor Freude ganz glasige Augen.

»Ick sag's echt ungern, aber du hast recht!« Felix findet, dass Malte recht hat.

»Aber ich hab vorher 'ne ganz andere Frage«, sagt Malte. »Was für ein durchgeknallter Verleger erlaubt uns denn überhaupt, ein Buch zu schreiben, obwohl wir noch nicht mal die Idee eines Themas haben? Wollte der nicht wenigstens eine Arbeitsprobe? Hat der sich einfach auf deine Zusicherung bezüglich des fertigen Romans verlassen? Nachdem du vorher der vermutlich unzuverlässigste Nichtautor warst, den er je hatte?«

»Stimmt, äh, dit ist bedenklich. Äh, vermutlich ist der Verleger 'n Amateur mit privaten Problemen, oder cracksüchtig oder so.« Felix wirkt plötzlich sehr nervös und hofft, dass Malte seinem Geheimnis nicht auf die Spur kommt.

Malte bemerkt Felix' Nervosität nicht. »Ich sag es echt ungern, aber du hast recht!« Er findet, dass Felix recht hat. »Der muss wirklich vollkommen irre sein. Ich mach mir gerade richtig ernsthaft Sorgen um den. Besonders wegen seiner Cracksucht!«

»Ja, doch ...«, Felix zögert. »Als er mich damals anjesprochen hat, hatta ooch janz glasige Augen jehabt. So wie du, wenn du deine Tabletten genommen hast oder dich auf'n Urlaub freust.« Er findet zu alter Sicherheit zurück, als er merkt, dass Malte nichts merkt. Jetzt muss er das Spiel nur mitspielen und den Verleger als cracksüchtig darstellen.

»Ich meine, auch mal so was gehört zu haben. Nils hat neulich Sven erzählt, dass Lars zu Jens meinte, im Umfeld von Poetry Slams gäbe es einen Typen, der schon mal was mit Drogen zu tun hatte. Ich dachte, die meinten mich, wegen meiner Tabletten. Aber klar, das wird der Verleger gewesen sein. O Mann!« Malte ist enttäuscht von der Szene.

»Ick hab dit neulich ooch mal aufjeschnappt, dass da 'n Junkie in unserem Umfeld unterwegs ist. Kann immer ooch der Verleger sein.« Felix ist nicht enttäuscht von der Szene. Er ist mit Junkies und Dealern aufgewachsen. Plötzlich fühlt er sich der Szene näher denn je.

»Man erkennt diese Leute ja nicht immer sofort«, bekräftigt Malte. »Als ich in der sechsten Klasse war, da kam meine Mutter vom Elternsprechtag und meinte, an unserer Schule würde mit Drogen gedealt. Das konnt' ich nicht glauben, ich hatte ja nie jemanden mit Trenchcoat und Schlapphut bei uns in der Aula gesehen. Man kann so was also gut verstecken.«

Felix schüttelt den Kopf.

»Wir sollten die Polizei rufen«, ruft Malte plötzlich ganz aufgebracht. »Der Verleger könnte eine Gefahr für die Allgemeinheit sein!« Er rennt zum Telefon. »Ich habe viele TV-Serien gesehen, in denen Leute cracksüchtig waren. Die waren alle gefährlich.« Er nimmt das Telefon und setzt an, die 110 zu wählen. Dann setzt er die Miene eines Mannes auf, der in der Zwickmühle steckt, und lässt den Hörer sinken.

»Hör auf, die Miene eines Mannes aufzusetzen, der in der Zwickmühle steckt, Malte«, sagt Felix.

»Ja, okay, sorry, aber wir können die Polizei nicht rufen. Wenn unser Verleger wirklich Drogenprobleme hat, dann wird er vermutlich ...?« Malte liebt Suggestivfragen.

Felix weiß nicht, was Suggestivfragen sind, antwortet aber trotzdem. »Verhaftet?«

»Hundert Punkte. Und wenn er verhaftet wird, kann er was nicht?«

»Unser Buch verlegen?«, fragt Felix.

»Und weitere hundert Punkte. Und wenn er unser Buch nicht verlegen kann, verdienen wir was nicht?«

»Geld?«

»Genau. Und wenn wir kein Geld verdienen, können wir nicht in den Urlaub. Und wenn wir nicht in den Urlaub können, dann gehen wir irgendwann kaputt. Außerdem müssten wir einen neuen Verlag suchen und wer weiß, wie stressig der wird. Und was passiert, wenn wir noch mehr Stress bekommen?«, fragt Malte.

»Wir werden drogensüchtig«, antwortet Felix.

»Wir werden drogensüchtig!«, wiederholt Malte. »Dann werd' ich nie mehr gesund und muss die Tabletten dauerhaft nehmen. Sorry, aber hier stehen unsere Interessen gegen die Interessen des Verlegers und gegen die Interessen der Allgemeinheit. Und ich finde unsere Interessen wichtiger. Denn unsere Interessen interessieren mich mehr als andere Interessen!«

»Interessant! Klingt plausibel. Ick finde, wir sind jetzt verpflichtet, 'n wirklich jutet Buch zu schreiben, um viel zu verdienen«, sagt Felix.

»Du meinst, damit wir genug Geld haben, um dem Verleger die Reha zu bezahlen und eine Stiftung gegen Crack zu gründen?«, fragt Malte, von Felix' Altruismus beeindruckt.

Felix denkt sich »Nein« und antwortet mit: »Jenau.«

Malte nickt bedächtig und beißt sich auf die Lippe. »Und ich hab auch schon unser Thema«, sagt er stolz. »Mir ist gerade die zündende Idee gekommen. Aus dem Nichts. Das war wie eine Eingebung: Unser Thema ist: Berlin.«

»Ein Buch über Berlin?«, flüstert Felix andächtig. »Ick hab Gänsehaut.«

»Zu Recht!«, sagt Malte. »Berlin ist ein Thema, das sich immer verkauft. Du weißt schon: Großstadt, Künstlerleben, Zentrum der Macht, Intrigen hinter den Kulissen, Dreiecksbeziehungen, das volle Programm.«

»Vollet Programm«, wiederholt Felix.

»Ich finde, es ist an der Zeit, den Urlaub zu buchen!«, sagt Malte. Dann holt er eine Flasche billigen Sekt und schenkt sich etwas ein. Er wendet sich weltmännisch in die Runde, die nur aus Felix und ihm besteht. »Gentlemen«, sagt er, »es war eine lange Suche mit Höhen und Tiefen, aber am Ende des Tages«, er räuspert sich, »ist der Triumph unser und das auch zu Recht. Diese Nacht wird man noch lange in Erinnerung behalten! Denn dieser Moment ist der Anfang vom Rest unseres Lebens. Als Erfolgsautoren!« Dann trinkt er den Fusel auf Ex und schmeißt das leere Glas gegen die Wand.

»Warum hast'n jetzt dit Glas gegen die Wand jeworfen?«, fragt Felix.

»Ich habe keine Ahnung!«, antwortet Malte. »Wie viel Euro schulde ich dem Phrasen-Windhund für die Rede?«

»Zehn Euro«, antwortet Felix, »vielleicht elf. Lasset zwanzig sein.« Felix blättert in einem Wust aus Papieren und antwortet: »Aber wat soll ick schätzen, für so wat hab ick doch mein' Katalog.« Er macht eine Pause zum Rechnen. »Zwanzig Euro kommt auf so 'ne alberne Ansprache in der Regel.«

»Denkst du das, was ich denke?«, fragt Malte.

»Wir schreiben eine Zeitung!«, antwortet Felix.

»Nein. Wir brauchen dringend Geld!«, sagt Malte.

»Und Geld«, sagt Felix.

»Das hab ich doch gerade gesagt«, sagt Malte.

»Dann ja!«, sagt Felix.

Zwei Tage vergehen.

TAG 4

OSSIS & ANTIPASTI

»Du, Felix?«, fragt Malte.

»Ja, Malte?«, fragt Felix.

»Ich hab neulich in der Sonderausgabe der O.K. ›Motivation – Wie bekomme ich sie? Außerdem: Jennifer Aniston – Wird sie je über Brad Pitt hinwegkommen?‹ gelesen, dass man manchmal einfach anfangen muss, um etwas zu schaffen. Vielleicht müssen wir auch einfach anfangen?«

»Du meinst, anfangen, dit Buch zu schreiben?«, fragt Felix. »Dit sagt sich so leicht, aber ick sag ja immer: Nicht allet, wat sich leicht sagt, ist ooch leicht. Beispiel: Hai – dit sagt sich leicht, aber in echt ist so 'n Hai echt schwer.«

»Wow, das mit dem Hai ist ein toller Vergleich. Cool, Felix!«, sagt Malte.

»Danke, also stimmst du zu?«, fragt Felix und denkt dabei an den nächsten Kaffee.

»Nein!«, sagt Malte entschieden und denkt an seinen Urlaub. »Die O.K. ist nicht so gut informiert wie die Gala und literarisch nicht so entwickelt wie die InTouch, aber ihre Feature Storys taugen meist etwas. Ich würd' mich daran orientieren und einfach anfangen zu schreiben. Außerdem ist heute schon Dienstag. Alle Zeit, die wir weiter verbummeln, ist Zeit, die von meinem Urlaub abgeht.«

»Na gut«, stimmt Felix zu. »Meine Ick-sag-ja-immer-Vergleiche sind auch wirklich eigentlich nie ausgedacht, aber der mit ›sagt sich leicht‹, den hab ick mir wirklich gerade erst ausjedacht.

Ick sag nie, dass sich irgendwat leicht sagt.« Er guckt Malte reumütig an. »Nie sag ick dit.«

»Juti«, schlägt Malte vor, »dann sach ick ma: Ran an den Speck, fang' wa an!«

Felix guckt Malte vorwurfsvoll an. »Tu das nicht! Tu das nie!«

»Tu was nie?«, fragt Malte.

Felix guckt Malte weiter finster an.

»Ich berlinere nie wieder, versprochen«, sagt er reumütig. »Aber: Unser Thema ist trotzdem Berlin und ich bin dafür, dass wir einfach mal einen Einstieg in die Geschichte brainstormen, so zum Warmwerden, okay?«

»Jut«, sagt Felix sofort, weil er spontan eine Idee hat, »ick hab da schon 'ne Idee nämlich. Spontan.«

»Ich auch, auch spontan«, sagt Malte, der die Idee schon seit dem Lesen der O.K. vor einem Tag hat. Beide fangen freudig an zu schreiben.

Eine Stunde vergeht.

Felix und Malte treffen sich in der Küche wieder, um ihre Ergebnisse zusammenzutragen. Felix fängt an. »Okay, also ick hab erst ma' den Anfang für unser Buch geschrieben. Hab versucht, 'n bisschen lokalen Bezug reinzubringen. Die Leute sollen direkt in die typische Berliner Stimmung rinjezogen werden. Hier, lies dir mal durch!« Stolz reicht Felix Malte den Laptop.

Malte stellt ihn freudig auf die Lehne der Couch in der Küche, rollt sich auf den Bauch, legt sein Gesicht in die Hände und lässt seine Füße durch die Luft baumeln. Dann liest er laut vor.

Berlin, Berlin, Berlin. Eine Stadt, wie sie nur Berlin ist. Eine Grande Dame der Städte. Weil sie echt eine große Stadt ist, Berlin. Nirgendwo sonst stehen Hochhäuser so dicht im Stadtzentrum, Berlin. Berlin. Arme Menschen gibt es in Berlin und auch reiche Menschen gibt es. Berlin. Wir haben den Fernsehturm, das Brandenburger Tor und das Restaurant im Fernsehturm, das dreht sich sogar, Berlin. Viele

Menschen sind hier gemeldet und wohnen dementsprechend hier. Da ist natürlich immer was los, wie man sich vorstellen kann, Berlin. Auch Party ist viel los. Zum Beispiel in Kreuzberg oder Friedrichshain, manchmal auch in Mitte, wo auch der oben angesprochene Fernsehturm steht, Berlin. Viele Tiere haben hier auch ihre Unterkunft. Zum Beispiel Füchse, hier und da auch mal ein Feldhase oder zwei Feldhasen, in einem der unzähligen Parks, Berlin. Man bekommt an vielen Orten Essen. Zum Beispiel an Dönerläden oder Pizzaläden, Berlin. Es gibt hier durchaus auch mehrere Flüsse, wie die Spree oder den Wannsee, Berlin. Es ist immer viel los an den Flüssen, bei schönem Wetter, im Sommer beispielsweise.

»Jenau, und dann würd ick jetzt anfangen wollen mit der Handlung«, merkt Felix halb verteidigend, halb sehr stolz an.

»Tatsächlich ergänzt das meinen Anfang ziemlich gut, lokalen Bezug habe ich auch, aber noch mehr Handlung. Hier!« Malte reicht Felix seinen Laptop.

Felix stellt ihn auf den Tisch, auf dem vor ein paar Tagen noch der Fernseher stand, setzt sich davor und verliest:

Berlin, wow! Völker der Welt, seht auf diese Stadt, denn ick bin ein Berliner. Hier sind wir arm, aber sexy. Berlin, wow! Zentrum der Macht, Hauptstadt, Kunst- und Kulturmetropole, Intrigen hinter den Kulissen, Dreiecksbeziehungen, das volle Programm. Berlin, wow!

Felix und Malte sind zum Trinken einer Berliner Weiße auf dem Alexanderplatz verabredet. Der Alexanderplatz ist ein großer Platz mitten in Berlin, der deutschen Hauptstadt. Wow! Berliner Weiße ist ein Biergetränk mit Himbeer- oder Waldmeistersirup, das gibt es nur hier. Auf dem Weg zum Alexanderplatz, wo übrigens der Fernsehturm steht, geht Malte am Potsdamer Platz vorbei, der auch sehr bekannt ist. Beim Zoo, dort wo die Gedächtniskirche steht und das Europacenter, macht er eine Kurve in Richtung Checkpoint Charlie. Wow, Berlin, denkt Malte. Bald ist wieder Berlinale, ein tolles Filmfestival mit tollen Schauspielern in Berlin. Auch auf den Karneval der

Kulturen freut Malte sich und blickt auf den Mauerweg. Das ist ein Weg, auf dem früher die Mauer stand. Denn die Stadt war mal in Ost und West geteilt. Eine aufregende Geschichte. Nächste Woche möchte Malte mal in das Mauermuseum und vielleicht auch mal dorthin, wo Hitler früher war. Denn auch Hitler war ja mal in Berlin gewesen und hatte dort eine Schreckensherrschaft geleitet, wenn er nicht auf dem Obersalzberg oder der Wolfsschanze war. Beide Orte waren aber nicht so aufregend wie Berlin.

»Und?«, fragt Malte

»Klasse!«, sagt Felix. »Dit ergänzt sich wirklich.«

»Finde ich auch. Deswegen hab ich vorhin gesagt, dass sich das ergänzt. Ich würde vorschlagen, wir schicken das so unserem Verleger und der bastelt das dann irgendwie zusammen. Dafür ist er ja da!«

»Ah, dit macht ein Verleger also, hatte mich schon jewundert, wat überhaupt so die Funktion eines Verlegers ist«, sagt Felix mit dem Gesichtsausdruck eines Menschen, der just ein schweres Rätsel löst. Sudoku zum Beispiel. Oder ein Kreuzworträtsel.

»Weißt du, warum ich Berlin noch so gerne mag?«, fragt Malte, um seine Frage gleich selbst zu beantworten. »Berlin ist für mich wie Nimmerland bei Peter Pan, man wird einfach nicht erwachsen hier. Also, klar, Drogen, Partys, man altert schon körperlich, aber ich hab das Gefühl, mental bleibt man jung.«

»Peter Pan? Kenn ick nicht«, patzt Felix, weil er sich ertappt fühlt. »Ick glaub, du lügst gerade.«

»Unfug, ich lüge nicht«, sagt Malte und wirkt wieder unangenehm euphorisiert. Er muss plötzlich drei Minuten lang niesen. »Aber jetzt, wo ich über Berlin schreibe, da fällt mir das wieder auf. Die meisten meiner Freunde hier haben viele, viele kleine und große Flausen im Kopf. Das wird schon mit der Stadt zusammenhängen. Hier gehört das irgendwie dazu. Anders als in Hamburg, Eckernförde oder München zum Beispiel. Oder Köln. Oder Düsseldorf. Vielleicht auch Stuttgart. Karlsruhe. Bonn.

Nürnberg. Dresden. Leipzig. Bremen. Hannover. Dortmund. Essen. Duisburg. Dortmund. Mannheim kann man da sicherlich auch nennen. Und vielleicht lehne ich mich da jetzt sehr weit aus dem Fenster, aber auch Frankfurt würde ich dazuzählen. Nee, also Berlin, das passt schon zu meinen Freunden.« Malte strahlt.

Felix denkt, dass Malte bestimmt an Freundschaftsbänder und Poesiealben denkt.

Malte denkt an Freundschaftsbänder und fragt sich, ob der arme Felix wohl weiß, was Poesiealben sind.

»Meine Freunde haben mit elf schon Fitness gemacht, um stark genug zu sein, Ältere abzuziehen. Da war nix mit Jungbleiben. Bei uns hatte in dem Alter niemand Arbeit.« Felix starrt ins Leere und erinnert an einen alten Veteranen, der vom Krieg erzählt.

»Ist das nicht normal, mit elf nicht zu arbeiten?«, erkundigt sich Malte und fürchtet, Felix könnte gleich wieder denken, dass Malte ein dummes, zugezogenes Dorfkind sei. Ohne jede Ahnung von der harten Realität auf der Straße.

»Meine Freunde haben mit elf schon Crack verkooft«, sagt Felix. Dann erschrickt er selbst über seine Worte. Er will Malte ärgern, aber nicht wirklich etwas Wahres von seinen Freunden erzählen. Das geht Malte nichts an.

»Ach, du übertreibst doch wieder«, empört sich Malte. »Meine Freunde jedenfalls waren und sind toll. Ich hab da sogar mal 'ne Geschichte drüber geschrieben.«

»Ick geb dir viel Geld, wenn du sie nicht erzählst«, sagt Felix.

»Du hast nicht viel Geld«, sagt Malte.

»Verdammt!«, antwortet Felix. »Dann mach schnell, ick kann meine Ohren aus privaten Gründen nicht so lange anhalten.«

»Man kann Ohren generell nicht anhalten, Felix. Man kann die Luft anhalten. Und ein Auto. Wenn man auf die Bremse tritt, zum Beispiel. Aber Ohren nicht, Felix. Ohren nicht.«

»Ein Grund mehr, dass du dich beeilst!«

»Du kennst mich, ich rede immer schnell. Also, pass auf!«

MEINE FREUNDE
EIN TEXT FÜR ALLE MEINE FREUNDE (AUSSER EINEM)

Wenn meine Freunde sich am Samstagnachmittag dazu entschließen, sehr vorausschauend für den Sonntag gleich mit einzukaufen, dann führt das meist lediglich dazu, dass sie Samstagabend einfach doppelt so viel essen. Und wenn sich meine Freunde am Samstagabend dann vollgefressen dazu entschließen, heute mal vernünftig zu sein und früh ins Bett zu gehen, dann führt das meist lediglich dazu, dass sie sich um zehn Uhr hinlegen, um elf Uhr merken, dass sie doch nicht müde sind, um zwölf Uhr noch mal für nur ein Bier rausgehen, um dann um sieben Uhr morgens betrunken in der Ringbahn einzuschlafen. Meine Freunde sind nicht vernünftig. Sie sind eigentlich manchmal fast ein Fall für das TV-Format *Mitten im Leben*, was sehr ironisch ist, denn so richtig angekommen im Leben sind sie noch nicht. Das passt aber. Deswegen sind sie meine Freunde. Ich bin auch noch nicht im Leben angekommen. Vermutlich bin ich noch nicht mal auf dem Weg zum Angekommensein. Das ist aber okay, ich bin ja gar nicht erst losgelaufen.

Ich fühle mich wie am Tage nach einer durchzechten Nacht, den man damit verbringt, Serien und Filme zu gucken und sich jede Stunde aufs Neue zu sagen: »Wirklich, bestimmt, gleich steh ich auf und dusche.« Ich bin ungeduscht. Und das nicht erst seit gestern.

Wenn ich mich mal wieder, wie so viele, aus Versehen nicht bei Facebook abmelde, dann darf ich mich nicht wundern, wenn meine Freunde dafür gesorgt haben, dass ich fremde Menschen skurril beleidigt habe, dass meine sexuelle Orientierung sich geändert hat und dass in meinem Status steht, dass ich nekropädo-philsodomistische Fantasien hätte und deswegen kleine Hamster schlachte. Und das ist noch harmlos, neulich haben sie geschrieben: »Freunde, wusstet ihr, dass nur drei Frauen einen naturwissenschaftlichen Nobelpreis bekommen haben? Da sieht man mal wieder, wie wenig Frauen für die Gesellschaft tun!«

Das ist definitiv nicht meine Ansicht. Aber über meine Schwester sind diese unfreundlichen Worte zu meiner Mutter gelangt, die mir zur Strafe einen trojanischen Adventskalender voll von rosafarbenem und ganz offensichtlich unabwaschbarem Glitzer geschickt hat, sodass ich den Dezember über geschimmert habe, als wäre ich ein verkackter *Twilight*-Vampir im Sonnenlicht. Dicker Dank an meine Freunde. Aber die meinen das nicht so, gar nicht böse, die haben nur diesen Humor, diesen Zwang, immer Streiche zu spielen und einer durch und durch kindlichen Quatschkopfreligion anzugehören, die diesem kleinen Jungen huldigt, der einst in einem rührenden Brief voll infantiler Naivität im Internet feststellte, dass man nur das Gelbe von einem Überraschungsei und vier Regenwürmer braucht, um sich einen Oktopus zu basteln.

Wir sind Momo-Fans und Jünger von Peter Pan und der König der schlechten Wortwitze ist unser Anführer und er heißt Rolf. Meine Freunde nennen Rolf alle den legasthenischen Rolf, was nicht nur daran liegt, dass er Legastheniker ist. Es liegt auch daran, dass er Rolf heißt. Allerdings liegt es zu einem großen Teil daran, dass er Legastheniker ist, denn sonst könnte man ihn auch einfach Rolf nennen, immerhin heißt er Rolf, so haben seine Eltern es entschieden. Meine Freunde sind komisch, und zwar alle. Oder wie Rolf sagen würde: »Deine Freunde sind komich, alle, A-L-E.« Er selbst nennt sich aber auch nicht Rolf, sondern ROFL.

Meine Freunde sitzen in ihren WG-Zimmern und rufen per Handy immer wieder ihr eigenes Festnetz an. Nur um ihre Mitbewohner zu ärgern. Meine Freunde rufen mich an, um mir zum Welthirntumortag zu gratulieren, und sagen Dinge wie: »Scheiße, ich bin so betrunken, ich kann meine eigenen Augen nicht mehr sehen!« Sie gehen mit aufgesetzten Penisbrillen in Genderstudies-vorlesungen und flüstern sich in Islamwissenschaftsseminaren zu: »Ey, pst, zehn Euro, wenn du dich meldest und fragst, was überhaupt genau passiert ist an diesem elften September, von dem alle reden.«

Meine Freunde sagen Dinge wie: »Nein, ich verlasse dieses Seminar nicht, Sie können mich nicht zwingen, Sie sind ja gar nicht mal mein richtiger Vater, Frau Professorin!« Oder: »Nein, ich kann jetzt noch nicht gehen, wenn ich gehe, dann nur nach Hause und wenn ich ›nach Hause gehen‹ sage, dann meine ich ›fahren‹, und zwar mit der Bahn, aber die Bahn kommt erst in zehn Minuten. Zehn Minuten, das muss man mal umrechnen, das waren früher immerhin zwanzig Mark.«

Meine Freunde sind komisch, sehr sogar. Aber das passt, deswegen sind sie meine Freunde, sie sind anders als zum Beispiel du, Mensch, den »Freund« ich nicht mehr nennen mag. Mensch, der du denkst, du wärst ein echter Mann. Mann, der du denkst, dass du Chef bist, alles verstanden hast, Anzug als zweite Haut und Krawatte als Medaille trägst. Mann, der du allen stets erzählst, wie wichtig du bist, obwohl jeder denkt, dass du es nicht erzählen müsstest, wäre es auch nur ansatzweise wahr.

Du Minderwertigkeitskomplexklops klotzt und kleckerst, du kotzt und meckerst über Minderheiten und lachst über Dinge, die ein wichtiger Mensch nicht sagt.

Früher, da warst auch du mal ganz links und ganz alternativ und sagtest beim Sex zu deiner Freundin: »Schatz, nenn mich heute bitte Genosse!«

Früher, da hattest du noch Sex und eine Freundin. Früher hattest du noch Freunde, Werte, Anstand, Ethik, Hobbys, Humor und eine Penisbrille für alle Fälle. Früher war alles besser, so was hättest du nie gesagt. Klischees und Phrasen waren dir zuwider, Karrierekasper und Business zu bieder. Früher hast du bei schlechten Witzen nicht altklug gesagt: »Jetzt mach aber mal 'nen Punkt!« Du wolltest selber noch Zeichen setzen.

Mann, der du vom vielen Arbeiten so müde Augen hast, so große Augenränder hast. Groß wie der Penis, den du nie hattest, den du nie brauchst, den du nie benutzen kannst, weil niemand zu Hause auf dich wartet. Denn wenn jemand zu Hause auf dich warten würde, würdest du nicht rund um die Uhr arbeiten, um damit das Loch zu füllen, das sich dein Leben nennt, weil du dann ja das Loch der Person füllen könntest, die jetzt gerade nicht zu Hause auf dich wartet.

Mann, der du so viel Geld verdienst, was du nie ausgeben kannst, weil du nie Zeit hast, weil du nie Zeit haben wirst, weil du immer nur arbeitest! Und weil du immer nur arbeitest, wirst du auch irgendwann bald sterben. An einem Herzinfarkt, oder Arschlochkrebs. Das entsprechende Risiko wird von Wettanbietern auf siebzig Prozent geschätzt. Siebzig Prozent, das muss man mal umrechnen, das sind ja immerhin hundertvierzig Mark. Hundertvierzig Mark, das sind vierzehn mal fünf Minuten auf die Bahn warten. Warten, das ist das, was du nicht kannst, weil du's nicht kennst, weil du immer so schrecklich beschäftigt bist.

Natürlich ist es super, irgendwie ein bisschen erwachsen zu sein, einen Plan zu haben, vielleicht Kinder zu kriegen und sich um diese kümmern zu können. Natürlich ist es super, irgendwie ein bisschen Geld zu haben, sich einen Job zu suchen. Aber doch ohne dafür gleich alles andere zu verachten. Denn nicht jeder Umweg ist ein Irrweg. Nicht jeder Spaß nur ein fehlleitendes Irrlicht. Nicht jeder etwas andere Kumpel am Ende nur ein Irrwicht. Ich irr nicht. Ich habe Ziele, ich will losgehen. Und duschen. Doch ich besitze eine mich treibende Kraft: Kindskopf bleib ich sicher noch, das bin ich doch aus Leidenschaft.

Nach seiner ausufernden Geschichte steht Malte ohne ersichtlichen Grund auf und läuft in den Flur. Er stößt sich an der viel zu großen Couch, die den Weg zur Tür zu mindestens vierundneunzig Prozent versperrt, das Schienbein.

»Diese scheiß Tür!«, brüllt er und hält sich das gestoßene Bein. »Ich hab schon beim Einzug gesagt, dass die Tür vollkommen unpassend platziert ist!«

»Wieso gehst'n du jetzt in den Flur?«, ruft Felix ihm nach.

»Weil ich in den Flur gehen will. Blöde Frage!« Felix versteht zwar nicht genau, was da vor sich geht, folgt ihm aber und sieht, wie Malte einfach im Flur steht und nichts tut. Wobei der Begriff »sehen« eher euphemistisch gewählt ist. Der Flur in Maltes WG ist in blau-weißen Streifen gestrichen, sodass Malte sich mit seinen blau-weiß gestreiften Shirts enorm tarnt. Nur sein Kopf und die Hose sind zu sehen. Er schweigt.

Felix schweigt zurück.

Malte zeigt sich davon unbeeindruckt.

Dann bricht Felix die Stille: »Okay, also nach deinem Monolog über deine Freunde, in dem du eigentlich nur sagst, dass du deine Freunde magst, quelle surprise, sind wa irgendwie vom Thema abgekommen«, sagt er nicht ohne Stolz, auch mal etwas zusammengefasst zu haben. »Und mit ›vom Thema abgekommen‹ mein ick, dass du einfach in den Flur gegangen bist«, fährt er fort. »Ohne Spaß. Du haust einfach ab und das mit dem aus baufähigen Ziel, einfach hier zu stehen? Warum?«

Felix versucht, seine Worte mit einer Geste zu visualisieren, und verfehlt dieses Ziel, was aber keinen Anwesenden überrascht. Malte fragt sich sogar, ob Felix vielleicht einen Schlaganfall hat.

»Komm ma' klar, Rosskopf. Buch schreiben! Wir! Jetzt! Wir müssen noch klären, wer die Zielgruppe sein soll. Der Plan war: Thema, dann Zielgruppe, dann Titel – fertig. Thema ham wa ja jetzt, nämlich ›Berlin‹. Also: Zielgruppe?«

Malte reagiert überhaupt nicht, sondern schaut sich fragend im Flur um. »Hörst du das?«, fragt er.

»Hör ick wat?«, fragt Felix.

»Na, dieses Geräusch? Kleiber!«

Felix sieht Malte fragend an.

Malte ergänzt: »Kleiber, Kleiber, Kleiber!« Dann schüttelt er wissend den Kopf. »Wir hatten hier neulich schon drei Kleiber in der Wohnung. Diese bekackten Vögel tun so, als wär' das hier ihr Zuhause. Machen Lärm, kacken alles voll und versetzen uns in Angst und Schrecken. Die große Kleiberplage von 2015 – mutige und unabhängige Online-Zeitungen haben schon darüber berichtet.«

»Kleiber? Was zur Hölle sind Kleiber?«, fragt Felix und ahnt, es könnte sich wieder um so was wie Vampire handeln. Ein wenig fürchtet er, erneut eine eklatante Bildungslücke zu offenbaren, und flext zur Ablenkung seinen Bizeps. Manchmal sorgt das für Verwirrung und hilft in brenzligen Situationen.

Malte ignoriert die Geste. Dann klärt er Felix auf. »Kleiber, mein ungebildeter Unterschichtsfreund, oder auch *Sitta europaea*, sind Kleinvögel aus der Familie der Kleiber.«

Felix ist froh, dass er seinem ersten Impuls nicht gefolgt ist und großkotzig behauptet hat, Kleiber seien so was wie Vampire. Das wäre peinlich geworden. »Also sind Kleiber Kleiber? Is' dit nicht klar? Ick meine 'n Hai ist ja ooch 'n Hai und 'ne Katze ist ooch 'ne Kat...«, argumentiert er, bis Malte ihn unterbricht.

»Ja, Kleiber sind Vögel aus der Familie der Kleiber. Die sehen aus wie eine Mischung aus Specht und Meise in sehr hässlich«, erklärt Malte weiter, während er sein Gesicht an die gestreifte Wand im Flur drückt und sie abklopft. »Diese bekackten Viecher kleben fremde Nester zu, um sie zu übernehmen, und genau dasselbe haben die hier auch vor! Die wollen unsere Wohnung erobern! Erobern wollen die unsere Wohnung! Aber das lasse ich nicht zu, nicht kampflos, Felix. Nicht kampflos. Bevor die Erde sich ein weiteres Mal ganz um die Sonne gedreht hat, werde ich diese Schlacht und damit auch den Krieg gewonnen haben!« Er schnappt sich ein altes Stuhlbein, aus dem ein halber, rostiger Nagel rausragt, und fuchtelt wüst damit herum.

Zwar sieht Malte selbst mit Waffen in der Hand sehr ungefährlich aus, dennoch ist Felix die Situation nicht geheuer. Immerhin hat Malte einen irren Blick im Gesicht. Tatsächlich schielt er ein wenig, was Felix aber ausnahmsweise für sich behält. Er würde es nicht zugeben, aber zum ersten Mal fürchtet er sich ein klein wenig vor Malte.

»Vielleicht solltest du noch mal deine Medikamente nehmen, danach bist du doch so gut drauf«, schlägt Felix vorsichtig vor. Vielleicht musste Malte die Medikamente ja wegen imaginärer Kleiber einnehmen. Das könnte diese »Kondition« sein.

»Danke«, sagt Malte freundlich, was jedoch nur noch gruseliger wirkt, »aber ich habe die Medikamentendosis im Blick. Mir geht es gut. Nur die Kleiber, die machen alles kaputt! Man wird mich für verrückt halten, das ist mir klar, aber wenn du erst mal eine Weile hier wohnst, wirst du schon verstehen!«

Felix überspielt seine Angst vor Psychomalte, zieht sein Smartphone aus der Hosentasche und erkundigt sich über Kleiber. »Okay, Kleinvogel hin oder her. Aber hier in deiner Wohnung? Ick hab grad mal gegoogelt. Bin mir nicht sicher, ob's in Berlin überhaupt Kleiber gibt«, versucht er, Malte zu besänftigen. »Und hier drin hab ick ooch noch keenen bemerkt.«

»Klar hast du hier drin noch keinen bemerkt, weil diese scheiß Kleiber geschickt sind«, antwortet Malte harsch. »Aber ich lass mich nicht verarschen. Nur tote Kleiber sind gute Kleiber. Scheiße! Und genau deswegen such ich jetzt nach diesen verfickten Kleibern.« Dabei brüllt er »verfickte Kleiber« so laut, dass sich seine Stimme überschlägt.

Die Nachbarin von unten klopft gegen die Decke. Malte kontert das mäßig erwachsen mit einem mäßig eloquenten »Scheiß Kleiber!« Er unterstreicht das mit ausartendem Trampeln.

Die Nachbarin quittiert Maltes Anfall mit wütendem Klopfen gegen die Decke und den Worten: »Der Typ mit seine Kleiber wieder. Scheiße! Der hat doch 'ne Macke, hat der doch. Der jehört nach Tegel inne Klapse, jehört der!«

»Die hat ja 'n lautet Organ«, stellt Felix anerkennend fest. Er packt Malte an seinem gestreiften Shirt und zerrt ihn zurück in die Küche. »Malte, sei ma nicht böse, aber du verrennst dich bei dieser Kleibersache. Ohne Scheiß.«

Malte winkt ab und hört gar nicht mehr zu.

Felix fühlt sich in seiner Autorität untergraben. »Alter, wenn du noch einmal abwinkst, dann ... äh ... dann ... äh ... Das wird dann krass, äh ...« Felix hat länger niemanden bedroht, weswegen ihm spontan nichts Gefährliches einfällt. Er beschließt, doch auf Diplomatie zu setzen, und macht eine diplomatische Geste, die entfernt an ein Gangzeichen aus L.A. erinnert. »Tiger, ick bin mir sicher, dass wa dit mit diesen scheiß Vögeln gelöst bekommen, aber jetzt müssen wa echt überlegen, wer unsere Zielgruppe ist! Der Verleger wartet schon seit vorgestern auf die ersten hundert Seiten des Buchs. Und ick möchte dich daran erinnern, dass wir noch keine ersten hundert Seiten haben. Also: Zielgruppe, Titel – fertig.«

»Du verstehst nicht«, sagt Malte wütend. »Man müsste die alle ausrotten. Und die Finken, die Finken gleich mit. Scheiß Finken!«, beendet er seinen Gedanken flüsternd. Er sieht bockig zu Boden und ergänzt in normaler Lautstärke: »Weißt du, dass mit Kleibern irgendwas nicht stimmt, ist ja keine neue Erkenntnis. Es gibt schon länger Literatur darüber, wie diese Scheißviecher sich ausbreiten und alles zukleben. Die wollen uns Menschen aus dem Weg haben, ich sag's dir. Schon Gottfried Keller hat da 1874 einen Thriller drüber geschrieben – ›Kleiber machen Leute‹, kennst vielleicht sogar du!«

Felix weiß nicht genau, was ein Thriller ist. Er ist sich auch nicht sicher, ob das alles nur ein Scherz ist. Er gibt auf und setzt sich teilnahmslos auf die riesige Couch, die mittlerweile mindestens siebenundneunzig Prozent der Tür versperrt, seit Malte sie mit den Worten »Diese Küche bleibt kleiberfrei!« noch ein Stück mehr in den Raum gezogen hat. Auf Felix' Hinweis, dass Vögel fliegen können und es ihnen deshalb ein Leichtes wäre, trotzdem in die Küche zu gelangen, wollte Malte die Couch hochkant stellen, nur um festzustellen, dass er dafür zu schwach ist.

Die Stimmung ist nun, wie Felix' Bizeps, wenn er Frauen den Weg erklärt: unnötig angespannt.

Malte schweigt Felix wütend an.

Felix schweigt zurück.

»Jetzt setz dich erst ma' hin, Junge!«, unternimmt Felix einen weiteren Versuch, das Gespräch auf das Buch zu lenken. »Es macht mich krass nervös, wenn du versuchst, schwere Dinge zu bewegen. Also hör uff damit! Konzentrier dich! Wer ist unsere Zielgruppe? Ick denk ma', Rentner könn' wa ausschließen, oder?«

Malte ist noch kurz bockig, wechselt dann aber beängstigend übergangslos in einen fidelen Modus und sagt: »Wieso? Ich mag Rentner. Die sind alt und schenken uns bestimmt immer was. Vollmilchschokolade, Marzipanschokolade, Nugatschokolade, Pfefferminzschokolade oder auch mal Zartbitterschokolade, oder Haselnussschoko...«

»Okay, hab's verstanden, Rentner schenken Schokolade«, unterbricht Felix. »Aber überleg mal, wie anstrengend so Lesungen für unser Buch mit Rentnern als Fans wären. Wir müssten immer schreien, damit die uns überhaupt verstehen. So lautstärkemäßig. Außerdem weißt du, was passiert, wenn du laut brüllst, Malte, nämlich ...« Er sieht Malte an, in der Hoffnung, dass er den Satz beendet. Malte beendet den Satz nicht.

»... überschlägt sich deine Stimme ins Ultrahochfrequente«, löst Felix auf. »Und das, lieber Malte, nervt einerseits mich und andererseits hören alte Leute keine hohen Töne. Deswegen werden Hunde auch nicht so alt, weil sie die Hundepfeifen einfach irgendwann nicht mehr hören. Also, Rentner und Hunde sind schon mal raus, würd ick sagen.«

»Und Kleiber«, ergänzt Malte.

»Und Kleiber«, notiert Felix.

»Was hältst du von Freunden und Verwandten?«, wirft Malte

in die Diskussion. »Die sind uns prinzipiell wohlgesonnen und bei denen kann man zur Not auch auf das schlechte Gewissen uns gegenüber bauen.«

Felix ist von Maltes Idee wenig begeistert. »Ick bin mir nicht sicher, wie klug es ist, nur auf so 'ne kleene Zielgruppe zu setzen«, kritisiert er. »Selbst wenn jeder aus unserem entfernten Bekanntenkreis ein Exemplar kooft, sind wir gerade mal dreißig Stück los. Gloobe nicht, dass dit die Cracksucht unseres Verlegers und unsere Pläne, reich zu werden, bezahlt. Wir brauchen die breite Masse.«

»Ah, du meinst deine Fitnessstudiofreunde. Stimmt schon. Die sind breiter als die meisten Freunde aus meiner Limbotanzclique beispielsweise.« Malte tut überzeugt. »Gut, dann ist die breite Masse unsere Zielgruppe. Lass uns anfangen!«

»Nee, nee, nee. So war dit nicht gemeint. Ick meine, klar sind die breiter als beispielsweise deine meisten Freunde generell, aber darauf wollt' ick nicht hinaus.« Felix lässt eine unnötig lange Kunstpause in seinen Ausführungen, um Spannung aufzubauen. »Ick dachte an die breite Masse im klassischen Sinn. Also, dass wir einfach ein großet Publikum ansprechen müssen.«

»Ah, du meinst Basketballspieler. Stimmt schon. Die sind auf jeden Fall größer als die meisten Freunde aus meiner Minigolfclique beispielsweise. Ich bin überzeugt. Lass uns anfa...«

Felix unterbricht Malte, indem er ihm den riesigen Phrasen-Windhund zuschiebt. »Alter, Rosskopf. Hör mit deinen albernen Witzen auf. Fokus! Ick meine viele. *Viele*. Wir müssen möglichst *viele* Menschen als Zielgruppe haben. Vier Euro Strafe! Bezahl den Hund!« Felix deutet auf den schmalen Holzhunderücken mit dem Münzeinwurfschlitz.

Nachdem Malte mit einem ausgefüllten Schuldschein bezahlt hat, sagt Felix: »Ick gloob, ick hab's!« Er lässt eine zweite, unnötig lange Kunstpause und sagt: »OSSIS. Unsere Zielgruppe sind OSSIS.«

»Ossis?«, fragt Malte. »Ich weiß nicht. Nur weil jemand aus

dem Osten kommt? Ich finde das diskriminierend von dir, Felix. Bitte zahl dem Hund vier Diskriminierungseuro.« Malte versucht, entschlossen zu gucken und Felix einzuschüchtern.

Felix guckt uneingeschüchtert zurück.

»Nein, ick meine mit OSSIS nicht Ossis im Sinne von Leuten aus dem Osten, die ham ja ooch gar keene Kohle für unser Buch. Dit is' 'n Akronym.« Er zwinkert Malte zu, als sei damit klar, was er meint.

Malte versteht nicht und ist jedes mal aufs Neue erstaunt, wie inkonsistent Felix' Wortschatz und Wissen sind. Was »Thriller« bedeutet oder was »Vampire« sind, weiß er nicht, das Wort »Akronym« hingegen ist ihm bekannt. »Ich bin jedes Mal aufs Neue erstaunt, wie inkonsistent bei dir Wortschatz und Wissen sind. Was ›Thriller‹ bedeutet oder was ›Vampire‹ sind, weißt du nicht, das Wort ›Akronym‹ hingegen ist dir bekannt«, sagt er deshalb. »Besides that – was meinst du mit OSSIS?«

»Ist doch klar, mein kleibophober Elitefreund.« Felix zwinkert Malte wieder zu, als sei jetzt klarer, worum es geht. Als keine Reaktion kommt, führt er aus: »OSSIS steht für Oberschüler, Studenten, Serienjunkies, Inder und Seismologen – dit is' unsere Zielgruppe.« Felix strahlt triumphierend und gießt sich einen neuen Kaffee ein.

»Ah, du meinst ... Äh, klar, du, du meinst, äh ... Okay, ich hab keine Ahnung, wovon du sprichst.« Malte setzt seinen Verwirrter-Malte-Blick auf. Er sieht jetzt aus wie eine Mischung aus angeschossenem Großwild und einer Kanne.

Felix kennt diesen Blick und erläutert seinen Vorschlag umgehend mit großem Gestus: »Na, is' doch logisch. Oberschüler sind 'ne gute Zielgruppe, weil die dit erste Mal in ihrem Leben 'n bisschen eigenet Geld haben, aber noch gar nicht damit umgehen können. Die kriegen noch keinen Alkohol verkauft und wissen deshalb null, wohin mit der Kohle.« Felix lässt eine dritte, sehr lange Kunstpause, in etwa so lang wie die ersten beiden zusammen. Dann zwinkert er Malte zu, als sei völlig klar, was jetzt kommt. »Und da kommen wir ins Spiel«, fährt er fort. »Die Teenies koofen sich von ihrem ersten hart erarbeiteten Geld unser Buch, um aufm Schulhof mitreden zu können.«

»Bin überzeugt«, sagt Malte. »Erzähl weiter!«

»Jut. Als Nächstet: Studenten. Die sind jenau wie wir. Nämlich ooch Studenten, jenau unser Alter, generell in derselben Lebensphase und pipapo. Die freuen sich bestimmt, wenn einer aus den eigenen Reihen es doch noch zu wat bringt – die unterstützen uns uff jeden Fall.« Felix kommt richtig in Fahrt. Seine Gesten werden größer, sein Habitus selbstbewusster. »Kannste mir bis hierher folgen, Tiger?«

Malte nickt Felix zu, wie eine verliebte Zwölftklässlerin ihrem großen Schwarm aus der Dreizehn zunickt, wenn dieser sie fragt, ob sie ihn zum Abiball begleiten will, sie dabei aber nicht weiß und niemals erfahren wird, dass er schon ihre drei vermeintlich besten Freundinnen gefragt hat, die ihm alle abgesagt haben.

»Dann Serienjunkies, ick denk mal, dit ist klar.« Felix stößt Malte ungeplant doll mit dem Ellbogen gegen die Schulter. »Wir wollen ja richtig reich und berühmt werden mit unserm Berlinbuch. Dit jeht heutzutage überhaupt nicht mehr, ohne das Buch ooch als Serie anzubieten. Mit den Serienjunkies ham wa da direkt 'n Fuß inne Tür.«

Es klopft. Felix und Malte hören es, gehen aber beide nicht hin.

»Inder ist schnell erklärt. Dit sind einfach viele. Viele Inder, viele verkoofte Bücher, viel Geld, fertig. Und Seismo...«

Erneutes, energischeres Klopfen unterbricht Felix' Ausführungen.

»Das sind sie«, sagt Malte, »ich hab's gewusst! Kleiber ... Kleiber, Kleiber, Kleiber!« Malte greift nach dem Stuhlbein mit dem rostigen Nagel und brüllt: »Kommt doch her, ihr verfickten Scheißkleiber!«

Felix reißt Malte das Holz aus der Hand und drückt ihn bestimmt zurück auf die Couch. »Noch einmal das Wort ›Kleiber‹ heute und ick schreib dit Buch mit jemand anderem!« Mit seinem drohenden Zeigefinger sieht er jetzt aus wie die strenge Mutter der verliebten Zwölftklässlerin, wenn sie ihre Tochter ausschimpft, weil diese viel zu spät nach Hause kommt, nachdem sie sich auf dem Abiball ihres Schwarms heimlich betrunken und dort den Großteil der Zeit alkoholintoxikiert über der Toilette gehangen hat, während er heimlich mit drei anderen rumgemacht hat.

»Vielleicht hast du recht. Ich glaube, da ist nur jemand an der Tür. Ist bestimmt nur Werbung.« Malte lenkt ein und legt die Waffe aus der Hand. »Erklär weiter, Lexi!«, versucht er, einen neuen Spitznamen für Felix zu etablieren.

Felix schiebt Malte wortlos den hölzernen Hund unter die Nase und fährt fort: »Wo war ick stehen jeblieben? Ach, jenau, Seismologen. Ja, Seismologen is' eigentlich ooch selbsterklärend.« Er winkt ab, als würde er es nicht weiter ausführen, führt es aber direkt danach weiter aus: »Seismologen haben einfach den langweiligsten Job der Welt. Ick meine, ma' janz ehrlich: Die sitzen den janzen Tag rum und warten auf Erdbeben, die eh nie kommen. Und selbst wenn welche kommen, könn' se ooch nix dran ändern. Die Jungs haben null Erfolgserlebnisse in ihrem Job und soo viel Zeit. Die lesen jeden Scheiß. Und jenau da«, Felix legt eine verhältnismäßig knackige Kunstpause ein, »jenau da kommen wir ins Spiel. Et voilà: OSSIS.«

Malte weiß genau, dass Seismologen einen sehr anspruchsvollen Job haben, verheerende Erdbeben im asiatischen Raum, verheerende Erdbeben im nordamerikanischen Raum, verheerende Erdbeben in anderen Räumen, aber woher sollte Felix das auch wissen? Anders als er selbst hat Felix wohl kaum ein seismologisches Pflichtpraktikum in der achten Klasse absolvieren müssen. Und auch kein freiwilliges in der elften Klasse. Aber er weiß auch, wann die Ästhetik es gebietet, ein Akronym so zu nehmen, wie es serviert wird. Und OSSIS ist so ein Akronym. Ein von Felix ausgedachtes Akronym, keine Frage, aber stimmig und in sich geschlossen ausgeführt. Manchmal ist eine

Geschichte selbst einfach wertvoller als die Realität. Schließlich kommt »Unterhaltung« ja auch von »unterhalten« im Sinne von »to entertain«. Malte ist stolz auf diesen Gedankengang und trinkt gedanklich einen Schnaps mit den Worten »Hach, Schriftstellerleben, schon ein Privileg«. Den hat er sich redlich verdient.

Das Klopfen an der Tür wird immer lauter. Würden die Jungs nicht den ganzen Tag nur lesen oder sich langweilen, Seismologen gäben des Klopfens wegen wohl jetzt eine Erdbebenwarnung raus, weiß Malte. Im Gegensatz zu Felix.

»Allet klar, mir reicht's.« Felix schnappt sich den Phrasen-Windhund und geht mit ihm zusammen an die Tür. Warum er den Hund dabei hat, weiß er selbst nicht. Er reißt die Tür wütend auf, doch noch bevor er losbrüllen kann, tritt eine junge, sehr, sehr hübsche Frau in Maltes WG. Unbeeindruckt und kommentarlos schiebt sie den Holzhund beiseite und setzt sich zu Malte in die Küche. Felix weiß die Situation nicht recht einzuordnen. Vor Restwut schnaubend folgt er ihr aber in die Küche.

»Allet klar, Janine mein Name. Ick wohn unten«, sagt die wunderschöne junge Frau mit einer unpassenden Reibeisenstimme.

Malte und Felix werfen sich einen kurzen, fragenden Blick zu.

Janine sieht das und fährt fort: »Jut, Jungs. Passt ma' uff! Ihr braucht euch hier jar nicht so komische Blicke zuwerfen, ja? Und janz ehrlich, mir isset scheißejal, wat ihr hier oben so treibt. Aber, und jetzt wird's spannend, wenn ick noch einmal vonne Arbeit nach Hause komme und einfach nur die Schnauze voll hab ma' wieder und dann einer hier von irgendwelchen Kleibern fantasiert, ja? Ick sag's euch, dann rast ick aus!« Janine kaut schmatzend auf ihrem Kaugummi herum und sieht Malte und Felix mit ernster Miene an.

Felix und Malte untermalen ihre Fassungslosigkeit mit einem ausdrucksstarken Schweigen. Janine wirkt auf sie, wie eine siebenundvierzigjährige Neuköllner Eckkneipenbesitzerin im Körper einer unglaublich gut aussehenden Mittzwanzigerin.

»Wir, äh, wir, wir schreiben, äh, grad unser Buch, weil wir, äh, weil wir erfolgreiche Autoren, äh, werden wollen«, stammelt Malte kaum hörbar mit gesenktem Blick.

»Wat?«, blafft Janine zurück. »Wat für'n Buch? Ey, wat laberst du denn?« Als sie merkt, dass Malte den Kopf nicht hebt und ihren Blick nicht erwidert, wendet sie sich an Felix. »Jut, dann unterhalt ick mich eben mit dir.« Aus Janines perfektem Mund klingt das fast wie eine Drohung.

An sich ist Felix diesen Sprech ja gewöhnt. Als jemand, der in einer Gegend aufgewachsen ist, in der Neuköllner Eckkneipenbesitzer zur Oberschicht gehören, weil sie überhaupt einen Job haben, weiß er zwar eigentlich, wie man mit solch geballter Berliner Freundlichkeit umgeht. Da Janine aber noch keine konkrete Frage gestellt hat und er auch durchaus verstehen kann, dass Maltes Kleiberanfälle andere Menschen nerven können, schweigt er ausdrucksstark weiter. Nach einer kurzen Pause, in der Janine abwechselnd ihn und dann den zu Boden guckenden Malte anstarrt, fragt er schließlich zögernd: »Kaffee?«

Vier Sekunden lang, die Felix wie fünf und Malte wie sechs vorkommen, herrscht absolute Stille – mal von den lauten Kaugummikaugeräuschen des Besuchs abgesehen.

Plötzlich nimmt Janine den Kaugummi aus dem Mund, wirft ihn in den Müll und setzt ein strahlendes Lächeln auf. »Gern«, sagt sie. »Mit einem bisschen Milch, wenn du hast, bitte.«

Malte hebt schüchtern den Kopf. Felix blickt Janine fassungslos an. »Okay, gerne«, antwortet er skeptisch und gießt ihr unsicher einen Kaffee mit Milch ein.

»Und?« Janine sieht fragend und freudestrahlend in die Runde. »Wie fandet ihr mich?«

»Wie, wie fanden wir dich?«, fragt Felix und reicht ihr den Kaffee.

»Na, mich. Also nicht mich. Aber mich als Janine?«

Die Jungs antworten mit ausdrucksstarkem, wenn auch ahnungslosem Schweigen.

»Also, in Wirklichkeit bin ich Sara. Ich studiere Schauspiel und bereite mich grad auf meine erste große Rolle vor. Ich spiele Janine, eine siebenundvierzigjährige Neuköllner Eckkneipenbesitzerin. Wird bald uraufgeführt.«

Malte atmet laut auf und auch Felix' Anspannung lässt sichtlich nach.

»Ich hab die letzten vier Wochen nur geprobt und bin grad so in der Rolle drin«, führt Janine, also Sara, aus. »Danke für den Kaffee übrigens. Ist sehr ... äh, na ja, danke auf jeden Fall.«

»Okay, cool. Schauspiel also. Studierst du an der ...«

»An der Uni der Künste, hier in Berlin, ja«, fällt Sara Felix ins Wort. »Ist super. Und die Rolle der Janine macht unglaublich viel Spaß. Ich komm zwar nicht aus Neukölln, sondern aus Schöneberg eigentlich, aber langsam hab ich mich gut reingefunden. Oder wie Janine sagen würde: ›Ick hab ma langsam rinnjefuchst.‹« Wieder setzt sie dieses bildhübsche Lächeln auf und nimmt noch einen Schluck Kaffee. »Aber trotzdem hätte ich mal eine Frage.« Sie redet nun sehr langsam und sieht Malte an. »Du wohnst doch hier, oder? Also, wir sind Nachbarn. Ich wohn zwar noch nicht lange hier, aber ich hab dich schon ein paarmal flüchtig gesehen.«

Malte nickt ihr schüchtern zu und antwortet: »Ja, genau, ich bin Nachbarn, äh, also ja, ich wohn hier.«

»Ick übrigens jetzt ooch neuerdings«, wirft Felix ungefragt ein. Sara nickt ihm freundlich zu und wendet sich wieder an Malte. Sie reduziert ihr Sprechtempo nochmals. »Was hat das mit diesen Kleibern auf sich? Seit Wochen höre ich aus dieser Wohnung immer jemanden wegen irgendwelcher Kleiber rumbrüllen.«

Malte ist nun wieder voll da. Er hat zu seiner alten Malte-Art zurückgefunden und antwortet: »Kleiber, Kleiber, Kleiber. Ja, die Scheißviecher haben sich hier in unserer Wohnung ausgebreitet.«

Felix hält sich peinlich berührt die Hand vor das Gesicht. Er sieht die schöne Sara an und hofft nun inständig, dass Malte nicht wieder behauptet, er bleibe nicht kampflos gegen die Kleiber, die hier alles übernehmen wollen.

»Die Kleiber wollen hier alles übernehmen. Aber ich lasse das nicht zu. Nicht kampflos, Sara. Nicht kampflos!« Reflexhaft will Malte nach dem Stuhlbein mit dem Nagel greifen. Im letzten Moment beherrscht er sich, vergisst aber, den ausgestreckten Arm zurückzuziehen. Verkrampft und entschlossen blickt er Sara an. Die ist sehr schön, denkt er im Stillen.

Sara versucht, Maltes Blick auszuweichen, und sieht Felix an. »Ihr seid schon komische Typen«, denkt sie laut.

Felix sieht Malte vorwurfsvoll an. Dann versucht er, die Situation zu entschärfen, und sagt: »Äh, Schauspiel also. Find ick richtig cool.« Unauffällig, aber bestimmt nimmt er dabei Maltes erhobenen Arm und bringt ihn in seine natürliche Ausgangsposition zurück. Dann schmeißt er das Stuhlbein mit dem Nagel aus dem Fenster in den Hof.

Malte sagt nichts, sondern hofft, dass nicht gleich eine getroffene Katze miaut. Das wäre grausam und klischeehaft. Ein Hund bellt. Aber im Flur. Malte hofft, dass das nicht der Phrasen-Windhund war. Das wäre unrealistisch und verstörend. Er sagt immer noch nichts.

Sara auch nicht. Vier Sekunden lang, die Malte wie fünf und Sara wie sechs vorkommen, passiert nichts.

»Ich kann auch sehr gut schauspielern«, bricht Malte die Stille. Das erste Mal seit Saras Erscheinen sogar mit einem leichten Grinsen.

»Echt? Ja, cool. Finde ich toll, dass du dich auch für Schauspiel interessierst.«

Felix atmet durch. Er setzt sich an den Laptop und beobachtet Malte und Sara.

»Na ja, jedenfalls, weswegen ich hier bin: Wie gesagt, haben wir bald Uraufführung von meinem ersten großen Stück und ich bin wirklich rund um die Uhr am Proben. Wenn ich dann mal einen Tag frei hab oder zumindest mal kurz durchatmen kann, würde ich mich sehr freuen, nicht ständig irgendwelches Gebrüll aus eurer Wohnung zu hören.«

»Warst du das, die vorhin so laut zurückgebrüllt hat?«, fragt Felix.

»Nein, das war meine verrückte Nachbarin von nebenan. Die hat echt ein lautes Organ«, klärt Sara auf. Sie hält kurz inne. Dann sieht sie Malte an, redet betont langsam und probiert, freundlich zu lächeln. »Also, ich kann mir vorstellen, dass das schlimm ist, wenn man so eine ...« Sie lässt eine kurze Pause.

Was für eine perfekte Kunstpause, denkt Felix.

»... wenn man so eine Kleiberplage hat«, fährt Sara fort. »Ich hab da auch neulich erst etwas in einer mutigen und unabhängigen Online-Zeitung drüber gelesen.« Sara sieht Malte mitleidig an.

Malte sieht Felix triumphierend an.

Felix winkt ungläubig ab.

»Aber bitte, bitte seid nicht mehr so laut hier. Okay? Ich brauch ab und zu mal Ruhe. Wenn ihr brüllt, dann brüllt meine Nachbarin unten, dann brüll ich – alle brüllen. Bitte, bitte, bitte.« Saras volle Lippen formen sich wieder zu einem hinreißenden Grinsen. Fragend sieht sie erst zu Malte und dann zu Felix.

Beide nicken stumm und mit bemüht cooler Miene.

»Okay, danke euch, Jungs. Ich lad euch dann auch gern zu unserer Aufführung ein, wenn ihr wollt!«

Wieder nicken beide, diesmal aber mit leicht unterwürfigem Lächeln. Eben jenem grenzdebil-unterwürfigen Lächeln, welches sie gerade noch unter der betont coolen Miene zu verstecken gewusst haben.

»Danke für den Kaffee. Der war echt sehr, äh, na ja. Danke für den Kaffee und bis bald!« Mit einem letzten Zwinkern verlässt Sara die Wohnung.

Felix und Malte sind mehrere Minuten sprachlos.

»Alter, ich hab mich krass in diese Frau verliebt«, sagt Malte. »Meinst du, die mag mich auch?«

»Na ja, mögen ... Ihr kennt euch ja kaum«, weicht Felix aus.

»Ja, ich weiß selber, dass wir uns kaum kennen. Aber das, was sie von mir kennt – glaubst du, das mag sie?«, bohrt Malte nach und tigert nervös durch die Küche. Aus Gewohnheit zieht er erst mal ein neues blau-weiß gestreiftes Shirt mit etwas breiteren Streifen an. »Jetzt geht's mir direkt besser«, sagt er. »Also, was meinst du? Bevor du nicht antwortest, schreibe ich nicht an dem Buch weiter!«

Obwohl Felix das für eine leere Drohung hält und auch sonst der Meinung ist, dass eine ehrliche Antwort zu nichts Gutem führt, setzt er an: »Na ja, lasset mich so sagen.« Er lässt eine mittellange Kunstpause. »Nein.«

»Nein?«

»Nein, Malte. Ick gloobe nicht, dass du Sara gerade von dir überzeugen konntest. Also, du hast sie jetzt auch nicht direkt abjestoßen, wobei die Sache mit dem Griff nach der Waffe zwecks Kleibertötung echt nicht sein musste, aber ...«, Felix sucht nach den richtigen Worten, »abjestoßen haste se noch nicht. Da is' noch allet drin, Tiger!«

»Ach, Mist.« Malte zupft selbstkritisch an seinem frischen Shirt herum. »Ich wusste es. Ich hätte ihr nicht in dem dünner gestreiften Shirt von eben unter die Augen treten dürfen.« Er zeigt auf seine aktuelle Oberbekleidung und sagt: »Das hier, das ist ein Shirt für die Ladys. Das vorhin war mehr eins, um mit einem guten Freund ein Buch unter Zeitdruck zu schreiben.«

Felix nickt zurückhaltend skeptisch. Er durchsucht den Kühlschrank nach Essbarem, findet aber nur sechs Flaschen Olivenöl und diverse Peperoni, Knoblauchzehen und Paprika. »Wat hast du denn vor? 'ne Mottoparty zum Thema ›Olivenöl und andere Sachen, die alleine kein vollständiges Essen darstellen‹ oder wat?«

»Nein, Felix. Zufällig plane ich schon länger mal, Antipasti selber zu machen. Die Zutaten hab ich. Mir fehlen nur noch Antipasti-Einmachgläser. Hast du Antipasti-Einmachgläser?«

»Klar, welche Größe, Farbe und Form brauchste? Ick hab allet da. Große Einmachgläser, kleine Einmachglä...«

»Fick dich, Felix. Fick dich!«, unterbricht Malte Felix.

Felix muss sich das Lachen verkneifen, schämt sich dann aber ein bisschen, Malte nach dieser Sara-Sache direkt so zu verarschen. Ihm ist sehr an dem Buch gelegen und auch Malte will er als Freund behalten. Er versucht, die Stimmung wieder aufzuheitern. »Ja, sorry, der Spruch lag auf der Straße und da dacht ick, ...«

»Was dachtest du? Hä?«, fällt Malte ihm ins Wort. »Oh, ich bin Felix. Ich bin immer für einen gemeinen Spruch zu haben und sag alles mit Berliner Dialekt und meinem ... Bizeps. Fick dich, Felix!« Er hält seine Parodie für sehr gelungen und muss sich das Lachen verkneifen.

Felix macht den Kühlschrank zu und setzt sich zu Malte auf die Couch.

»Nee, ma' im Ernst, Champion. Wieso willst du Antipasti selber machen?«

»Genau wegen so Sachen wie eben. Wenn man mal spontan Besuch bekommt, kann man direkt was anbieten. Antipasti sind da perfekt für. Halten sich ewig, betonen meine weltmännische, gebildete, genießerische Art und dadurch, dass sie selbst gemacht sind, impliziert es auch, dass ich jederzeit für lustige Kochabende zu haben bin. Und sie komplettieren jedes halb fertige Essen. Man kocht ein paar Nudeln, ein paar Antipasti dazu und schon hat man eine gelungene, vollwertige, leckere Mahlzeit gezaubert. Und das ohne viel Aufwand. Darum, Felix. Darum plane ich schon seit Längerem, Antipasti selber zu machen. Perfektion. Punkt.«

»Ja, okay. Ick hab's verstanden, Malte. Message received.«

»Und mit lecker selbst gemachten Antipasti im Mund wäre Sara mein unpassendes Shirt gerade auch gar nicht weiter aufgefallen und ich hätte sie überzeugt.«

Felix lässt Maltes Antipasti-Monolog kurz auf sich wirken. »Ja, äh, sollen wir dann vielleicht zusammen Antipasti selber machen?«, fragt er. »So als Teambuilding-Maßnahme oder so?«

»Ja, voll gerne – ach, nee: *Wir haben ja keine Einmachgläser, Felix! Keine Einmachgläser!*« Malte ist stocksauer. Nach beunruhigend kurzer Zeit scheint aber wieder alles in Ordnung zu sein, er niest vier Minuten intensiv und fängt wieder an, über Sara zu reden. »Ich glaube, ich schenk ihr was. Jeder mag Geschenke, ergo muss auch Sara Geschenke mögen. Geschenke sind in einer gesunden Beziehung das, was der Motor in einem Auto ist – nämlich der Motor.«

»Schöner Vergleich!«

»Danke!«

»Gern. Und wat willste ihr schenken?«

»Weiß ich noch nicht.« Malte sieht sich suchend in der Küche um. Sein Blick bleibt an dem hölzernen Phrasen-Windhund hängen. Nachdem Sara gegangen war, hatte Felix ihn wieder zurück an seinen Platz neben der Couch gerückt.

»Denk nicht mal dran, Malte. Diesen bekackten Holzhund hab ick dir letztet Jahr zu Fronleichnam geschenkt. Den darfste nicht verschenken. Erlaub ick nicht.« Felix schnaubt wütend und ist wie Deutschland 1918: entrüstet. »Man darf Sachen, die man selber geschenkt bekommen hat, nicht weiter verschenken. Dit bringt ... ja, weeß ick nicht ... Unglück. Dit bringt Unglück!« Felix freut sich, den Satz noch beendet zu haben.

»Ja, keine Sorge, Felix. Wenn ich eine so tolle Frau wie Sara von mir überzeugen will, werd ich den Teufel tun, ihr diesen viel zu großen, splittrigen Hund zu schenken. Da ist auch unser ganzes Geld drin. Außerdem weiß ich ganz genau, dass du den selber geschenkt bekommen hast. Weißt du auch, woher ich das weiß?« Malte weiß, dass Felix das weiß, will es aber aus seinem Mund hören.

»Nee. Keene Ahnung, wovon du sprichst.«

»Nee? Wirklich keine Ahnung, Felix? Du erinnerst dich

nicht an deinen Anruf, vorletztes Jahr nach Weihnachten? Der, bei dem du mir stocksauer erzählt hast, dass dein Vater dir das vierte Jahr in Folge ein Holztier zu Weihnachten geschenkt hat? Dieses Mal einen Holzhund? Und zufällig ein paar Monate später bekomme ich von dir zu Fronleichnam einen Holzhund geschenkt? Zu Fronleichnam? Von dir? Du hast mir nicht mal zum Geburtstag gratuliert. Aber zu Fronleichnam schenken wir uns plötzlich was, ja? Für wie blöd hältst du mich eigentlich?« Malte schreitet selbstbewusst zur Speisekammer. Er greift sich zwei Tüten Yum-Yum-Nudeln mit Shrimps-Geschmack und wirft den Wasserkocher an.

»Sorry, dass ick dir 'ne Freude machen wollte, Malte. Kommt nicht wieder vor. Und ja, vielleicht hat mein Vater mir dit Ding geschenkt. Aber ick dachte mir, ick hab schon drei davon, teil ick doch lieber mit meinen Freunden. Aber keene Sorge – war dit letzte Mal.«

Als das Wasser kocht, gießt Malte es wortlos in zwei Schüsseln, packt die Nudeln dazu und rührt. Er stellt Felix eine Schüssel hin, wirft lieblos einen Löffel hinein und wiederholt die Anfangsfrage: »Also, was kann ich ihr schenken? Sie soll sehen, dass ich sie mag, mich aber nicht für einen Psycho halten.«

Felix beißt sich auf die Lippen und bedankt sich für die Nudeln. Der Zug ist wohl abgefahren. Ihm ist aufgefallen, dass Sara immer besonders langsam und deutlich mit Malte gesprochen hat. Sie hat sich mit ihren Blicken auch mehrmals hilfesuchend an Felix gewendet, wenn Malte nicht reagiert hat. Klar, die Sache mit den imaginären Kleibern ist kein klassischer Frauenmagnet. Nach einigem Grübeln entscheidet er sich dagegen, Malte seine Gedanken mitzuteilen. Vielleicht hat sein Eindruck ihn ja auch getäuscht. Vielleicht lag es ja wirklich an dem zu dünn gestreiften Shirt. Das neue mit den breiteren Streifen steht Malte nämlich wirklich viel besser, findet Felix. Wer weiß, wenn Malte jetzt mal einen Schritt zurück in die Realität macht, kann das mit ihm und Sara vielleicht wirklich noch was werden.

»Alter! Was ist denn mit dir los?«, reißt Malte Felix aus seinen Gedanken. »Seit fünf Minuten mache ich Vorschläge für potenzielle Geschenke an Sara. Du sagst einfach nix und guckst nur blöd in der Gegend rum. Mann, ich bin in diese Frau verliebt. Hilf mir gefälligst!« Malte haut mit der Faust so doll auf den Tisch, dass seine Nudelsuppe überschwappt und er sich die Hand verletzt.

»Ja, tut mir leid. Ick war grad in Gedanken, weil ick intensiv überlegt hab, wegen Geschenk«, lügt Felix.

»Echt? Cool. Und? Was schenk ich ihr?« Malte sieht Felix mit freudig erwartungsvollen Augen an. Er sieht jetzt aus wie die Zwölftklässlerin, wenn ihre beste Freundin ihr sagt, dass sie ihr was über ihren Schwarm aus der Dreizehn erzählen muss.

Felix zögert die Antwort hinaus, indem er noch auf Toilette geht, ohne dass er muss. Er tut das, weil er keine Ahnung hat, was er Malte jetzt für einen Tipp geben soll. Nach sechs Minuten kommt er wieder. »Mein Tipp ist«, fängt er an, »ihr nichts zu schenken, lieber Malte. Geschenke sind aus meiner Sicht generell nischt Jutet.«

»Seit wann sind Geschenke denn bitte nichts Gutes? Hast du die Sache mit dem Motor vergessen? Alle, ich wiederhole, alle Menschen lieben Geschenke.«

»Nee. So wie ick dit sehe, gibt es nur zwei Gründe für Geschenke. Nämlich erstens, jemanden zu unterwerfen, oder zweitens, jemanden subtil zu ärgern.« Er nickt und löffelt seine Nudeln weiter.

»Spinnst du? Geschenke sind wie Blumen, oder Regenbögen, oder Antipasti – einfach toll. Ich werde Sara etwas schenken, egal ob du mir hilfst oder nicht.« Malte setzt seinen Entschlossener-Malte-Blick auf und nickt noch mal bekräftigend. »Aber mal so rein interessehalber: Wie hast du dir in deinem Unterschichtsdenken zurechtgelegt, dass man mit Geschenken nur Leute unterwirft oder ärgert? Erläutere! Oder, wie ihr in Neukölln wohl sagen würdet: ›Lak, ey, erläuter ma' jetz', ja!‹«

Malte kassiert einen mitteldollen Schlag auf den Solarplexus für diese unterirdische Imitation, dann beginnt Felix zu erklären: »Na ja, guck mal, im Wesentlichen ist Schenken ja genau ditselbe wie Tauschen, nur dass beim Schenken 'ne gewisse Zeit zwischen Leistung und Gegenleistung verjeht. Und jenau in dieser Zeit ist der andere mir wat schuldig. Das verändert die Hierarchie, ick unterwerfe mir denjenigen«, Felix lässt eine dramatische Pause, »indem ick schenke.«

Malte nickt. Er versteht und ist von dem für Felix' beeindruckend komplexen Gedankengang beeindruckt.

»Und was hat es mit dem Ärgern auf sich?«

»Na, dit is' doch naheliegend. Wenn du jemanden ärgern willst, schenkste ihm wat richtig Unhandlichet oder Aufwendiget oder irgendwat, das übertriebene Verantwortung mit sich bringt.« Felix zieht an seiner Kippe und redet weiter. »Zum Beispiel letztet Jahr zu Weihnachten dacht' ick mir ...«

HUNDE

Zu Weihnachten schenk ick meem Vadda nich' einen, nich' zwei, nich' drei, sondern vier Hunde.

Falls ma' eener kaputt jeht, hatta dann noch drei. Kennt man doch, da ziehste deinem Hund im Suff 'ne Flasche Ouzo über 'n Kopp – kaputt!

Eigentlich hatte ick überlegt, ihm viermal exakt denselben Hund zu schenken, allerdings musste ick feststellen, dasset heutzutage keen' Händler mehr jibt, der viermal denselben Hund im Sortiment hat. Ick versteh's nich', aber wer bin ick schon? In so 'ner Situation kenn ick dit Sprichwort so: »Findeste nicht viermal exakt denselben Hund, holste janz unterschiedliche.«

Hab ick dann ooch so jemacht. Teuer, die Scheiße. Nächstet mal jibs wieder 'ne Feldmaus, wie jedet Jahr. Kann nicht sein, dass ick hier achtzig Euro pro Stück für 'ne Handvoll Hunde ausjebe, die in ein bis zwei Wochen eh hinü sind.

Stichwort Feldmaus: Jehen ab fuffzig Cent los, die Jungs. Für eins sechzig kriegste schon 'ne jute. Lasset zwee Euro sein. Da kenn ick dit Sprichwort wiederum so: »Lieber mal 'ne günstige Feldmaus als vier teure Hunde.« Achtzig Euro. Kriegst 'n jebrauchten Laptop für den Preis.

Und wat da noch allet dazu kommt an Kosten. Leinen, Näppe, Ouzo ... Biste janz schnell bei hundertfünfzig Euro pro Hund. Ja, ick hab dit mal ausjerechnet. Ick hab da ooch die Zeit für. Die Zeit haben nicht alle. Aber ick hab da ooch die Zeit für.

Die Hunde werden meinen Vater in den finanziellen Ruin treiben. Sozialer Abstieg, Privatinsolvenz, Alkoholismus ...

Wat mein Vadda mir schenkt, is' in der Regel ooch nich' so dit Grüne vom Tiger. »Dit is' doch scheiße, Fränki!« Sag ick natürlich nich' so. »Nee, schönet Meter fuffzig hohet Holzreh. Klasse. Stell ick mir in 'n Flur, dit Ding!«

Wiegt sechzig Kilo, die Scheiße. Kannst dir ja ma' den Spaß erlauben, dit Ding alleene hoch in 'n dritten Stock zu wuchten. Massivholz. Mir tut heut noch dit Kreuz weh vom Schleppen, ick hab Schmerzen, schlimme Schmerzen!

Guckt sich keener an und sagt: »Nee, schönet Holzreh, Felix!« Staubt vor sich hin, die Scheiße.

Eigentlich sagen wa auch jedet Jahr, dass wa uns nischt schenken. Hab ick ma schön hinjelegt mit. Ick komm zu Weihnachten an, ohne Jeschenk, und da steht Fränki dann: »Frohe Weihnachten, Sohn!«, und zack: Holzschwan.

Nicht mit mir, dieset Jahr jibt's vier Hunde. Alle unterschiedlich. Schönen Welpen, mussa noch erzieh'n, dit Vieh. Soll 'ne sehr sture Rasse sein, hab ick jelesen. Dazu 'ne sechzehnjährige Dogge – halb Hund, halb tot. Mussa pflegen. Dann noch 'n blinden Hund. Also keen Blindenhund, nee, einen, für den immer dunkel is' draußen. Mussa navigieren. Und, um dit Janze abzurunden, 'n schönen, halbstarken Jagdhund. Ein Jahr alt und hektisch. Wo issa, wann kommta? Hund, Hund, Hund, Hund!

Dass ick allen Hunden denselben Namen jegeben habe, brauch ick an der Stelle wohl nich' jesondert erwähnen. Die hören allesamt uff den Namen »Senta«.

Dit wird 'n Spaß. Verklicker ma' drei Hunden, die Senta heißen, dass se grad nich' jemeint sind, wenn de »Senta« rufst, sondern dit vierte Vieh. Na ja, nich' mein Problem.

Außerdem hat mein Vadda Verstärkung. Er selber ist Westberliner, aber seine Freundin Heike, oder, wie ick se nenn, »Heikchen«, kommt aus'm Osten. Heike hat nur zwei Lebensmottos, aus denen se allet ableiten kann: »Wat wa ham, ham wa« und »Wat weg is', is' weg«.

Die hatten früher nischt, die mussten improvisieren. Heike kann aus allem Möglichen allet Mögliche machen:

Jib mir 'n Stuhl, jib mir 'n Spiegel – zack: Heizung.

Die pragmatischen Ostfrauen. Bin jespannt, wat se aus vier Hunden zaubert.

Mal sehen, wie 't wird, aber fest steht: Im nächsten Jahr schenken wa uns nischt!

TAG 8

EINE TRILOGIE & DAS DING MIT DEM NASHORN

FELIX GEHT DEN LANGEN FLUR DER WOHNUNG ENTLANG. ER macht vor Maltes Zimmer halt und klopft mit seinen durchtrainierten Armen laut gegen die Zimmertür. Es ist 16:08 Uhr. An einem Samstag. Felix stellt sich innerlich darauf ein, weitere zweihundertvierundachtzigmal fest gegen die Tür schlagen zu müssen, bis er eine Reaktion bekommt, doch Malte überrascht ihn.

»Wer immer da ist«, sagt der sofort, »bitte komm schnell und augenblicklich herein. Ich bin sehr einsam.«

Felix setzt zum Umkehren an.

»Hallo?«, fragt Malte, »Felix? Bist du das? Das musst du sein, außer dir ist niemand hier und ein Einbrecher würde nicht klopfen.«

Felix fühlt sich ertappt.

»Felix?«, fragt Malte erneut. »Letzte Woche hätte ich beim Klopfen skeptisch sein sollen, weil die Wohnung leer hätte sein sollen, aber jetzt bin ich dankbar, dass sie nicht leer ist, Felix. Dankbar bin ich. Bitte komm herein. Ich bin einsam. Ich könnte gerade wirklich einen Freund gebrauchen.« Er macht eine Kunstpause, wie sie sonst nur Felix beherrscht. »Oder dich!«

Felix erbarmt sich und öffnet die Tür. Er wirkt abgekämpft und müde. In der Hand hält er einen Kaffee mit Energy-Drink-Aroma, dessen Packung der Hinweis »Kann Spuren von Taurin enthalten« ziert.

»Wo warst du die ganze Zeit?«, fragt Malte. »Du warst fast eine ganze Woche lang weg. Vier Tage nämlich.«

»Musste Zeug erledigen«, murmelt Felix und versucht, Maltes Blick auszuweichen. Um Malte zu verwirren, spannt er seinen Bizeps an.

Malte ist verwirrt.

»Und du? Wat hast du so jetrieben, Tiger?«, fragt Felix gewollt kumpelhaft.

»Ach, ich ...«, antwortet Malte, »ich will nicht drüber reden.«

»Okay«, sagt Felix, »aber ick ...«

»Das Ding ist«, unterbricht Malte ihn, der natürlich doch drüber reden will, »ich glaub, Sara aus dem ersten Stock ist meine Traumfrau, aber sie mag mich nicht. Ich will sie aber wiedersehen. Unbedingt.« Verzweifelt guckt er Felix an.

»Na ja«, antwortet Felix, »sie ist doch deine Nachbarin. Dit sind doch ... ähm ... Voraussetzungen.«

»Weißt du, was wirklich verrückt ist?«, fragt Malte und setzt sich auf. »Auf einmal sind auch die Kleiber weg. Ich hab sie nicht mehr gehört. Manchmal hab ich trotzdem nach ihnen gerufen. In der Hoffnung, Sara aus dem ersten Stock würde kommen und sich beschweren. Manchmal hab ich auch nicht nach den Kleibern gerufen. In der Hoffnung, Sara aus dem ersten Stock würde kommen und mich loben. Dafür, dass ich nicht nach den Kleibern rufe, verstehst du?«

»Ick verstehe«, lügt Felix nur ein bisschen.

»Ach, Mann«, quengelt Malte und ärgert sich, dass er dabei nicht energisch auf den Boden gestampft hat. »Es ist aber auch immer schwierig mit den Frauen, es fällt mir einfach so schwer, sie anzusprechen.«

Felix rollt die Augen. Welch ausgelutschtet Thema, denkt er und sagt diplomatisch: »Ja, hab ick jemerkt, dass du dit nicht so kannst. Du warst schon 'n sehr wortkarger Bussard, der Sara gegenüber.« Er nimmt einen großen Schluck von seinem Kaffee mit Energy-Drink-Aroma, um den Worten Ausdruck zu verleihen.

»Ich war ein wortkarger Bussard?«, fragt Malte nach. »Was ist das?«

»Na ja, ein Bussard halt, der ...«, Felix sucht nach einem guten Synonym für das Wort »wortkarg«, »wort..., äh, ...karg ist«, vollendet er den Satz.

»Aber Bussarde sind immer wortkarg, oder?«, bohrt Malte weiter nach. »Warum sagst du nicht einfach, dass ich wortkarg bin. Warum musst du noch ein Tier dazu nennen, was ist denn dein Problem?« Maltes Sara-aus-dem-ersten-Stock-Liebeskummer hat ihn auf Krawall gebürstet.

»Ick denk eben in der Kategorie ›Tier‹«, antwortet Felix. »Manche Menschen benutzen Wiewörter oder Smileys, um irgendwat zu beschreiben. Ick nich'. Ick nehm Tiere.« Felix stampft energisch auf den Boden, um seinen Worten Ausdruck zu verleihen.

Malte hätte einen demonstrativen Schluck vom Kaffee mit Energy-Drink-Aroma passender gefunden, ist aber neugierig. Sogar seinen Konfrontationskurs vergisst er darüber. »Gib mal noch ein Beispiel«, sagt er.

Felix guckt triumphierend. Welch gutes Gefühl, mal in der Rolle des Wissenden zu sein. »Na ja, nimm Bernhard. Der Ficki, den wir vom Poetry Slam kennen. Wenn de den jetzt beschreiben würdest mit: Mittelgroß, dunkle Haare, weiche Haut – ick hätt' keene Ahnung.« Felix kratzt sich ahnungslos am Kopf. Malte auch. Felix sieht das und hört auf, sich zu kratzen. »Aber«, fährt er fort, »wenn du sagen würdest, der Typ, der aussieht wie 'n verschrecktet Eulenbaby, dann wüss' ick: jut – Bernhard. Kann nur Bernhard sein, weil: verschrecktet Eulenbaby.«

Malte ist erstaunt. So hat er das noch nie gesehen. Aber es scheint praktisch. Bernhard sieht wirklich genauso aus wie ein verschrecktes Eulenbaby. Vielleicht ist er ja sogar ... Aber Malte verwirft den Gedanken schnell wieder.

»Du bist ganz schön eigenartig«, sagt er. »Das mit den Tieren könnte so eine autistische Inselbegabung sein, oder?«

Felix zieht die Augenbrauen hoch und hofft damit zu überspielen, dass er nicht weiß, was eine Inselbegabung ist.

Er erinnert Malte an einen amüsierten Habicht.

»Der Habicht-Gedanke?«, errät Felix.

Malte nickt stumm und beeindruckt.

»Ja, sag ick doch. Ist praktisch, in der Kategorie ›Tier‹ zu denken«, sagt Felix. »Aber wo wir von Inselbegabung reden, du mit deinen Statistiken – normal ist dit ooch nicht, oder?«, ergänzt er und hofft, das Wort ›Inselbegabung‹ korrekt benutzt zu haben. Malte sortiert manchmal die abenteuerlichsten Dinge nach den abenteuerlichsten Eigenschaften. »Die fünfzehn nahrhaftesten Südfrüchte Lateinamerikas« zum Beispiel.

»Leider hast du wohl recht«, stimmt Malte kleinlaut zu. »Zur Zeit entwerfe ich jede Nacht die besten sieben Startelfmöglichkeiten für die deutsche Fußballnationalmannschaft der Männer. Das ist ganz gut. Das ist jedes mal anders, weil Tagesform ein wichtiges Kriterium ist. Kommt schon mal vor, dass ein Flügelstürmer heute in der vierten Mannschaft ist, morgen in der zweiten und übermorgen gar nicht berücksichtigt wird.« Er setzt einen mitleidvollen Blick für den nicht berücksichtigen Flügelstürmer auf.

Felix setzt einen mitleidvollen Blick für den sortierenden Malte auf. »Anders kannste nicht einschlafen?«

»Nope«, entgegnet Malte. »Ich denke viel zu viel nach, ich kann nur versuchen, das Richtige zu denken, um einzuschlafen.«

»Na klar«, fängt Felix an, Malte zu parodieren. Malte mag ja recht haben, aber dieses Ich-denke-zu-viel-Gehabe nervt ihn trotzdem. »Oh, ick bin Malte, ick bin so schlau, ick denk so viel nach, weil ick klug bin. All diese Gedanken überall, ick bin Malte – lasst die Tauben steigen!« Felix fuchtelt wieder wild mit den Armen. Seine Parodien werden eindeutig besser.

»Ist aber so«, protestiert Malte wie ein argumentativ unterlegenes Kleinkind. »Ich denke auch, das ist der Grund, warum ich ein wortkarger Bussard bin, wie du sagen würdest. Ich spreche Frauen nicht an, weil ich mir zu viele Gedanken mache.«

»Dit is' albern«, sagt Felix. Er hat sich vorher schon entschlossen, das zu sagen, unabhängig von dem, was Malte sagen würde. Auch wenn er eigentlich mal ansprechen wollte, wie krass wechselhaft sich Malte benimmt. Mal arrogant herablassend, mal so jugendlich und nähebedürftig wie jetzt gerade.

»Doch, doch«, besteht Malte auf seinen Standpunkt. »Ich hab da auch schon mal was drüber geschrieben, ich les das mal vor. Zum Erklären.«

Felix rollt die Augen und geht.

Malte bemerkt das nicht.

EINE NEUE LIEBE IST WIE EIN NEUES LEBEN ... SCHALALALALA

1

Und als der Tag zum Schlaf bereit, entschleunigt sich die Welt
Die Straßen werden langsam leer, die letzte U-Bahn hält
Die heiße Luft ist abgekühlt, sie riecht und schmeckt jetzt frisch
Die letzten Lampen ausgeknipst, das Großstadtlicht erlischt
Der Uhren Ziffernblätterzeiger sagen sich: »Es reicht.«
Ein »Tick Tack«, das an Lärm verliert, bevor's der Stille weicht
Und majästetisch zieht die Nacht von hier an ihre Grenze
Momente, die vom Tag befreit, vollführen freudig Tänze
Tangotakt bei bester Aussicht, Hoffnungsschub, der Alltag küsst
Beim Feierabendarbeitsbier hoch oben auf 'nem Baugerüst
Beim Lesen Guter-Nacht-Geschichten, »lustig, dieses Känguru!«
Am Tresen Alkohol vernichten,

»das ist Schnaps und jetzt kommst du!«
Als Filmefreak und Serienjunkie, *Breaking Bad* auf Riesenscreen
Beim schlipsetragend Szeneclubben, »das ist Mehl, kein Kokain«
Als »Lonesome Rider« in den Gassen, zelebrierte Einsamkeit
Als müder Schreiber zwischen Tassen, letzte Zeile Hausarbeit
Als erstes Date ganz aufgeregt,

»die mag mich, glaub ich, auch, juhu!«
Als Kulinar bei Candlelight: »Sehr lecker, dieses Känguru!«
Als kleiner Teil einer Großstadt an der Tür zur Sommernacht
Ganz ungezwungen und ohne Pflicht,

das, was die Kür erst möglich macht
Weil alles machbar, alles möglich, alles ganz kurz einfach scheint
Als Sommer kommt, auf Hoffnung trifft

und sich zu einer Nacht vereint

2

Es ist Sommer, bald ist Nacht, alles ist möglich. Ich sitze auf einer Schaukel und schaukle. Denn ich schaukle sehr gern. Ich schaukle, bis ich mental wieder ein Zwölfjähriger bin. Es dauert nicht lange. Zwei Minuten vielleicht. Gestern wurde ich von meiner Freundin verlassen. Aber ich vergesse gerade, mich daran zu erinnern. Denn dieser Moment ist nicht mein Moment. Dieser Moment ist nur irgendein Moment, ich bin angenehm fremdgesteuert und alles fühlt sich an, wie ein ganz neues Spiel, ein ganz neuer Anpfiff, ein ganz neuer Urknall. Als Spielfeld das Weltall, die Welt ist ein Spielball, all diese Vielfalt, sehr, sehr nice! Wer jetzt noch ohne Glück ist, der trinke den ersten Shot! Wer jetzt noch ohne Freizeit ist, der muss sie sich nehmen. Ich hätte gerne zwei Kugeln Sommerferien mit Alkoholfahne und bunten Streuseln zum Mitnehmen bitte.

Heute Abend darf sogar der Sonnenuntergang etwas länger aufbleiben, »noch ein bisschen bitte, Mutti!« Immerhin ist Freitag. Oder Samstag. Oder Mittwoch. In jedem Fall aber Wochenende und der Jahrmarkt ist in der Stadt. Und *Eiffel 65*. Und Lou Bega. Und du. Und ich. Aber vor allen Dingen du! Und du bist es doch, der dieser Moment wirklich und wahrhaftig gehört und gehorcht, du sonnenbebrillte, blonde Bilderbuchbeautyqueen dieses Augenblicks, die du nun schon zum dritten Mal meine Wege kreuzt. Ich glaube nicht an Schicksal, aber wenn es mir begegnet: »Lady, bringt it on!« Ich habe keinen Mut, doch bin bereit, welchen zu sammeln. Ich habe kaum etwas zu sagen, doch sprech dich an auf ...

3

Eigentlich spreche ich Frauen nie an. Das ist meine Masche. Wenn ich eine Frau interessant finde, dann spreche ich sie nicht an. Und wenn ich angesprochen werde, gehe ich weg. Das funktioniert so mittel. Ich habe einen Bekannten, Kai. Als Kai fünfzehn war, da hat er gewettet, dass er sich traut, so doll er kann gegen eine Wand zu rennen. Alle dachten sich so: »Okay, warum?«

»Ick mach dit wirklich«, sagte Kai.

»Ja, glaub ich dir«, antwortete ich.

»Ick mein dit ernst«, sagte Kai.

»Okay, ich geb dir Geld, wenn du es nicht machst«, antwortete ich.

»Juti, jetzt haste mich so weit«, sagte Kai und rannte. Die Wand heißt seitdem Kaimauer, aber worauf es ankommt: Kai hatte keine Angst, zu scheitern oder sich zu verletzen.

Als Kai das letzte Mal verlassen wurde, da hat er sich kurz geschüttelt und gesagt: »Okay, dit war dit, ham wa! War untern Strich okay jewesen, ick muss jetzt aber auch wieder los, weil der Uhu, der ick bin, dit Vogelschutzjebiet jetze verlassen hat.«

Und dann ist er losgegangen in so viele Bars zum Frauen ansprechen, dass es schon statistisch unmöglich schien, er könne alleine nach Hause gehen. »Na ja, wenn de an hundert Bäumen rüttelst, fällt irgendwann 'n Apfel runter, dit is' Physik, du Einstein«, hat er gesagt.

Und das, das könnt' ich nicht, weil ich mich kenne, da steht mein Ego mir im Weg, weil ich nicht gegen Mauern renne.

Als ich kürzlich eine Frau interessant fand, da handelte es sich um eine Bibliothekarin. Ich bin leise zu ihr geschlichen, um die Besucher der Bibliothek nicht zu stören und habe schreiend geflüstert: »HALLOOO!!! Hast du dich schon mal gefragt, wie du in einem Elchkostüm aussiehst? Ich nämlich schon. Wie ein Elch nämlich!« Dann bin ich weggerannt. Das war ein untauglicher Versuch mit anschließender Flucht. Da bin ich lieber einsam als abgelehnt, da steht mein Ego mir im Weg.

Was ist denn, wenn ich mit einer Frau schlafe, weil ich sie toll finde, sie aber nur mit mir schläft, weil ich die zufälligste Wahl an ihrem langweiligsten Tag des Jahres bin und sie sagt: »Du bist nicht wie der vorfreudig erwartungsfrohe Blick auf das Smartphone, weil man gute Nachrichten erwartet, sondern wie der sehr, sehr gelangweilte Blick auf das Smartphone zum Zeitvertreib, weil die Begleitung gerade auf der Toilette ist. Du bist nicht wie die Zigarette, die der bewusste Gelegenheitsraucher nach einem guten Essen in guter

Atmosphäre genießt, sondern wie die Zigarette, die man raucht, weil der nächste Bus erst in fünf Minuten kommt und diese eine Zigarette in Anbetracht der zwei Schachteln, die pro Tag geraucht werden, wirklich einfach egal ist. Du bist nicht wie das kulinarisch hochwertige Essen, das der bewusste Gelegenheitsraucher sich vor seiner Gelegenheitszigarette aus Känguru und anderen Delikatessen zu kredenzen wusste, sondern wie eine Salzstange in einer beliebigen Bar. Die Salzstange steht auf dem Tresen und man isst die Salzstange, ohne das bewusst zu tun oder sich irgendwann daran zu erinnern. Nie würde man wegen der Salzstangen in eine Bar gehen und nie würde man Salzstangen essen, wenn man wirklich Hunger hat.«

Was ist, wenn ich mich verliebe, sie aber plötzlich Schluss macht. Was ist, wenn sie nach Hause kommt und sagt: »Du warst wie ein Feuerwerk, das man sieht und sich auch erst denkt: Oh, toll, Feuerwerk und sich kurz fragt, ob Silvester ist, dann aber in der Zeitung liest: ›Drama, Fabrik explodiert, achtzehn Tote, nur Kinder und Welpen.‹«

Was ist, wenn sie sagt: »Ich bin wie ein Heißluftballon, will hoch hinaus und jetzt mit dem neuen Job und der gemeinsamen Wohnung kommen Klippen auf mich zu und ich muss jetzt Ballast abwerfen und ene, mene, muh, der Ballast, der bist du!«

Was, wenn sie sagt: »Schatz, das Leben ist eine Schatzsuche und manchmal findet man zwanzigtausend ostmoldawische Rubel auf der Straße, denkt sich: Boah so viel Geld, krass, bis man den Umrechnungskurs sieht und feststellt: Mist, jetzt hab ich drei Mark achtzig Schulden!«

Was, wenn sie mir eine Socke ins Gesicht wirft und sagt: »Dobby, du bist frei!«

Was, wenn ich dieses »was, wenn« einfach nicht loswerde?

Aber das hier, das ist gar nicht mein Moment. Das ist nur irgendein Moment. Ich bin angenehm fremdgesteuert, gehe zu dir, spreche dich an, denn es ist Sommer, bald ist Nacht, alles wird gut!

»**Und, würdest du dem zustimmen?**«, fragt Malte erwartungsvoll.

Felix ist kurz vor Textende wieder reingekommen.

Malte hat auch das nicht bemerkt.

»Jut, stimme uneingeschränkt zu«, lügt Felix knapp. Er applaudiert langsam, um dann aufzustehen und immer schneller und euphorischer Standing Ovations zu spenden.

»Echt?«, strahlt Malte und freut sich übertrieben aufbrausend. Er schlägt seine rechte Faust energisch in die linke Handfläche, posiert anschließend wie ein Footballspieler nach einem Touchdown, fletscht aggressiv seine Zähne und ruft: »Wer ist hier der Boss? Ich bin der Boss, ich bin der Boss! Wer ist hier der Boss? Ich bin der Boss, ich bin der Boss!«

Er scheint wirklich eine Menge Zuspruch nötig zu haben.

»Aber wie ich eine Frau anspreche, weiß ich trotzdem noch nicht«, sagt Malte nach einer Weile aufgeräumter und abgeregt.

Diese Stimmungswechsel kommen bei ihm immer merkwürdig schnell, bemerkt Felix.

»Es ist zwar super, dass du findest, dass ich uneingeschränkt recht habe mit meinen Gedanken, das tut auch wirklich gut. Danke! Aber eine Lösung ist das trotzdem nicht.« Malte setzt die Miene eines Mannes auf, der nach einer Lösung sucht.

Felix hingegen sucht nach einer Lösung für sein Dilemma. Er möchte Malte helfen, hat aber keine Ahnung, worum es in Maltes Text ging und möchte mit Malte auf keinen Fall weiter über das Thema »Frauen« reden.

Bevor er etwas sagen kann, legt Malte wieder los: »Es wird ja auch nicht besser, wenn man mal eine Frau angesprochen hat. Eine Beziehung ist harte Arbeit. Auch dazu hab ich mal was geschrieben.«

Felix ahnt Fürchterliches.

»Also, für den folgenden Text«, erklärt Malte wie selbstverständlich, »musst du in die Rolle meiner fiktiven Freundin schlüpfen.«

»Never!«, platzt es aus Felix heraus. Er hat zwar Fürchterliches geahnt, jedoch nicht in diesem Ausmaß.

»Denk dran, du schuldest mir noch was. Wegen der Sache in Erfurt damals.« Malte versucht Felix zu überzeugen.

»Wiederhole: Never«, sagt Felix. »Wir sind quitt seit Freiburg. Du erinnerst dich?«

»Und was ist mit Heidelberg?«, fragt Malte.

»Bamberg!«, kontert Felix einsilbig, obwohl er zwei Silben aussprechen muss.

Malte kratzt sich nachdenklich am Kopf.

Felix nicht.

»Gut«, sagt Malte, »ich wollte das nicht tun, aber du lässt mir keine Wahl. Erinnerst du dich an die Geschichte mit dem Nashorn?«

Felix versteht sofort. Malte hat das Ass im Ärmel gespielt. Die Nashorn-Karte. Diesen Kampf hat er gewonnen. Niemals darf die Nashorn-Geschichte ans Licht kommen. »Wa... Wat jenau ist meine Aufgabe?«, stottert Felix unterwürfig.

»Mach dich schon mal untenrum frei, ich komme gleich«, sagt Malte.

Felix guckt Malte entgeistert an.

»War nur ein Spaß«, sagt Malte schließlich und lacht lange und laut. Für Felix' Geschmack zu lange. Und zu laut. Dann muss er plötzlich drei Minuten lang niesen. »Setzt dich einfach hin, hör zu und denk dich in die Position meiner fiktiven Freundin«, sagt er nach der Niesattacke. »Der Text ist so geschrieben, dass ich das brauche, um meine Worte wirklich zu fühlen.« Malte bringt sich ebenfalls in entsprechende Position und begibt sich in eine Art Trance. Er schließt die Augen und beginnt.

Felix verlässt still das Zimmer.

Malte bemerkt das nicht.

WENN ICH EINE FREUNDIN HÄTTE

Wir liegen im Bett und ich denke daran, wie du mich gleich fragen wirst: »Was denkst du?«

Und wie ich dann antworten würde, dass ich das denke, was du, von dem, was ich denke, verstehen würdest. Nämlich: »Nichts.« »Niemand denkt an nichts«, würdest du sagen und ich würde antworten: »Siehste, du würdest es nicht verstehen. Ich hab recht gehabt.« Obwohl das nicht stimmen würde, denn tatsächlich hätte ich daran gedacht, wie du mich fragst, was ich denke und denke, ich hätte in diesen Gedanken gedacht, dass ich nicht an nichts gedacht habe, sondern daran, wie es wäre, an nichts zu denken. Und nicht an die wirren Dinge, an die ich normalerweise denke. Zum Beispiel, ob *Der Unglaubliche Hulk* in Afghanistan wohl *Der Ungläubige Hulk* heißt. Oder ob die Frau von Peter Fox vielleicht Körbchengröße »Dickes B« hat. Auch frage ich mich, ob wir noch Sex hätten, wenn die Person, die das Kondom erfunden hat, nie geboren worden wäre, weil seine Eltern verhütet hätten.

Weißt du, an so was denke ich und ich habe Angst, das mit dir zu teilen, weil ich fürchte, dass du dich dann nicht mehr mit mir teilen wollen würdest. Erst tätest du so, als ob alles okay wäre. Aber zunehmend sähest du einen unerträglichen Spinner in mir und würdest mich nicht mehr fragen, was ich denke, sondern nur feststellen: »Bestimmt denkst du wieder irgendwas Geschmackloses und denkst jetzt, dass ich nicht ›geschmacklos‹ meine, sondern schlechten Geschmack.« Denn ich denke, du würdest denken, dass ich – komisch wie ich bin – bestimmt denken müsste, der Begriff »geschmacklos« sei unpassend. Immerhin sagt man ja auch nicht: »Oh, wie geschmacksneutral!«, wenn man aus Versehen Hundekacke isst. Nein, man sagt dann: »Oh, das schmeckt ja

richtig scheiße!« Und du hättest recht, denn genau das hätte ich
ja wirklich gedacht. Und mir täte es leid, denn ich mag dich und
will nicht, dass du weißt, wie wirr ich wirklich bin. Und ich denke,
dass ich dann in der Situation denken würde, dass ich wüsste, wie
es ausginge. Würde ein so fundamentaler Kritikpunkt einmal angesprochen, wäre das der sichere Anfang vom noch sichereren Ende.
Das ist wie das Auf-Toilette-Gehen, wenn man zu viel Bier getrunken hat. Den ersten Gang zum Klo zögert man aus Bequemlichkeit
sehr lange hinaus, was auch klappt. Aber wenn man einmal gegangen ist, geht man immer wieder, den ganzen Abend lang. Wenn
der Deich erst mal gebrochen ist, lassen sich die Fluten nicht mehr
aufhalten. So wie eben der erste Streit stets nur der Auftakt einer
ganzen Streitserie ist. Einer Serie mit einem tieftraurigen Staffel-
finale, beide Protagonisten sterben ja ein bisschen. Mit diesem
Wissen ist ein friedliches Miteinander dann auf jeden Fall ausge-
schlossen. Das dachte ich dann.

Und ich denke, du würdest denken, »Och komm, ich geb ihm
noch eine Chance«, aber im Hinterkopf würdest du schon an
irgendeinen Franzosen aus deinem Studium denken. Einen mit
braunen Locken und braunen Augen und braunem Bart und einer Gauloises-Zigarette, denn er wäre so »liberté toujours« und
voller anderer Klischees, so denke ich, würde ich denken. Und er
hieße Jacques. Und ich denke, du würdest denken: »Oh, wie Frère
Jacques!« Und ich denke, er würde denken: »Ojemine, das sagt
jede Deutsche, wie anstrengend. Gleich sagt sie bestimmt noch
›Arthur est un perroquet!‹« Und du würdest denken, dass du mit
Sicherheit nicht sagen kannst »Arthur est un perroquet«, obwohl
du genau das sagen wollen würdest. Und er hauchte dir dann
seinen »liberté toujours«-Rauch ins Gesicht und würde denken
»Das ist sexy!« Und du würdest denken »Bäh, ekelhaft. Aber auch
ein bisschen sexy.« Und dann stell ich mir vor, wie du dir vor-
stellst, wie ihr zusammenkommt. Auf seinem Château in der Bretagne. Und er würde dich mit einer Gänsefeder streicheln, ganz
sanft, und anschließend mit genau dieser Gänsefeder bei Mond-

licht und Kerzenschein einen Liebesbrief schreiben. Ich male mir aus, wie ich mir ausmalen würde, wie du dir das ausmalst und mir wird schlecht. Ich haue mein »Découvertes un«.

Und ich denke, wie ich naiverweise dachte, wie ich dann kontern wollen würde. Weil eine zum Scheitern verurteilte Beziehung wie ein Duell in einem Western ist: Man muss schneller sein als der andere, sonst ist man der Verlierer. Und ich ginge in einen Club und träfe eine schöne Schwedin. Ich mag schöne Schwedinnen, denke aber nicht, dass sie wirklich gut für mich sind. Und die Schwedin, so denke ich, würde sagen: »Bitte sprich Deutsch mit mir, ich muss das lernen!« Und ich würde sagen: »Klar!«, würde aber denken: »Nein, wir sind hier einem Club, da ist es eh schwer, sich zu unterhalten, dir jetzt auch noch Deutsch beizubringen ist also quasi unmöglich. Lass uns doch bitte in einer Sprache reden, die wir beide beherrschen. Also Englisch und je nachdem, wie du drauf bist, Klingonisch.« Das denke ich, würde ich dann denken. Und weil ich das nur denken und nicht sagen würde, käme ich mit ihr zusammen.

Sie wäre toll, aber eben nicht du. Doch ich würde denken, dass die wahren Gefühle sicher noch kommen und denke mir jetzt, die Schwedin würde zu Recht denken, dass sie viel zu schön für mich ist und deswegen ruhig ein wenig zunehmen kann. Nicht viel, nur ein wenig. Und ich denke, ich würde ihr sagen, dass ich denke, dass sie ein wenig zugenommen hat. Weil ich sie gern hab. Sodass sie, falls sie ihre Gewichtszunahme nicht bemerkt haben sollte, aber doch abnehmen will, jetzt gegensteuern kann. Falls sie das will! Eindeutig ihre Entscheidung, aber ein gutes Navigationsgerät sagt ja auch: »Falsche Abfahrt, wenn möglich bitte wenden. Und zwar sofort!« Es sagt nicht: »Sie hätten vor zweitausend Kilometern links abbiegen sollen. Vorsicht, hier ist Nordkorea!«

Aber sie würde nicht verstehen wollen und Schluss machen und es täte mir kaum weh, weil sie nicht du ist. Aber ich würde wollen, dass es weh tut, um dich zu vergessen, dich und Jaqcues mit den braunen Locken, der nie wirres Zeug denkt, sich aber mit teuren Weinen auskennt. Jacques, der jedes Jahr beim Theaterstück »Sturm auf die Bastille« den Sturm spielen darf. Und ich denke, wie ich daran denken würde und dachte, dass das mein Tiefpunkt sei und ich würde dann denken, dass ich denken müsste, dass viele denken, dass Krise und Neustart identisch sind und dass Politiker immer sagen, die deutsche Verfassung sei die beste der Welt, sowieso das deutsche System, das ganze Land. Und dann würde ich denken: »Echt?« Aber ich denke, ich würde aus Bequemlichkeit sagen: »Recht haben sie!« Allein um Jaqcues, Frankreich und die Bretagne, wo doch sein Château steht, ein bisschen schlechter zu machen. Und wem hätte Deutschland überhaupt System und Verfassung zu verdanken? Ein sehr fragwürdiger und streitbarer Professor von mir sagte mal: »Na, Hitler natürlich. Er musste Deutschland erst zertrümmern, damit Deutschland sich radikal wandelte, sonst aber nicht mehr ganz so radikal war!« Und ich denke, dass ich auch an die Gegenbeispiele denken würde und daran, dass vieles immer noch radikal ist, ich aber womöglich auch dachte, dass Ausnahmen die Regel bestätigen, obwohl ich normalerweise denke, dass das ein eher gedankenloser Spruch ist. Auf jeden Fall wäre die Krise die Chance auf einen Neubeginn. Auferstanden aus Ruinen quasi. Und ich denke, dass ich in der Situation denken würde, dass viele denken, dass der Spruch vielleicht nicht passt, aber das ist mir egal. Wenn ich schon denken kann, wie ich denken würde, wäre ich in der Krise, dann kann ich auch ehrlich sein und meine wirren Gedanken mit dir teilen.

»Was denkst du gerade?«, fragst du dann, während du wunderschön neben mir im Bett liegst. »Sehr wirres Zeug«, sage ich. »Du würdest mich gerne mit einem Franzosen namens Jacques betrügen und ich räche mich mit einer Schwedin, die keinen Namen hat. Dann kommt irgendwie Hitler ins Spiel.« Du lachst herzhaft, gibst mir einen Kuss und sagst: »Weißt du, genau deswegen mag ich dich so gerne!«

MALTE ERWACHT AUS SEINER TRANCE. ER HAT SEINE WORTE WIRK-
lich gefühlt. Felix ist kurz vor Ende wieder reingekommen. Malte
hat auch diese Abwesenheit nicht bemerkt.

»Und?«, fragt er erwartungsvoll.

Felix bleibt stumm. Er steht auf, geht zu Malte und umarmt
ihn. Dabei sieht er ihm tief in die Augen, nimmt dann sein Gesicht in seine Hände und sagt: »Wow. Einfach nur wow!«

Malte strahlt ihn an. »Vielen Dank!«

Felix schüttelt lächelnd den Kopf und winkt ab. »Nein, Mann«,
sagt er. »Danke dir! Ick hab deine Worte wirklich jefühlt!« Er
fühlt sich zwar ein bisschen schlecht, weil er Malte schon wieder
etwas vormacht, aber er würde ohnehin kaum etwas Cleveres zu
Maltes Situation und dem ewigen, anstrengenden Thema »Frau-
en« sagen können. Oder wollen.

»Aber denkst du, ich finde mal wirklich so eine Freundin, wie
im Text beschrieben?«, fragt Malte und guckt wie ein frisch ge-
striegelter Hund.

Felix nickt heftig. »Ganz bestimmt!«

»Aber denkst du, Sara ist diese Frau, die mal meine Freundin
werden kann?«

Felix schweigt und spannt spontan seinen Bizeps an.

Malte ist verwirrt.

»Ick denke, sie ist vielleicht jenau diese Frau«, sagt Felix
dann. »Vielleicht ist es aber ooch eine andere. Immer die Augen
offen halten, Tiger.«

Malte ist zufrieden. Felix hat ihm Mut gemacht. »Weißt du«,
sagt er, »ich freue mich wirklich, wirklich aufrichtig, dass du
meine Texte magst. Die sind sehr persönlich. Und die Nashorn-
Karte spiele ich nie wieder.« Er schüttelt Felix dankbar die Hand.

Der setzt an, aufzustehen und in die Küche zu gehen. Job
done. Eigentlich 'n juter Tag, denkt er.

»Eins noch«, sagt Malte plötzlich, und Felix bleibt sitzen.
»Ich hab das Thema ›Frauen‹ als Trilogie behandelt. Es gibt noch
einen dritten Teil. Das Schlussmachen. Gehört ja zu jeder guten

Beziehung dazu.« Er lacht dümmlich über seinen eigenen Witz. »Ich finde, du solltest auch noch den dritten Teil hören. Der Vollständigkeit halber. Sonst wäre das so, wie mein Lieblingslied von den *Backstreet Boys* heißt: Incomplete.« Er lacht noch dümmlicher. Offensichtlich hat Felix' Lob ihm zu viel Rückenwind gegeben. »Bist du bereit?«, fragt er gönnerhaft.

Felix versucht zu gehen. Er steht auf und fällt laut und ungeschickt hin. Ohne dass er es gemerkt hat, sind beide seiner Beine eingeschlafen. Und ein drittes Bein hat er nicht. Oh oh.

NIE MEHR ZWEITE LIGA – NIE MEHR, NIE MEHR

Ich hatte mal eine Freundin, die mich fragte, was für mich »Glück« sei. Alles, was ich sagen konnte, war: »Du nicht!« Dann hatte ich keine Freundin mehr. Und das war okay. Und dann traf ich dich und das war auch okay. Und dann sogar richtig schön und ich war ein bisschen verliebt und dann hast du irgendwann Schluss gemacht.

Und das war auch okay. Ich hätte nämlich sagen können: »Ich wollte auch gerade Schluss machen. Du bist mir nur zuvorgekommen.« Das hätte auf dich wohl so ähnlich gewirkt wie: »Pff, selber!«, aber die Wahrheit ist: Ich wollte tatsächlich auch gerade Schluss machen. Irgendwas hat einfach gefehlt. Das mit dir war wie das zu frühe Aufwachen unter einer zu dünnen Decke. Zu kalt, um bequem zu sein, aber nicht unangenehm genug, um aufzustehen.

Und vermutlich war die Decke von Anfang an genau so dünn wie jetzt. Aber vielleicht ist es da draußen wärmer gewesen. Immerhin haben wir uns im Sommer kennengelernt. Sommer lässt vieles schöner wirken, als es ist. So wie Schnee im Winter Silvesterböller und Hundekacke verdeckt, verdeckt Sonne im Sommer oft die Realität. Wie sang schon Rolf Zuckowski? »Mai, Juni, Juli, August ficken deinen Kopf.« Oder so ähnlich.

Hätte ich Schluss machen müssen, hätte ich wohl gesagt: »Du und ich, das war super. Nur nicht jetzt. Und nicht hier. Und nicht du.«

Aber das hätte so nicht gestimmt. In diesen warmen Monaten hat alles gepasst und du warst sicher keine Fehlentscheidung wie zum Beispiel fast alles, was die dummen Kinder auf Super RTL beim *Super Toy Race* immer in ihre Einkaufswagen gepackt haben. Was haben die sich bloß immer dabei gedacht? »Ja, los, lass uns sieben sperrige Kuscheltiere einpacken, die niemand von uns braucht?« Du warst nicht wie sieben Kuscheltiere. Eher wie acht. Aber mein Einkaufswagen war auch größer und ich hatte gerade Kuscheltiere gebraucht. Ich war glücklich.

Jedes Mal, wenn du dich anfänglich bei mir gemeldet hast, war ich so euphorisch, dass ich meiner damaligen Mitbewohnerin einen Kuchen gebacken habe. Das mache ich sonst nie. Normalerweise esse ich sogar immer alles mit Absicht auf, was ich koche, auch wenn ich keinen Hunger mehr habe. Einfach damit sie nichts mehr vom Essen hat. So ähnlich, denke ich mir, lief das Ende des zweiten Weltkriegs mit Brücken in Deutschland ab: »Gut, Kameraden, der Krieg ist verloren, wir brauchen diese Brücken nicht mehr, aber der Russe soll sie auch nicht nutzen können, sprengen wir das Teil in die Luft. Heil Hitler!«

Ich mag meine Mitbewohnerin nicht. Ich mochte sie nie. Dich mag ich. Auch jetzt noch. Aber anders. Auf den ersten Blick hattest du alles, was ich suche. Auf den zweiten Blick brauchte ich eine Brille. Du hast gut gerochen. Aber du hast nicht so gut geschmeckt, wie du gerochen hast. So wie Basilikum. Oder Labello. Ich habe auch oft Labello gegessen, es aber immer bereut. Ich bereue dich nicht, will dich aber auch nicht mehr essen.

Neulich hatte ich eine Sehnenscheidenentzündung. Ein Apotheker hat mir empfohlen: »Ruhigstellen, also nicht ins Fitnessstudio oder Wichsen!« Dann hat er mich angesehen und gesagt: »Wobei, nach Fitnessstudio sehen sie ja nicht direkt aus.« Da hab ich mir gedacht: »Ich muss nicht wichsen, ich habe eine Freundin.« Jetzt denke ich mir: »Zum Glück hab ich keine Sehnenscheidenentzündung.« Du fehlst mir in dieser Hinsicht nicht, aber das ist okay.

Als ich gemerkt habe, dass du mir auch in anderer Hinsicht nicht fehlen wirst, wusste ich eigentlich, dass es vorbei ist. Man kann zwar versuchen, sich vom Gegenteil zu überzeugen, aber wenn man sicher weiß, dass fünf plus fünf zehn ergibt, dann fällt es schwer zu hoffen, dass da doch noch irgendwie neun rauskommt.

Als ein Arzt mal zu mir gesagt hat »Keine Ahnung, warum ihr rechter Arm wehtut, aber die Psyche kann ich ausschließen, ist ja ihr Arm, der wehtut, und nicht ihr Kopf«, da wusste ich, das ist kein guter Arzt. Als der Arzt dann noch gesagt hat: »Ich verschreib Ihnen einfach mal ein Placebo«, da wusste ich: »Das ist ein Placebo. Jetzt kann ich nicht mehr hoffen, dass das trotzdem wirkt.«

Nur bei dir, da hab ich trotzdem gehofft. Und bei *Kevin allein in New York*. Da hoffe ich auch jedes Jahr beim Gucken, dass er dieses Mal in den richtigen Flieger steigt. Manchmal bin ich nicht sehr schlau. Ich habe zum Beispiel mal einen Text für einen Poetry Slam geschrieben und eine Fußnote eingebaut, in der Hoffnung, mir den Text als Masterarbeit anrechnen lassen zu können. Das war sehr dumm. Denn ich bin in gar keinem Masterstudiengang eingeschrieben.

Du hingegen bist sehr schlau, das mochte ich. Oft hab ich mir Sorgen gemacht, ein Professor könnte deine Klausuren korrigieren und sich denken: »Wir müssen sie töten, sie weiß zu viel!«

Weil du so schlau warst, fandest du auch Poetry Slam ziemlich scheiße. »Besonders scheiße finde ich diese ganzen Texte über Frauen und Liebe!«, hast du gesagt. Als ich fragte, ob du dann die Hälfte meiner Texte scheiße findest, sagtest du: »Schatz, ich kenne die Hälfte deiner Texte doch gar nicht. Aber die andere Hälfte ja!« Du warst ehrlich.

Ich mochte, wie wir das erste Mal miteinander geschlafen haben. Ich habe dich unsittlich berührt und du sagtest: »Ey, mein Körper gehört mir! Und dein Körper gehört auch mir.« Dann hast du dich auf mich gestürzt. Als ich danach erschöpft schlafen wollte, sagtest du: »Nur über deine Eichel!«, und ich musste noch mal loslegen. Das war schön.

Schön war es auch, wie wir immer zum Einschlafen *Die drei ???*

gehört haben und immer gleichzeitig eingeschlafen sind und die alte Kassette dann am nächsten Abend einfach zurückgespult haben. *Die drei ??? und das brennende Schwert* können wir jetzt bis zu Minute dreiundzwanzig auswendig. Aber wir haben keine Ahnung, wie die Folge ausgeht.

Ich denke auch nicht, dass mich mal wieder jemand so zum Lachen bringen wird wie du. Einmal hast du mich vom Fußball abgeholt. Ich bin einer der besten dort, denn nicht alle anderen haben noch beide Beine und Augen. Das nutze ich geschickt aus, indem ich zum Beispiel laufe oder gucke.

Ein Mitspieler trug ein Trikot des SV Werder Bremen mit dem Namen »Francis Banecki« hinten drauf. »Warum zur Hölle tust du das?«, hast du gefragt. »Warum trägst du ein Trikot von Francis Banecki, das ist der unbedeutendste und unwichtigste Spieler in der gesamten Geschichte des SV Werder Bremen, es gibt keinen Grund, sein Trikot zu tragen, warum?!« Er sagte nur: »Ich bin Francis Banecki!« Dann mussten alle lachen. Auch Francis Banecki. Nur sein Trikot hat er nie wieder getragen. Es war schwer, dir böse zu sein.

Nur reicht all das nicht, und das fandest du auch umgekehrt, und darum hast du Schluss gemacht, und das ist okay. Da ist beidseitig kein Zorn, keine Trauer, keine Ernüchterung. Es war wie ein gutes Spiel, hat Spaß gemacht, war irgendwann vorbei und wir beide haben gewonnen. Das ist okay!

»Vielleicht solltest nicht schon vor der Beziehung ans
Ende denken, so grundsätzlich«, schlägt Felix vor und möchte
dieses Kapitel schnell beendet wissen. Am liebsten noch schneller. »Unabhängig davon passt die Geschichte gar nicht zu dir.
Du kommst darin viel zu selbstsicher rüber. Du bist aber nicht
selbstsicher, Rosskopf.«

»Findest du wirklich, dass ich nicht selbstsicher bin?«, fragt
Malte. »Wie meinst du das? Kannst du das erklären? Hast du
vielleicht ein Beispiel? Ich finde schon, dass ich selbstsicher bin,
denke ich. Aber wenn du sagst, dass ich das nicht bin, dann vielleicht, na ja, hmm, also, doch. Ich bin sehr selbstsicher. Aber ist
ja nicht so wichtig im Prinzip, wo warst du eigentlich die letzten
Tage?« Malte stellt diese Frage, um selbstsicher zu wirken. Eigentlich aber hofft er, dass Felix darauf besteht, noch weiter über
Lösungsmöglichkeiten in der Causa Sara zu reden.

Felix tut ihm diesen Gefallen nicht. Tatsächlich antwortet er
nur auf die gestellte Frage: »Jut, komische Story. Wie du ja weißt,
bin ick ooch Poetry-Slammer. Dit heißt, ick nehme an Poetry
Slams teil. Poetry Slams sind ...«

»Danke, ich weiß, was Poetry Slams sind«, unterbricht Malte
Felix sanft, während er seiner Mutter eine SMS schreibt, in der er
fragt, ob sie ihn für selbstsicher hält.

»Unterbrich mich nicht!«, unterbricht Felix Malte barsch.

»In jedem Fall hatt' ick 'nen Auftritt in Frankfurt. Wollt' ick
hin. Wegen Bezahlung. Jut, dacht' ick mir, sparste ma' noch extra, machste Mitfahrgelegenheit statt Zug. Hab ooch wat Jutet jefunden. Jut *und* günstig. 'n Fünfer bis Frankfurt. Ist doch spitze,
dacht' ick mir. Aber nee. Stellt sich raus, dass es noch 'n anderet Frankfurt jibt. In Polen oder so. Frankfurt/Oder oder so.« Er
guckt Malte an, als sei das eine unglaubliche Geschichte.

»Unglaublich«, antwortet Malte, der immer noch hofft, auf
das Thema »Sara« zurückzukehren. Vielleicht hilft da Einsilbigkeit. Auch wenn man dafür drei Silben benutzen muss.

»Und dann stehste da«, fährt Felix fort. »Alleene. In Polen.

Musst' ick 'nen Zug Richtung richtiget Frankfurt nehmen. Erst ma' schön zu spät jekommen. Auftritt verpasst. Gloob mal nich', dass de da trotzdem Bezahlung oder Fahrtkosten bekommst.« Er schnaubt verächtlich. »Durfte immerhin ins Hotel. Gnädiger Veranstalter. Aber schön 'ne Runde verschlafen. Check-out verpasst, musst' ick privat den nächsten anjebrochenen Tag zahlen. Vor dir steht ein Mann mit Schulden!«

»Du sollst ja auch nicht auftreten, du sollst am Buch arbeiten!«, sagt Malte nicht. Schließlich ist er auch alles andere als produktiv gewesen. Nur Trübsal hat er geblasen. Wegen Sara. »Aber warum warste dann vier Tage weg?«, fragt er stattdessen. »Biste zurückgelaufen?« Er gluckst über seinen dümmlichen Spruch, bis ihm auffällt, wie dümmlich der Spruch ist. Menschen, die solche Sprüche machen, sagen im Kino nach der Werbung auch: »Toller Film. Aber ganz schön kurz.« Malte schämt sich. Ich muss mein Leben umkrempeln, denkt er.

»Nee«, holt Felix Malte aus seinen Gedanken zurück. »Bin noch auf 'ne Party. 'n Mitbewohner aus Marburg hat mich mitgenommen. War ja in der Gegend. Wollten wa ausnutzen zwecks Party. Wo ick doch jetzt gerade wieder in Berlin wohne.« Er zwinkert, wie es nur Mitbewohner untereinander tun.

»Hat sich die Party wenigstens gelohnt?«, fragt Malte.

»Lasset mich so sagen: nee! Schöner Reinfall war dit.«

»Inwiefern? Keine coolen Leute? Schlechte Musik?«

»Ick kann's dir jenau beschreiben«, sagt Felix. »Ick hab da 'ne Art Partyprotokoll anjefertigt. Auf der Rückfahrt.«

»Wieso das?«, fragt Malte.

»Weil mir langweilig war. Und weil ick diesen albernen Studenten ihre eigene Albernheit vorführen wollte. Kannste als Erziehungsmaßnahme sehen. Hab dit Protokoll an die organisierende Fachschaft jeschickt. Hier, ick leset dir mal vor.«

HUMANBIOLOGEN

Es ist Freitagabend, ick bin auf einer Party von Humanbiologen, man redet über Enzyme. Alle lachen. Alex hat einen Enzymwitz gemacht. Hab ick nicht verstanden. Alex ist der Coole in seiner kleinen, unbedeutenden, unwichtigen, uncoolen Gruppe. Ick glaube, nirgends auf der Welt gibt es an einem Ort so viel Dioptrien wie auf dieser Party. Ick mag Alex nicht. Ick selber gefalle mir besser. Den anderen gefällt Alex besser. Ick glaube, die anderen denken, ick wäre geistig behindert, weil ick nie mitlache, wenn Alex mal wieder pointiert über Enzyme zu flachsen beliebt.

Ick finde, Alex hat so viel Ausstrahlung wie eine kaputte Heizung. Wortspiele kann ick. Mich ärgert es, dass Alex an diesem Abend von Frauen angehimmelt wird, die ... na ja, es sind Humanbiologinnen.

Alex macht einen Meiosewitz. Die Stimmung kocht. Auf dem Siedepunkt der Ereignisse greif ick in meine Tasche und zücke meinen Liter Notkorn. Ick hab immer 'nen Liter Notkorn dabei, seitdem ick versehentlich mal auf einer Geologenparty war. Nur Männer, Musik: keene, Witze über Boden. Die Geologen lachen, weil in »Breitengrad« das Wort »Ei« vorkommt. Oft lach ick heute noch nicht darüber.

Einer der Geologen hat sich den Witz extra aufgeschrieben, damit er ihn nicht vergisst. Ich wünschte, ick hätte ihn vergessen. Hab ick aber nicht. Er hat den Zettel verloren. Welch Ironie.

Jedenfalls schwor ick mir: Bei Studentenpartys – Korn.

Alex macht einen Gelenkwitz. Die Masse tobt. Diesmal weiß ick, worum's geht, weil: Gelenke kenn ick. Lustig ist es trotzdem wenig. Aus Verzweiflung nehme ick Korn zu mir, als wäre ick ein Huhn. Wortspiele kann ick.

Auftritt Daniel. »Auf meiner Uhr ist es gerade fünf vor Party!« Er zwinkert und alle bewundern ihn für diesen Witz. Ick nicht. Daniel ist dreiundvierzig Jahre alt. Find ick persönlich ja albern. Es gibt so Namen, die passen irgendwann nicht mehr und dann wird's peinlich. Ick meine, sein wa doch mal ehrlich: mit vierzig hört man auch mal auf, Daniel zu heißen. Albern is' dit. »Mein Opa Daniel sagt immer ...« Da hör ick schon jar nicht mehr zu.

Weil ick Hunger hab, zück' ick mein Kilo Nothack. Ick hab immer 'n Kilo Nothack dabei, seitdem ick einmal auf einer Skandinavistenparty war. Nur schwedische Musik, alle heißen Sven, Witze über Fjorde. Zu Essen gab es Trockendorsch. Schmeckt wie's klingt: trocken und dorschig. Hat mir nicht jeschmeckt. Nee, Korn und Hack, that's what's up. Reimen kann ick.

Alex und Daniel schlagen sich. Und mit »Schlagen« mein ick: Sie liefern sich einen heftigen argumentativen Schlagabtausch. Es geht um Zellen.

Mein Marburger Mitbewohner Linus, der mich mit hierher nahm, sieht mich an mit einem Blick, der fragt: »Na, hab ich zu viel versprochen?«

Ick antworte mit einem Blick, der sagt: »Ja!« Diese Party erinnert mich wieder daran, wat ick im Wesentlichen am Studieren hasse: Studenten.

Daniel hat das heiße Wortgefecht erwartungsgemäß verloren. Er geht traurig und nach wie vor zu alt für seinen Namen nach Hause. Ick sage ihm nicht »Tschüss«. Niemand sagt Daniel »Tschüss«. Alex steigt auf einen Tisch und springt in die anderen Partygäste hinein. Er will in seinem Freudentaumel wohl Crowdsurfen. Leider sind die Humanbiologen zu schwach, um ihn aufzufangen. Er kugelt sich diverse Schultern aus.

Ick mache einen Gelenkwitz und gehe.

»Klingt eher so mittel, die Party«, sagt Malte und findet
sich damit ab, dass das Thema »Sara« für heute gegessen ist.

»Eher mittel ist übertrieben«, antwortet Felix. »Aber vielleicht könn' wa von dem Partyprotokoll wat fürs Buch nehmen.«

»Ah, das Buch«, sagt Malte. »Stimmt. Hast du denn 'ne Idee, wie wir damit jetzt fortfahren könnten?« Er hatte das Buch über seinen Sara-Kummer ein wenig aus den Augen verloren.

Felix setzt ein erhabenes Grinsen auf. »Sollte 'ne Überraschung werden«, sagt er, »aber jut – schön, dass du das Thema ›Buch‹ anjesprochen hast. Ick hab auf der Zugfahrt nicht nur dit Partyprotokoll geschrieben, sondern auch wat fürs Buch ...«, er macht eine sehr lange und eigentlich völlig überflüssige Kunstpause, schließlich ist der Satz auch ohne das letzte Wort schon vollständig, »... geschrieben.« Er wird ungewohnt hibbelig. »Hier, ick zeig's dir. Ist jut geworden, find ick, ...« Erneut macht er eine sehr lange Kunstpause. »... sehr jut sogar«, ergänzt er dann. »Ick hab meinen Anfang für das Buch über Berlin an unsere Zielgruppen angepasst: Oberschüler, Studenten, Serienjunkies, Inder und Seismologen.« Dann holt er seinen Laptop, setzt sich und liest vor:

Berlin, Berlin, Berlin. Eine Stadt, wie sie nur Berlin ist. Eine Grande Dame der Städte. Weil sie echt eine große Stadt ist, Berlin. Nirgendwo sonst stehen Hochhäuser so dicht im Stadtzentrum. Arme Menschen gibt es in Berlin, und auch reiche Menschen gibt es. Berlin. Wir haben den Fernsehturm, das Brandenburger Tor und das Restaurant im Fernsehturm, das dreht sich sogar, Berlin. Viele Menschen sind hier gemeldet und wohnen dementsprechend auch vor Ort. Da ist natürlich immer was los, wie man sich vorstellen kann, Berlin. Auch Gymnasien, voll mit Oberschülern gibt es in Berlin, so wie auch drei Universitäten in der Stadt vorhanden sind. Auch Party ist viel los. Zum Beispiel in Kreuzberg oder Friedrichshain, manchmal auch in Mitte, wo auch der oben angesprochene Fernsehturm steht, Berlin. Nicht umsonst ist Berlin der Schauplatz für die erfolgreichste deut-

sche Serie, nämlich die Serie GZSZ. *Viele Tiere haben hier auch ihre Unterkunft. Zum Beispiel Füchse, hier und da auch mal ein Feldhase oder zwei Feldhasen, in einem der unzähligen Parks, Berlin. Man bekommt an vielen Orten Essen. Zum Beispiel an Dönerläden oder Pizzaläden, Berlin. Es gibt hier durchaus auch mehrere Flüsse, wie die Spree oder den Wannsee, Berlin. Es ist immer viel los an den Flüssen, bei schönem Wetter, im Sommer beispielsweise, Berlin. Im Sommer ist es hier wirklich sehr warm. Fast so warm wie in Neu-Delhi. Oh, was war das gerade? Ein Erdbeben?*

»Und?«, fragt Felix. »Wie findest du's?«

»Hmm, ist schon ganz gut«, antwortet Malte knapp.

»Wie, ›ganz gut‹?«, fragt Felix. »Sei ma' konkreter, Rosskopf!«

»Hmm, ja, bin nicht restlos überzeugt!«, sagt Malte. »Wirkt wie halbe Arbeit irgendwie.« In Wahrheit will er nicht zugeben, dass Felix ganze Arbeit geleistet hat. Er, Malte, sollte doch das Genie hinter den Texten sein. Der, mit dem das Buch steht oder fällt. Felix hingegen sollte hin und wieder seine verkorkste Vergangenheit einbauen und hier und da mal einen Tierwitz ergänzen. Mehr nicht. Nun aber scheint sich das Blatt zu wenden. Während Malte verkümmert im Bett gelegen hat, ist Felix aktiv geworden und hat das Ruder übernommen mit diesem genialen Anfang – pointiert, sehr »Berlin« und sehr zielgruppenangepasst.

»Ey, Rosskopf«, unterbricht Felix die neidischen Überlegungen von Malte. »Antworte mal dezidierter! Wat jenau dich stört, hab ick jefragt.«

Malte ist fassungslos. Jetzt benutzt Felix schon Begriffe wie »dezidiert«. Was kommt als Nächstes? Eine heimliche Promotion?

»Also?«, fragt Felix. Er ist wirklich stolz auf seine Ergänzungen für das Buch. Natürlich, er hat das nicht alleine geschafft. So gut ist er dann auch nicht. Zufällig hat er sich das Zugabteil mit einem Literaturwissenschaftler geteilt, der wertvolle Tipps gegeben hat. Den Begriff »dezidiert« zum Beispiel hat Felix erst von ihm gelernt. Aber davon darf Malte natürlich nichts wissen. Er, Felix, sollte schließlich die treibende Kraft hinter dem Buch sein. Der, an den die Leute denken, wenn sie das Buch lesen. Klar, Malte darf manchmal mit seiner eigenartigen Malte-Art glänzen. Aber die Tierwitze, die Berliner Schnauze, eigentlich alles, was dem Buch die Berechtigung gibt – das sollte natürlich von ihm kommen.

»Nee, ist schon rund so«, sagt Malte knapp und steht auf. »Muss das wirken lassen auf mich. Morgen bin ich ja vielleicht auch ganz begeistert.« Dann fällt sein Blick auf die bunt leuchtenden Schuhe, die Felix trägt. »Hast du neue Schuhe?«

»Ja, geil, oder?«, fragt Felix. »Dit einzig Jute an der Party bei den Humanbiologen. Einer von den Freaks hatte geile Schuhe. Musste man natürlich ausziehen, bevor man reindurfte. Long story short: Jetzt sind's meine. Neukölln-Shopping.« Felix strahlt stolz und zwinkert Malte zu.

Malte ist wütend. Jetzt hat Felix auch noch schicke, teure Schuhe. Was kommt als nächstes? Eine heimliche Promotion?

Diese Schuhe heben mich auf'n neuet Level, denkt Felix. Wie geplant ist Malte offensichtlich neidisch. Das ist gut. Ein wenig Unterwürfigkeit tut ihm gut. Und dem Buch erst recht. Maltes Funktion besteht dann im Wesentlichen aus dem Einfügen von klugen Wörtern. Für die Studenten aus der Zielgruppe. Um seine neue Macht gleich zu zeigen, sagt Felix noch: »Ach ja, ick hab außerdem meine Kontakte spielen lassen. In ein paar Tagen treffen wa unseren Verleger für ein Gespräch.«

»Deine Kontakte?«, fragt Malte. »Ist so ein Gespräch nicht völlig normal?«

Felix lacht laut auf. »Nee, in der heutigen Zeit nicht mehr. Da gibt's Face-to-Face-Time nur noch für die Starautoren.« Auch »Face-to-Face-Time« hat er von dem Literaturwissenschaftler aus dem Zug gelernt.

Malte rollt die Augen. Felix wird immer erhabener. Das kann nicht gut gehen. »Und was genau besprechen wir in dieser Face-to-Face-Time?«

»Ach, Business, Geschäfte, dies das«, antwortet Felix betont cool, als hätte er solche Gespräche schon tausende Male geführt.

»Hm. Na ja, wenn wir schon mal da sind, können wir ja wenigstens noch mal fragen, warum der Verleger uns so blind und naiv vertraut«, sagt Malte beiläufig und bemüht gleichgültig.

Felix gerät auf einmal ins Stammeln: »Ja, äh, können wa dann, äh, vielleicht mal fragen, klar.« Er macht eine Pause, die keine Kunstpause ist. Sondern Unsicherheit. »Also, ick meine, das können wa fragen, wenn wa noch Zeit dafür finden. Der Verleger hat bestimmt 'nen vollen Terminkalender.«

Malte bemerkt die Unsicherheit nicht. »Whatever«, sagt er schulterzuckend und geht in die Küche. Man sollte weder diesen Tag noch diesen Abend loben, denkt er.

TAG 14

FLUGANGST & DER UNTERERNÄHRTE HUND BLACKY

Seit letztem Samstag ist nicht viel passiert. Am Dienstag hat Felix in seinem zielgruppengerechten Anfang noch einen Kommafehler gefunden und korrigiert und daraufhin einen Wutanfall bekommen: »Weeßte, Rosskopf, du faule Sau, ick biete dir hier die Chance deines Lebens, schreib gefühlt dit komplette Buch alleene, organisier große Jespräche mit unserem vielbeschäftigten Verleger und muss dann ooch noch lektorieren, oder wat? Findest du dit fair? Ick find dit nicht fair. Überhaupt nicht fair find ick dit. Ick mach jetzt erst mal vier Tage jar nischt!« Danach hat er seine Brustmuskulatur geflext, um Malte einzuschüchtern, Malte hat sich einschüchtern lassen, weswegen letztendlich beide vier Tage lang nichts gemacht haben.

Jetzt ist Freitagvormittag. In zwei Wochen ist Abgabe und das Manuskript ist bisher eine knappe Dreiviertelseite lang. Doppelter Zeilenabstand, Schriftgröße sechzehn.

Felix und Malte laufen durch Kreuzberg und haben schlechte Laune.

»Hab ich dir schon von meinem neusten Ranking ›Türklinken in der eigenen WG und warum ich welche wann am liebsten benutze‹ erzählt?«, fragt Malte.

»Ick will nischt davon hören«, antwortet Felix.

»Sicher nicht?«, bohrt Malte nach.

»Hör uff nachzubohren. Hilft nischt. Da bin ick Dübel.«

»Was heißt das?«, fragt Malte, angesäuert über Felix' Handwerkersprech. Als ob der nicht wüsste, dass Malte akademischen Hintergrund hat.

»Jeht dich nix an«, antwortet Felix angesäuert darüber, dass er die Bedeutung des Wortes »Dübel« selber eigentlich gar nicht kennt, obwohl er handwerkersprachlichen Hintergrund hat.

Beide sind jetzt unnötig angesäuert.

Bei Malte kommt hinzu, dass er immer noch keine Ahnung hat, was genau sie jetzt bei dem Verleger machen sollen. Felix hatte Nachfragen immer mit einem knappen »Business, Geschäfte, dies das« beantwortet.

Nach einem schweigsamen Weg stehen sie nun vor dem prachtvollen Eingang eines sanierten Altbaus.

Malte ist beeindruckt. »Wow, krass. Hier ist das?«, will er wissen. »Dafür, dass der Typ nur zufällig Verleger ist, hat er seine Räume aber in einem beeindruckenden Haus. Ich muss ja ganz ehrlich sagen, Felix: Ich war skeptisch. Ich war die ganze Zeit skeptisch. Hätte dir auch sofort geglaubt, wenn du kurz vor Ablauf der Deadline gesagt hättest: ›Jut, war allet Spaß jewesen, Malte. Wir schreiben keen Buch und du schuldest mir noch Geld.‹ Aber jetzt, jetzt wo ich das hier sehe, hab ich zum ersten Mal seit zwei Wochen Buchprojekt ein gutes Gefühl.« Er murmelt »Hach, Schriftstellerleben halt« und umarmt Felix. Zu Tränen gerührt schaut er das beeindruckende Haus an.

Davon völlig kaltgelassen, checkt Felix die Hausnummer und sagt: »Ah nee, nicht einundsechzig. Wir müssen zur Nummer sieben. Sorry, verwechselt.«

Felix schreitet voran. Malte schlurft desillusioniert und widerwillig hinterher. Felix holt sich einen Kaffee beim Bäcker und ext das heiße Heißgetränk, ohne eine Miene zu verziehen.

»Ich wette, Nummer sieben ist die letzte Kackbude – irgendso ein Sozialbau, oder ein Tierheim, oder ein soziales Tierheim, und den Verleger finden wir in seiner eigenen Kotze nebst Crackpfeife und seinem unterernährten Hund Blacky vor!«, wettert Malte los. »Alle Junkies haben einen Hund namens Blacky oder Pascal. Aber wenn sie dann vor der Wahl stehen, zwischen Rauschgift kaufen oder Hundefutter für Blacky oder Pascal, wird schnell mal das Budget für das treue Tier gestrichen. Und das nur, um sich selber noch mal so richtig schön high zu machen. Und dann heißt es: Bye bye, gut ernährter Hund und welcome überdosierter Verleger.« Malte atmet tief durch.

Felix hat nicht zugehört. Nur das Wort »Rauschgift« hat er aufgeschnappt. »Niemand, wirklich niemand, der Drogen kauft oder nimmt, benutzt das Wort ›Rauschgift‹ dafür«, sagt er.

Malte kommt wieder zu Luft, als sie gerade vor der Hausnummer sieben ankommen. Sie stehen jetzt vor einem Gebäude, neben dem die Nummer einundsechzig aussieht wie Brandenburg neben jedem anderen Bundesland: ein strahlend weißer, mit Stuck verzierter, efeuberankter, mit goldenen Klingelschildern versehener Prachtbau.

Malte fängt auf der Stelle an zu weinen. Felix verschränkt die Arme und posiert wie ein Gangsterboss vor seinem Anwesen. Die perfekte Selfie-Pose. Er wartet auf das Auslösergeräusch, das natürlich auf sich warten lässt, weil man mit verschränkten Armen kein Selfie machen kann. Er steht noch eine halbe Minute stumm so da. Dann sagt er: »Jut, Rosskopf. Hier entlang!«

Der Türöffner summt und sie betreten die im Jugendstil gehaltene Lobby des Verlagsgebäudes. »Okay, pass uff«, beginnt Felix, Malte zu instruieren. »Wir schlagen dem Typen jetzt unsere Titelideen vor, unterschreiben und zischen direkt wieder ab!«

»Titelideen? Wir haben keine Titelideen.«

»Wie, wir haben keene Titelideen?«

»Na, wir haben keine Titelideen«, bekräftig Malte.

»Ick dachte, wir hatten abjemacht, dass du Titelideen ausarbeitest? Ick meine, wenn ick schon dit Buch schreibe, lektoriere, dir die Chance deines Lebens biete und dieset Jespräch hier organisiere, is' dit wohl nicht zu viel verlangt, oder? Sag bitte, dass dit 'n Scherz is', Rosskopf. Ick lach dann morgen!«

III

»Alter, was soll das? Wir hatten nie etwas Derartiges besprochen. Du hast gesagt, du machst jetzt vier Tage nichts. Ich dachte, das gilt dann auch für mich. Sorry.«

»Sorry? Du ruinierst unser janzet Projekt und sagst einfach ›sorry‹?« Felix weiß selber, dass sie Derartiges nie explizit besprochen haben. Er dachte aber, das sei wohl klar. »Schon mal wat von nonverbalen Absprachen jehört?«, fragt er wütend.

»Nein. Weißt du auch, warum, Felix? Weil sie nonverbal sind. Wie soll ich das hören?«, antwortet Malte gleichermaßen wütend und verunsichert, weil Felix plötzlich auch das Wort »nonverbal« kennt.

Einen Moment drückender Stille später eröffnet Felix das Gespräch erneut: »Jut, wat bleibt uns anderes übrig. Improvisieren wa halt.« Er reibt sich dabei die Augen mit der Miene eines Mannes, der weiß, dass es jetzt zu improvisieren gilt.

»Improvisieren?«, entgegnet Malte ungläubig. »Okay, bin dabei!«, wirft er eine Sekunde später bedenklich freudig hinterher.

Felix hat nicht gesehen, wie Malte sich gerade eine seiner Tabletten gegen die Kondition eingeworfen hat und deshalb nun so fidel ist wie Castro, wenn man seinen Vornamen versehentlich klein schreibt.

Im vierten Stock angekommen, öffnet Felix eine aufwendig verzierte Holztür zu den Verlagsräumen. Eine junge Mitarbeiterin lotst die beiden in einen Konferenzraum. Sie öffnen die Tür und erblicken den Verleger. Er steht auf dem Tisch in der Raummitte. Einen ersichtlichen Grund dafür gibt es nicht.

»Ach hey, Jungs, da seid ihr ja«, sagt er freudig, ohne vom Tisch herunterzukommen. Er hat ein Glas in der Hand. »Ihr seid zwar drei Stunden zu spät, aber, na ja.« Er macht einen ungelenken Michael-Jackson-Move auf dem Tisch.

Felix erinnert sich, dass der Verleger in der Berliner Kunstszene der Neunziger eine große Nummer war und Künstler nun mal ihre Macken haben. Oder eben tatsächlich Cracksucht.

Bisher hat er die Sache mit der Cracksucht des Verlegers Malte gegenüber eigentlich nur mitgespielt, um sein Geheimnis zu wahren. Aber in Anbetracht dieses Bildes, denkt er, scheint eine ausgewachsene Cracksucht in der Tat nicht unwahrscheinlich.

Felix wird aus seinen Gedanken gerissen. Der Verleger reicht ihnen die Hand. Allerdings tut er das so, wie man es tut, wenn man auf selber Höhe wie sein Gegenüber ist. Dementsprechend ist die angebotene Hand sehr, sehr weit oben. Felix und Malte müssen sich sehr strecken, um die Begrüßung zu erwidern. »Setzt euch irgendwohin oder stellt euch irgendwohin«, bietet der Mann auf dem Tisch an. In dem Konferenzraum gibt es genau einen Stuhl. Malte und Felix wissen nicht, wohin mit sich. Felix zuckt ratlos mit den Schultern und lehnt sich an eine Kommode. Malte setzt sich auf den Stuhl am Tisch. Sein Gesicht ist jetzt in etwa auf Kniehöhe des Verlegers. Um Blickkontakt mit ihm aufzubauen, muss Malte seinen Kopf komplett in den Nacken legen.

Der Verleger hat aufgehört zu tanzen. Er sieht vom Tisch aus immer wieder hektisch durch das Fenster. Er trinkt Whiskey. »Und Jungs, wie läuft's?«, fragt er. »Bei mir ja nicht so. Meine Frau ist erst gestern mit unserem Gärtner durchgebrannt.«

Malte und Felix sehen sich konsterniert an. Was soll man darauf antworten? Ein unangenehmer Moment.

Der Verleger prustet los. »Ich mach nur Spaß, ich mach nur Spaß. Ich weiß, manchmal bin ich unmöglich«, sagt er und tritt Malte kumpelhaft, aber doll gegen die Schulter.

Felix zwingt sich zu einem Lächeln.

»Nee, wirklich, ich mach nur Spaß. Wir haben gar keinen Gärtner – es war der Fliesenleger.« Wieder fängt der Verleger ungewöhnlich laut und manisch an zu lachen. Danach schaut er schnell auf die Uhr und murmelt sich selbst zu: »Noch drei Tage. Nur noch drei Tage ...«

Malte und Felix sind sichtlich überfordert.

»Sie, äh, sind ja sicher sehr beschäftigt. Deswegen komm' wa am besten direkt zum Punkt«, versucht Felix das Gespräch in normalere Bahnen zu lenken.

»Gute Idee«, sagt der Verleger. »Na dann, Jungs. Erzählt doch mal, worum es in dem Buch genau geht. Felix, du alter Cowboy«, der Verleger wendet sich mit einer ungeschickten Drehung schnell zu Felix, »du hattest ja auf meine letzten sechs Mails nicht geantwortet und die vier Termine in den letzten zwei Wochen auch einfach wortlos verfallen lassen.« Mit den Händen formt er zwei Pistolen und tut, als würde er Felix damit erschießen. Er pustet er sich imaginären Rauch von den Fingern. Dann lacht er wieder. »Jedenfalls weiß ich gar nichts über euer Projekt.«

Er nimmt einen großen Schluck und fragt: »Also, worum geht's in dem Buch?«

Felix und Malte sind überrascht. Nicht nur, dass der Verleger gerade seine Schuhe auszieht und sich auch sonst ausgesprochen merkwürdig verhält. Mit dieser Frage hatten sie nun wirklich nicht gerechnet. Felix dachte, es ginge beim heutigen Treffen ausschließlich um den Titel und Malte hatte nur die Information »Business, Geschäfte, dies das«.

»Wo, äh, worum es geht? Äh ...«, fängt Felix an zu stottern. »Im, äh, im Wesentlichen, äh, geht's um, äh, um eine verrückte Stadt, äh, namens, äh, Berlin.« Vorsichtig sieht er erst zum erwartungsvoll nickenden Malte und dann zum Verleger.

»Um Berlin?«, antwortet der Verleger skeptisch. Er beginnt zu strahlen und sagt: »Super. Das klingt super. Das machen wir.« Er wirft einen paranoiden Blick Richtung Schrank und fährt fort. »Ihr alten, dicken Hunde, das ist super. Da habt ihr echt 'ne tolle Idee vorgelegt. Chapeau!« Diesmal erschießt er Malte mit den Fingerpistolen. »Ich seh's schon vor mir: Ein Buch über Berlin. Ich sehe Häuser, ich sehe Straßenschilder, ich sehe Brücken. Ja, da kann man viel draus machen.« Er setzt sich auf dem Tisch in den Schneidersitz.

Felix atmet laut durch. Malte nickt immer noch erwartungsvoll.

»Und was habt ihr euch für den Titel überlegt?«, will der Verleger wissen.

»Für, äh, für den Titel?«, stammelt Felix weiter und sieht hilfesuchend zu Malte. »Na ja, äh, wir dachten, äh, für den Titel an ...«

Felix lässt eine sehr lange Pause, die er als Kunstpause zu verkaufen versucht. In Wirklichkeit aber denkt er angestrengt nach: Hmm, okay. In dem Buch jeht's also um eine verrückte Stadt namens Berlin. Die genaue Story ist noch unklar, aber dit is' nicht dit Problem. Wat sag ick diesem komischen Junkie da auf dem Tisch jetzt am besten? Hmm. Es geht ja um Berlin – Berlin, Berlin, Berlin. Eine Grande Dame der Städte, weil sie echt eine große Stadt ist, Berlin. Vielleicht kann man daraus ja etwas für den Titel benutzen. Vielleicht, ah, ja genau, ick hab's!

»Berlin«, ist Felix' lang heraus gezögerte Antwort. »Der Titel lautet: ›Berlin ...‹« Felix hebt die Stimme, als wäre das der Beginn einer Aufzählung. Er sieht Malte an, mit einem Blick der sagt: »Los Rosskopf, improvisieren! Sag dem Verleger, wie der Titel weitergeht.«

Malte versteht sofort und sagt: »Ja genau, äh, wie Felix schon sagte, äh, der Titel ist ›Berlin ...‹«

Malte lässt nun auch eine lange Pause und überlegt: Okay, die Sache mit Berlin hat Felix ja schon angesprochen. Das hat Felix gut gemacht. In dem Buch geht es ja um Berlin, deswegen ist das für den Titel erst mal gar keine so schlechte Idee. Ist vielleicht bisher noch ein bisschen allgemein, aber dafür bin ich ja jetzt da. Ich habe immer gute Ideen. Dafür bin ich bekannt. Malte? Ja, Malte kenn ich – der hat immer gute Ideen, denken meine Freunde von mir. Kommt ja nicht von ungefähr, dass Leute das über mich denken. Meine Freunde haben sowieso echt einen Glücksgriff gemacht mit mir in ihrem Freundeportfolio. Aber ich ja auch mit ihnen. Also mit den meisten. Felix kann schon echt sehr nerven. Wirklich doll und schlimm nerven. Dass er mir nichts von den vier Terminen und den sechs Mails des Verlegers gesagt und diese in unserem Namen auch einfach unbeantwortet gelassen hat, find ich beispielsweise echt nicht so gut. Ich hoffe, er hat in meiner Ausführung über meine Freunde etwas gelernt. Na ja gut, zurück zum Titel. Berlin ist ja jetzt schon drin. Das hat Felix ja schon angesprochen. Das hat Felix gut gemacht. Vielleicht kann ich aus meinem Gedankengang gerade eben etwas für den Titel benutzen. Vielleicht, ah, genau ich hab's!

»Meine Freunde! Der Titel lautet: ›Berlin, meine Freunde, …‹« Auch er hebt die Stimme am Ende, so als ginge die Aufzählung weiter. Stolz zwinkert er Felix zu, mit einem Blick, der sagt: »Habe verstanden, Lobrecht. Jetzt ist der Ball wieder in deinem Feld.« Er hat das Spiel definitiv missverstanden.

Felix sieht sich entgeistert im Raum um. »Du solltest den Titel vervollständigen und nicht nur unnötig verlängern!«, sagt sein Blick, der dann an den leeren, glasigen Augen des Verlegers hängenbleibt. Sie sehen aus wie die Augen eines Drogensüchtigen. Sofort muss Felix an Maltes dämliche Geschichte mit den Junkies und deren unterernährten Hunden denken.

»Und diverse Hunde!«, platzt es aus ihm heraus. »›Berlin, meine Freunde und diverse Hunde‹ ist der Titel.«

Ein wenig gespannt, aber primär verunsichert, ob der frei erfundene Titel auffällt, sehen Malte und Felix nun den Verleger an. Kurz schweigen alle drei.

»Okay, ja.« Der Mann auf dem Tisch zieht eine Augenbraue hoch. »Und warum jetzt Berlin im Titel? Also ich find's toll, Cowboys, fast so toll wie meine Frau unseren Fliesenleger …« Er unterbricht und schaut bedächtig ins Leere. Dann fängt er an zu lachen und murmelt »Aber die Karten – ich habe die Karten!« Dann wendet er sich wieder an Malte und Felix. »Also, ich find die Idee super. Bei mir gibt's aber eine Regel: Man muss alles begründen können. Also: Begründet!«

Felix und Malte halten das erst für einen Scherz. Der Verleger guckt plötzlich aber so ernst, dass sie doch lieber beginnen, zu erklären.

»Na ja«, sagt Felix, »Berlin halt, weil es in dem Buch ja um Berlin jeht und wir beide von hier sind und so 'ne Stadt ja auch schon sehr inspirierend ist und so.« Er sieht sich hilfesuchend um. »Malte, sag doch ooch mal wat!«

»Hatten wir schon Inspiration?«, bringt Malte ein.

»Ja«, sagt Felix.

»Dann das, was Felix gesagt hat«, sagt Malte.

»Okay, ja ... Also Jungs, echt. Ich bin überzeugt von dem Titel und wir machen das eins zu eins so. Ich seh's schon vor mir!« Der Verleger sieht jetzt aus wie ein Visionär. »Straßen, Häuser, Freunde, Hunde, alles. Aber wenn ich jetzt nicht überzeugt wäre, dann würde ich sagen, dass ja gefühlt jeder Autor in Berlin wohnt. Und dass die bestimmt auch alle von der Stadt inspiriert wurden. Man stelle sich vor, jeder würde sein Buch jetzt ›Berlin‹ nennen. Da geht doch jede Trennschärfe verloren. Also, nee. Gefällt mir gar nicht. Was würdet ihr darauf sagen?« Der Verleger legt sich auf die Seite und stützt seinen Kopf mit der Hand ab. Sein Gesicht ist nun sehr, sehr dicht an Maltes Gesicht. Malte spürt seinen heißen Atem.

»Na ja ...« Malte versteht nicht ganz, was das soll. Trotzdem erklärt er weiter und probiert dabei, etwas Abstand zum Gesicht des Verlegers aufzubauen. »Aber Berlin verkauft sich ja auch immer gut. Also jetzt nicht die Stadt an sich. Seit der Sache mit dem Flughafen ist ja auch eher schwierig mit medialer Außenwirkung. Aber bei jungen Leuten oder Menschen mit Flugangst wär' das vielleicht 'n Argument. Und halt die Sache mit der Inspiration.« In der Hoffnung, dass das als Grund reicht, sieht er den sehr nah bei ihm liegenden Verleger an.

»Hmm. Na ja. Ist nicht das stärkste Argument, das ich je gehört hab.« Er lässt eine Pause. »Aber schon 'n starkes. 'n sehr starkes Argument habt ihr euch da zusammengesucht.« Der Verleger streckt die Hand hoch und fordert erst ein High-Five von Malte und dann von Felix, der dafür extra durch den halben Raum laufen muss.

»Und was heißt das für unsere Zielgruppe? Junge Leute und Menschen mit Flugangst?«, fragt er nach vollbrachten High-Fives weiter.

»Genau, über die Zielgruppe haben wir uns schon viele Gedanken gemacht«, sagt Malte. »Und ja, Menschen mit Flugangst, oder kurz ›MMFs‹, spielen da durchaus eine Rolle.« Er freut sich über seine gelungene Improvisation.

Der Verleger zieht eine Augenbraue hoch.

Malte wendet sich stolz zu Felix. Hinter vorgehaltener Hand sagt er so laut, dass alle es hören können: »Also, Felix, hast du gehört, ja? Falls der Verlagstyp noch mal fragt, unsere Zielgruppe sind dann OSSISMMF.« Er zwinkert Felix zu.

Felix schüttelt resigniert den Kopf. Er kommt sich vor wie in einem schlechten Film. Ein irrer Verleger und ein OSSISMMF-sagender Malte.

»Super. Jetzt wär' selbst der skeptischste Storch überzeugt. Ich sag mal so, wenn ich meine Frau wäre, würde ich jetzt mit euch schlafen.« Er zwinkert den beiden zu und schmeißt das leere Glas gegen die Tür. Es zerbirst mit einem lauten Klirren. Felix und Malte erschrecken. Der Verleger winkt beruhigend ab.

»Aber warum ›meine Freunde‹ im Titel?« Das unangenehme Nachfragen ist wohl doch noch nicht überstanden.

»Darüber haben wir uns noch keine Gedanken gemacht bisher«, antwortet Malte unüberlegt.

Die vom Crackkonsum fahlen Augen des Verlegers mustern Malte und Felix skeptisch.

Felix bemerkt das und versucht zu retten. »Nee, dit war natürlich 'n Scherz. Malte is' halt 'n klassischer Scherzkeks. Neben seinen wirklich gelungenen Scherzen«, Felix lacht hörbar gekünstelt und wirft Malte einen strafenden Blick zu, »schreibt er auch wirklich tolle und mitreißende Texte über seine Freunde. Und die wollten wa natürlich unbedingt drin haben. Und dit Janze soll schon im Titel zu sehen sein, weil viele von Maltes Fans dann direkt wissen, dass ihre Lieblingstexte ooch in dem Buch sind.« Felix hofft, dass diese Aneinanderreihung von Lügen ausreicht, um das Gespräch endlich zu beenden.

Malte ist von Felix' lobenden Worten sehr geschmeichelt und grinst freudetrunken. Nach einer zu langen Weile sagt er schließlich: »Ja, stimmt, äh. Das, äh, war der Gedanke dahinter. Meine Texte über meine Freunde sind, wie Felix richtigerweise angemerkt hat, sehr, sehr gut. Die sollten wir auf jeden Fall im Titel haben, damit meine Fans direkt wissen, dass ihre Lieblingstexte auch in dem Buch sind.« Von sich selbst ergriffen, nickt er langsam und bestimmt.

»Okay, ja. Das überzeugt mich.« Der Verleger boxt Malte kumpelhaft und doll gegen die Schulter, die ihm wegen des kumpelhaften, aber dollen Trittes vor sechs Minuten schon sehr weh tut.

»Wisst ihr was, Jungs? Ihr habt mich überzeugt von euren Überzeugungsfähigkeiten. Ich bin dabei. Dabei bin ich. Was bin ich?« Diesmal kommt er sehr nah an das Gesicht von Felix.

»Dabei?«, fragt Felix eingeschüchtert.

»Das ist«, sagt der Verleger wobei er zwischen den einzelnen Worten eine unpassend lange Pause lässt, »richtiiig! Ich – bin – dabei!« Er imitiert eine Pumpgun und tut so, als würde er sich in den Mund schießen. »Leider aber werd ich euch nicht persönlich lektorieren. Mein Praktikant macht das, der gute Hannibal.«

»Der Lektor heißt Hannibal?«, fragt Malte und muss lachen.

»Ja, wieso?«, fragt der Verleger zurück. Jeglicher Spaß hat seine Stimme verlassen. »Ist das ein Problem für dich?« Mit dem Zeigefinger streicht er sanft über Maltes Wange. Dann bricht er erneut in schallendes Gelächter aus. »Ich mach nur Spaß. Aber ja, der heißt Hannibal. Unfassbar alberner Name, oder? Hahahahannibal!«, japst er. »Manchmal vergess ich, wie albern der Name Hannibal ist. Ist der Typ Zirkusdirektor, oder was?« Der Verleger liegt mittlerweile auf dem Rücken, vor Lachen alle Viere von sich streckend. Er springt ruckartig auf und imitiert einen Zirkuselefanten. Dann springt er vom Tisch und stellt sich ans Fenster. »Montag ist der Tag der Abrechnung. Montag ...«, brummt er mit finsterer Miene.

Felix und Malte werfen sich ängstliche Blicke zu.

»Ich, äh, ich find das eher lustig, wegen dem Zusammenhang ›Hannibal‹ und ›Lektor‹«, versucht Malte zu erklären.

Felix bedeutet ihm zu schweigen. Er hat Angst. »Psychomalte, der auf Kleiber losgeht« ist harmlos gegen den Verleger.

»Wie dem auch sei«, sagt der Verleger auf einmal lachend. »Da ich nicht selbst lektoriere, werden wir uns erst mal nicht sehen. Aber wir können ja auch gern mal was privat unternehmen, wenn ihr mögt?« Der Verleger guckt hoffnungsvoll in die Runde.

Malte und Felix freuen sich, dass dieses unangenehme Treffen beinahe vorbei scheint. Kopflos antwortet Malte, der Höflichkeit halber: »Klar doch, jederzeit!«

»Super«, entgegnet der Verleger. »Dann heute Abend Filmabend bei mir?«

Felix und Malte weichen jedem Augenkontakt zum Verleger peinlich berührt aus.

»Heute, äh«, stammelt Felix, »heute ist leider schlecht. Vielleicht, äh ...«

»Morgen«, redet der Verleger dazwischen. »Dann morgen Filmabend bei mir!«

Felix sieht Malte mit vorwurfsvollem Blick an.

Dann antwortet er: »Ach, Mist, leider könn' wa morgen ooch nicht. Wir wollten noch 'n bisschen an dem Buch feilen. Aber danach jederzeit.« Ein besserer Vorschlag zur Güte fällt Felix auf die Schnelle nicht ein.

»Okay. Ich nehme euch beim Wort, ihr alten Schlachter.« Der Verleger erschießt diesmal beide mit seinen Handpistolen.

Malte geht auf Toilette. Während er weg ist, kramt der Verleger zwei Verträge hervor. Er legt sie auf den Tisch und wendet sich an Felix. »Felix, das Geld kam ja jetzt nur von dir – ihr habt euch das aber schon geteilt, gell?«

Felix sieht sich hektisch um und vergewissert sich, dass Malte auf keinen Fall in Hörweite ist. »Ja, ja, äh, klar haben wir uns das geteilt«, antwortet er kleinlaut und schnell. »Wir, äh, wir müssen jetzt ooch direkt los. Die Verträge nehm' wa mit und schicken sie unterschrieben per Post. Danke noch mal.« Er lächelt gestresst, greift die Verträge und verlässt den Raum. Er packt Malte, der gerade aus dem Bad kommt, und zieht ihn mit.

Gerade noch mal gut gegangen, denkt Felix sich im Gehen. Wäre Malte früher wieder in den Raum gekommen, wäre sein ganzer Plan aufgeflogen.

Sie laufen die Treppen herunter.

Der Verleger steht oben in der Tür.

»Ey, Jungs!« Felix schluckt. »Wenn ihr noch irgendwas braucht, Feuerwerk, Waffen oder neue Möbel oder so, sagt jederzeit Bescheid!« Der Verleger tut dabei so, als würde er seine Sekretärin abstechen. Er zwinkert ein letztes Mal und schließt die Tür.

Felix und Malte gehen.

»Warum mussten wir so schnell gehen?«, fragt Malte, während sie aus dem Gebäude hetzen.

Felix antwortet so kurz wie ehrlich: »Weil der Mann komplett irre ist.«

TAG 22

KOMBINIERTE LEIDENSCHAFTEN &
EIN HALBER TAG UNTER DER DUSCHE

Felix läuft durch den langen Flur in Maltes Wohnung und macht vor der Küche halt. Es ist 11:49 Uhr. An einem Freitag. Er ist noch sehr müde und nicht bereit für den Tag. Als er Geräusche in der Küche hört, hält er kurz inne. Nach drei Wochen WG-Leben mit Malte kennt er langsam dessen Marotten. Er will ihm jetzt nicht begegnen und wer sonst sollte dort sein? Es ist definitiv zu früh für Monologe über irgendwelche Rankings oder Serien. Andererseits braucht Felix dringend einen Kaffee und etwas zu essen. Nach einer kurzen Kosten-Nutzen-Abwägung öffnet er widerwillig die Küchentür.

Wie vermutet sitzt Malte dort. Er ist heute extra früher aufgestanden, um zwei seiner Leidenschaften zu kombinieren: Rankings und Serien. »Ich hab heute mal meine Lieblingsserien gerankt«, sagt er stolz und ungefragt. »Und danach habe ich Serien mit Liebschaften verglichen.«

Ohne Felix einen guten Morgen zu wünschen, Kaffee anzubieten oder ihn sonst wie einen Menschen wahrzunehmen, fährt Malte fort.

»Pass auf, *Scrubs* ist wie die eine große Liebe, an der alles gemessen wird. *Family Guy* ist die schmutzige Affäre, die man nicht den Eltern vorstellen will. *Community* ist die Frau, in die man am Anfang so verliebt war, wie nie, nie, nie zuvor und mit der es dann erkaltet, und nur die Erinnerung an die ersten Wochen hält die Hoffnung am Leben. *Californication* ist die, bei der man weiß, dass es nicht klappt, es sich aber immer wieder wünscht und sich daher auch immer wieder auf Dummheiten einlässt. Und *Sternenfänger* – eine ehemalige Vorabendserie der ARD mit Oliver Pocher, Jochen Schropp und Nora Tschirner – ist das romantische Geheimnis. Die Beziehung zu einer pferdeliebenden CDU-Tochter mit Perlenohrringen. Nichts zum Angeben bei den Kumpels, aber irgendwie ...«, Malte sucht nach einem Synonym von »romantisch«, »... romantisch«, vollendet er den Satz.

Felix hat kaum zugehört. Sehr zerrupft aussehend und offensichtlich nicht vollends wach, macht er Notizen in ein Buch, das vor ihm liegt.

»Was machst du da?«, fragt Malte wie ein kleines Kind.

Felix reibt sich Schlaf aus den Augen und gähnt: »Ick hab so 'nen komischen Traum, der immer mal wieder auftaucht. Hab so wat sonst nie. Daher hab ick den ma' zu Papier jebracht. Bin mir nämlich nicht sicher, ob ick das Geträumte nicht doch schon mal erlebt hab.«

»Also führst du Tagebuch?«, fragt Malte.

»Malte, hör doch zu«, sagt Felix. »Da steht 'n Traum drin. Den hab ick jeträumt. Nachts. Verstehst du? Nachts! Dann wird dit wohl kaum 'n Tagebuch sein.«

»Also für mich sieht das nach einem Tagebuch aus«, erwidert Malte altklug. »Außerdem schreibst du da ja jetzt gerade rein. Und jetzt ist Tag.«

»Ick führ aber keen Tagebuch, Malte. Tagebücher sind für verzweifelte Zwölftklässlerinnen. Aber ick, ick bin nicht Zwölftklässlerinnen, ick bin erwachsen!«, rechtfertigt Felix sich. »Dit sind maximal Memoiren!«

»Tagebuch also!«, sagt Malte und nickt.

»Ick bin echt nicht in der Stimmung für so 'ne Scheiße hier auf'n frühen Morgen, Rosskopf! Dieser Traum geht mir gehörig auf'n Helm!«

»Weil er so schrecklich ist?«, fragt Malte und wirkt aufrichtig besorgt. Er nimmt Felix gerade als Menschen wahr.

»Nee, weil's immer der gleiche ist«, antwortet Felix. »Dit is' langweilig. Ick guck ja auch nich' jeden Abend denselben Film. Oder immer wieder die Tagesschau.«

»Worum geht's denn?«, fragt Malte. »Ich kann den Traum ja vielleicht deuten. Ich hab in der sechsten Klasse einen obligatorischen Traumdeuterkursus gemacht.«

»Echt?«, fragt Felix, der sich mit Schulen und dergleichen nicht sonderlich auskennt.

»Na ja, fast«, sagt Malte. »Ich musste mal zu einer Kinderpsychologin. Das war so ähnlich.«

»Dieser Traum ist zu schräg«, sagt Felix und fragt nicht, warum Malte bei einer Kinderpsychologin war. »Der lässt sich nicht analysieren.«

»Oder ...«, fragt Malte langsam und setzt eine dramatische Pause, »... lässt er sich analysieren?« Nach den beiden unerfreulichen Intelligenztests kürzlich – beim ersten waren die Fragen zu schwer gewesen und beim zweiten hatte das Ergebnis nicht gestimmt – würde so eine neue Herausforderung echt mal wieder guttun.

»Ach wat soll's«, sagt Felix kurz und setzt an, aus seinen Memoiren vorzulesen. Malte würde ja sonst eh keine Ruhe geben. Und Felix will Ruhe.

GÄNSE

»Pass ick da noch rinn? Nee? Jut!«

Seit zwei Stunden stehe ich mit meinem Einkaufswagen unten vor dem Aufzug, weil: Ick will da rinn, weil: Ick muss hoch. Ick transportiere sieben Gänse, beziehungsweise sechs, weil ick eine nicht ernst nehme. Beziehungsweise fünf, weil ick mich verzählt habe.

»Pass ick da noch rinn? Nee? Jut!«

So 'ne Scheiße, schon wieder 'nen Aufzug verpasst.

Gänse sehen von Nahem aus wie große, weiße Enten. Und Enten sehen ja schon scheiße aus. Als ick mir bei eBay sieben Gänse jekooft hab, dachte ick noch, dass Gänse etwas ganz anderes seien. Dit, wat ick meinte, nennt man wohl »Falken«.

Ick bin ehrlich mit mir selber: Die Gänse, die waren 'n Fehlkauf. Woher ick dit weiß? Na ja, dit sind Gänse, und ick hab se jekooft. Hinterher ist man immer schlauer und jetzt weiß ick: Der Besitz von Gänsen ist wie 'ne hübsche Frau – spricht mich nicht an.

Scheiß Gänse. Ick komm halt aus der Stadt, ick kann nicht Tiere. Die Leute vom Land können Tiere. Ick kann Auto, ick kann ... Jut, im Wesentlichen kann ick Auto. Ick kann nicht Tiere. Als ick mit meinen Berliner Kumpels letztens durchs Umland jefahren bin, hat Matze janz uffjeregt aus'm Fenster jezeigt und jesagt: »Roah, kiek ma' da: 'n Tier!« Jut, war 'n Schaf.

Wat mach ick jetzt mit fünf Gänsen und dem Anderen? Züchten? Sie gegeneinander kämpfen lassen? Ick meine, vier Euro sind jetzt nicht die Welt gewesen. Aber 'ne Packung Tabak. Ick würd die Gänse auf der Stelle gegen 'ne Packung Tabak eintauschen. Mich ärgert dit.

Wie werd ick die Vögel jetzt schnellstmöglich wieder los? Will ja keener haben, die Viecher. Wofür ooch? Der Verkäufer wird sich ooch gedacht haben: »Na, schönen Tach auch!«

Falken! Falken sind schnell, Falken sind wendig, Falken sind spitze. Gänse – nicht. Können jar nischt. Außer »nak nak nak« kommt da nicht fülle.

Sind halt sehr einfache Tiere. Gänse sind die Einzelhandelskaufleute unter den Vögeln. Die Basics ham se drauf, ja – sie leben. Aber nie zu viel erwarten, wirste nur enttäuscht.

Einer der Mitwartenden fragt mich, wo Gänse denn eigentlich leben. Ick sage ihm, dass es mir scheißegal ist, wo Gänse eigentlich leben. Auf jeden Fall nicht mehr lange bei mir.

Falken! Falken kenn ick, die wohnen in der Luft. Wie 't sich für 'nen Vogel jehört. 'n Vogel hat neun von zehn Stunden inna Luft zu sein. Allet andere ist 'ne Katze. Da wird sich maximal kurz auf'n Baum jesetzt, Flügel jerichtet, zack zack und jib ihm. Dann wird wieder losjeflogen.

»Oh, ick bin 'ne Gans. Ick kann fliegen und schwimmen!« Na und? Beeindruckt mich null. Niemand erwartet von 'nem Vogel, dassa ooch schwimmen kann. Albern is' dit.

»Pass ick da noch rinn? Nee? Jut!« Scheiß Gänse.

Ick kann schon mal vorwegnehmen, wie's endet: Alle sterben.

Warum erzähl ick so viel Negatives? Ja, weil allet scheiße ist. Und weil allet scheiße ist, erzähl ick Witze. Ick würd ja ooch über Gutes Witze machen, aber ick find Gutes nicht witzig, Schlechtes is' witzig. 'n kaputter Föhn – dit ist Humor! Der Föhn funktioniert einwandfrei, tollet Jerät – ick lach mich scheckig, Freunde. Ick komm neu in meine Seminargruppe, dreißig Leute, alle nett. Findet ihr dit witzig? Nee, dit is' scheiße. Ick komm neu in meine Seminargruppe, dreißig Leute, alle nett. Beim ersten Schritt in den Raum überdehn ick mir schön den Meniskus. Arschlecken, sechs Wochen Physio. Dit is' Humor!

Die Gänse schlagen hektisch mit den Flügeln und fallen auch sonst negativ auf. Mnä! Hau mir ab mit die Gänse, ick fahr allene hoch, entweder gans oder gar nicht.

MALTE MASSIERT SICH DIE SCHLÄFEN UND DENKT NACH. »KLASSI-sches Flüchtlingsdrama«, sagt er dann.

»Wat? Wat laberst du?«, fragt Felix, immer noch nicht ganz auf der Höhe.

»Na ja, du träumst sehr politisch, Felix. Die Gänse, die nicht nach oben dürfen, stellen offensichtlich politische Flüchtlinge dar. Das ›Oben‹ symbolisiert die westliche Welt voller Reichtum. Dort sind aber nur die Falken, als, verzeih die Terminologie, gewünschte Rasse gerne gesehen. Denn Falken bringen alle Fähigkeiten mit, die dort gefordert sind.« Malte erhebt sich und tigert bei seinen Ausführungen durch die Küche. »Dein Traum-Ich ist ganz offensichtlich dein Unterbewusstsein. Das wiederum bemerkt, dass auch du dich dem notwendigen Aktivismus verschließt. Beispielsweise achtest du herkömmliche Konsumgüter, wie in diesem Fall den Tabak, deutlich mehr als fremdes Leben. Ich weiß, das klingt hart«, er sieht Felix verständnisvoll an, »ich habe auch keinerlei Intention, dir zu unterstellen, du würdest bewusst so handeln oder eben nicht handeln, wie du es tust. Auch böse Absicht erkenne ich nicht. Vielleicht aber Gleichgültigkeit. Dein Unterbewusstsein wird das auch verstanden haben. Als unkritischer Konsument unterstützt du den Status Quo. Nämlich durch dein alltägliches Leben.« Malte versucht Felix' Hand zu nehmen, um besonders nachdrücklich zu wirken. Felix kann seine Hand rechtzeitig wegziehen. Malte ist enttäuscht, fährt aber fort. »Mein Vorschlag wäre, noch heute einer Partei oder Organisation beizutreten. Damit du endlich wieder deinen inneren Frieden findest.« Er versucht noch mal, Felix' Hand zu ergreifen. Felix ohrfeigt ihn.

»Ich verstehe deine Wut«, sagt Malte, der sich in der Rolle des Psychologen sehr gefällt. »Lass sie raus, Felix. Lass sie raus.« Die letzten Worte flüstert er.

»Rosskopf, Klappe jetzt«, blafft Felix barsch. »Dit is' doch allet Humbug, wat du da erzählst. Hättest vielleicht ma' häufiger zu deiner Kinderpsychologin gehen sollen! Aber der politische

Gedanke, den könn' wa aufgreifen ...« Er macht eine Pause. »Denkste das, wat ick denke?«, fragt er.

»Wir schreiben keine Zeitung, Felix«, antwortet Malte. »Vergiss es!«

Felix winkt beleidigt ab.

Malte antwortet mit Schweigen.

Felix schweigt zurück.

Einige Minuten vergehen.

»Was steht denn da noch in deinem kleinen Tagebuch drin?«, fragt Malte.

»Memoiren. Dit sind Memoiren«, faucht Felix und wirft urplötzlich den Küchentisch um. Das Tagebuch muss eine Art wunder Punkt sein.

»Hattest du das Tagebuch die ganze Zeit dabei?«, lässt Malte nicht locker.

»Nein«, sagt Felix, »ick führe kein Tagebuch. Hab meine Memoiren jestern zufällig beim Aufräumen aufm Dachboden gefunden.«

»Äh, Felix«, sagt Malte. »Ich habe keinen Dachboden. Und wenn, dann würden da wohl kaum deine Tagebücher rumliegen. Denn es sind ja deine Tagebücher.«

Es hätte sich angeboten, das Wort »deine« besonders zu betonen, um Felix die Besitzverhältnisse klarzumachen. Stattdessen betont Malte das Wort »Tagebücher« besonders, um Felix zu ärgern.

»Fick dich, Malte!« Felix stellt urplötzlich den Tisch wieder auf. »Dit sind Memoiren. Dit is' 'n Best-of meiner Gedanken, okay? Ick bin eben vergesslich und schreibe Dinge deswegen auf. Haste gemerkt, wie lang ick gestern jeduscht hab?«

»Nein«, sagt Malte.

»Hab ick aber. Und weißte ooch, warum?«

»Warum?«

»Weil ick vergesslich bin. Ick hab einfach vergessen, aufzuhören. Ick hab ewig jeduscht. Als ick fertig war, war der halbe Tag vorbei.«

»Ah, hast du es deswegen nicht geschafft, den Dachboden aufzuräumen?«, gluckst Malte.

»Fick dich, Malte. 'n halber Tag ist rumjegangen. Mit mir unter der Dusche.«

»Also konntest du gestern nur in dein Halbtagebuch schreiben?«, fragt Malte lachend. Gäbe Felix ihm nun eine Ohrfeige – sie wäre es wert.

Felix schnaubt: »Aber du verstehst, warum ick Dinge aufschreibe, ja? Weil eines Tages werden wir alt sein, oh Malte, werden wir alt sein. Und dann will ick Dinge noch erinnern.«

Felix ärgert sich über Malte. Und darüber, dass er zwar vergesslich ist, sich jetzt aber doch daran erinnert, gestern einen halben Tag verschenkt zu haben. Dann macht er sich eine Notiz: »›Eines Tages, Malte, werden wir alt sein, oh Malte, werden wir alt sein‹ – Slamtext schreiben, der so anfängt, und bei einem Hörsaalslam teilnehmen.« Felix freut sich kurz über die gute Idee, dann fällt ihm seine Wut wieder ein. »'n halber Tag, Malte, 'n janzer halber verfickter Tag!« Felix betont jedes Wort einzeln. »Rechne dit doch ma' um. Zeit ist Geld. Ick hab es aber zufällig eilig.« Von der drolligen, aber einfachen Katze, die Malte manchmal in Felix sieht, ist nicht mehr viel zu sehen.

»Ja, okay« stammelt Malte. Diesen Ausbruch hat er nicht kommen gesehen. »Ein Kumpel von mir sagt ja auch immer: ›Zehn Minuten? Dit sind ja zwanzig Mark!‹ Du erinnerst dich? Da hab ich neulich von erzählt, als wir über meine Freunde gesprochen haben. Also, ähm, will sagen ...« Er ist unsicher. Felix macht ihm Angst. Des einen Kleiber sind des anderen Tagebücher. »... viele Menschen sehen das so mit dem ›Zeit ist Geld‹ und du hast voll recht. Also, sorry für die Sprüche wegen des Vergessens. Spitze, dass du aktiv dagegen vorgehst. Ich bin Fan vom Team Tagebuch.« Er reckt versöhnlich die Faust gen Himmel. »Hast du noch andere Träume oder Anekdoten? Vielleicht hilft es, sie zu teilen. Und wenn du dein Tagebuch – Gott bewahre, dass das wirklich mal passiert – verlierst, dann erinner ich mich vielleicht an die Geschichten. Dann kann ich sie dir erzählen. Ich habe ein fantastisches Gedächtnis. Zwei sehr erfolgreiche IQ-Tests haben das gerade wieder bestätigt!«

Don't push it, denkt Felix. Don't push it. Er überlegt erneut, Malte zu ohrfeigen. Dann aber entschließt er sich, Malte eine Anekdote aus der Schulzeit lesen zu lassen. Als subtile Warnung. Er mag vielleicht Tagebuch führen. Aber er kommt immer noch von der Straße. Das wird er nie vergessen und das soll auch Malte nie vergessen. »Hier, diese Anekdote liest sich janz jut«, sagt er und reicht Malte das Buch.

Malte nimmt es, rollt sich auf den Bauch und lässt die Beine durch die Luft baumeln. Dann beginnt er, laut vorzulesen und dabei Felix zu parodieren. Die Parodie ist ausgezeichnet.

Doch, schauspielern kann Malte, denkt Felix. Dit muss man ihm lassen. Dann lauscht er seinen eigenen Worten, die ausnahmsweise aus Maltes Mund kommen.

SCHULE

Hassan hat Emre abgestochen, weil Emre Hassans Bruder vorgestern geboxt hat. Jetzt ist Emre tot. Ick mag meine Schule, hier lerne ich immer so viel.

»Ugur, hör auf, Sertac zu töten, wir machen jetzt Physik!«, sagt Herr Werte. Der arme Herr Werte, er ist schon wieder besoffen. Jeder weiß es, Herr Werte ist immer besoffen. Nachvollziehbar, wenn ick hier lehren würde, würd' ick auch Korn ohne Flakes frühstücken.

Jewat steht auf und boxt Herrn Werte in die Fresse. Jewat geht, alle lachen. Er verlässt die Klasse mit den Worten »Ich geh kacken!« Ick mag meine Schule, hier lern' ick immer so viel. Miguel, Samir und Onur zünden Tische mit einem Bunsenbrenner an. Es brennt, Brennpunkt Neukölln. Was für eine Überleitung. Ick bin in Neukölln aufgewachsen und zur Schule gegangen.

Samir wirft einen Tisch auf zwölf übereinandergestapelte Tische. Er nennt es Tischtennis. Mustafa grölt, alle lachen. Ali kriegt ein Stück Tisch an den Kopf. Tot.

Es ist Pause. Engin zieht Stefan, dem einzigen Deutschen auf dem Schulhof, das Handy ab. Er verkauft es Önder für vierzig Euro, Önder verkauft es an Stefan zurück für hundert Euro. Multiple Wertschöpfung. – Neuköllner Wirtschaftskreislauf.

Ick mag meine Pausen, hier erhol ick mich immer so gut. Miguel boxt gegen den Glaskasten voll schöner Bilder aus unserem Schulalltag. Der Kasten ist leer. Miguels Hand blutet, alle lachen. Engin klaut den kaputten Glaskasten und verkauft ihn an Önder für dreißig Euro, Önder zwingt Stefan, ihm den Glaskasten für hundert Euro abzukaufen. Is' nicht Stefans Tag heute.

Die Glocke klingelt zum Unterricht. Keiner geht in die Klasse.

Fünfzehn Minuten Unterricht – der Lehrer ist bereits seit achtzehn Minuten schwer verletzt und es hat zweimal gebrannt. Alle lachen. Ick mag meine Schule, hier lern ick immer so viel.

Vorletzte Woche hatten wir Klassentreffen – sechs Tote. Darunter kein Deutscher.

»Das sind schon krasse Geschichten«, kommentiert
Malte sein eigenes Vorlesen. Über die Dauer des Schmökerns ist
ihm schlagartig wieder eingefallen, dass Felix ja von der Straße
kommt. Tagebuch hin oder her.

»Hmm, ja. Von außen wirkt dit vielleicht krass«, antwortet
Felix. Er weiß genau, dass es von außen krass wirkt. »Aber für
mich war dit einfach nur Alltag.« Er ist sich sicher, dass Malte
nun nicht mehr so vorlaut sein wird.

»Weißt du, was ich schon lange nicht mehr ausdrücklich betont habe?«, fragt Malte nach einer kurzen Pause. »Dass ich in
den Urlaub will. Ich will nämlich wirklich in den Urlaub. Und
ich denke, für das innere Gleichgewicht ist es gut, das hin und
wieder deutlich zu betonen.«

Felix lässt den Kopf in die Hände sinken. Er ist zu müde dafür. Er selbst ist auch ein Fan von Urlaub. Aber Malte quengelt
wie ein Kind, das unbedingt in den Zoo will.

»Ich will unbedingt in den Urlaub«, sagt Malte.

Maltes Urlaubsfetisch ist das schlimmste Thema ever, denkt
Felix.

»Und am liebsten möchte ich nicht alleine in den Urlaub«,
sagt Malte, »sondern mit Sara.«

Maltes Urlaubsfetisch ist das zweitschlimmste Thema ever,
korrigiert Felix sich in Gedanken.

»Und deswegen«, fährt Malte fort, »ist es mal wieder an der
Zeit, etwas für das Buch zu machen. Denn danach steht endlich
der Urlaub an. Wir haben bis jetzt Thema, Titel, Zielgruppe und
angepasste Anfänge. Ich denke, jetzt brauchen wir noch eine
Handlung. Und einen Schluss. Willst du über die Handlung
nachdenken und ich mache mir Gedanken über das große Finale?« Wenn das Buch gut werden soll, dann muss er am Ende
einen Twist einbauen. Eine vermeintliche Leiche, die noch lebt,
zum Beispiel. Oder einen Nachbarn, der eigentlich der Vater
der Hauptperson ist. Oder ein Tier, das sprechen kann. So was
braucht es. Das Beste kommt bekanntlich zum Schluss. Und mit

so einem Feuerwerk zum Finale könnte er nicht nur guten Gewissens endlich in den Urlaub fliegen, sondern hätte sicherlich auch die Aussicht auf weitere Buchprojekte. Große Buchprojekte. Und dann würde Sara sich in ihn verlieben. Und gemeinsam könnten sie in eine Wohnung ohne Kleiber ziehen. Das ist der Traum. Malte hat die Kleiber zwar schon eine Weile nicht mehr gehört. Aber sie sind noch da. Das alleine schon bereitet ihm Unbehagen.

Felix seufzt. Er ist wirklich müde. Aber Malte hat recht. Sie müssen dringend Progress machen. Sonst waren alle seine Mühen und Investitionen umsonst. Und er plant Großes. Eine Zeitung zum Beispiel. Außerdem hat er schon einen Besichtigungstermin für eine Eigentumswohnung in Charlottenburg vereinbart. Das Buch muss also der Knaller werden. Er rafft sich auf und trinkt vier der kleinen Espresso-Shots, die er immer vorrätig hat. Für genau solche Fälle. »Ja, du hast recht, Malte«, sagt er dann. »Wir müssen wirklich wat am Buch machen. Ist irgendwie eingeschlafen, die Nummer. Aber ick bin schon wieder null inspiriert.« Er ist frustriert. Er gähnt ein weiteres Mal.

Malte muss nicht gähnen, obwohl er sieht, wie Felix gähnt. Beide sind davon überrascht.

»Heute Abend ist ein Poetry Slam«, sagt Malte. »Wir könnten hingehen und uns inspirieren lassen.« Felix schweigt. Dann brechen beide in schallendes Gelächter aus. »Inspiration durch Poetry Slam«, keucht Felix. »Ick kann nicht mehr.«

Am späten Abend stehen die beiden am Ausgang der Poetry-Slam-Location. Der Slam ist vorbei. Jemand hat ihn gewonnen.

»Biste immer noch sauer, dass du nicht jewonnen hast?«, fragt Felix.

Malte nickt stumm.

»Es geht doch jar nicht ums Gewinnen, Malte«, versucht Felix, ihn zu beschwichtigen. Außerdem hat Malte nur zugeguckt und nicht teilgenommen. Er hätte also gar nicht gewinnen können. Auch wenn er natürlich in keinem Szenario gewonnen hätte. Das weiß Felix. Das weiß Malte.

»Aha. Und warum ist das ganze dann ein Wettbewerb, wenn das Gewinnen egal ist?«, fragt Malte patzig.

»Weil, äh, für die Attraktivität nach außen hin«, erklärt Felix und guckt ein Mädchen an, das an ihnen vorbeigeht. Das Mädchen hat gewonnen. Sie verabschiedet sich, ergänzt aber noch: »Mir geht es ja nicht ums Gewinnen. Ich mach das alles nur für mich selber. Ausschließlich. Das Publikum ist mir egal. Der Ruhm auch. Auch die Gagen. Ich mach das für mich.« Sie geht strahlend davon.

»Ick versteh allerdings ooch nicht«, sagt Felix, »warum Menschen mitmachen, wenn ihnen allet egal ist. Also, Gewinnen können sie ja unwichtig finden, aber dit Publikum? Man tritt doch nicht vor Publikum auf, wenn man nicht vor Publikum auftreten will.«

»Ist mir auch ein Rätsel«, bekräftigt Malte. »Dann kann sie doch auch alleine vor dem Spiegel auftreten.«

Zwei Jungs gesellen sich ungebeten zu ihnen. »Wir haben alles mit angehört«, sagt der eine und wirkt persönlich beleidigt. Er ist vorhin Zweiter geworden und hat einen »sehr persönlichen« Text vorgetragen, den er »erst im Zug fertig geschrieben hat.«

»Ja, wir haben alles gehört«, sagt der andere und wirkt dabei sehr herablassend. »Ihr habt Poetry Slam einfach nicht verstanden. Ich verachte euch.« Er spuckt verächtlich auf den Boden. Felix zuckt bedrohlich in seine Richtung. Der Junge rennt sofort weg.

Ein dritter Typ kommt und nimmt Malte unvermittelt in den Arm. »Ihr könnt alle eure Meinung haben. Darauf kommt es beim Poetry Slam nämlich an. Jeder kann sagen, was ihn bewegt.« Er gibt Malte noch einen Kuss auf die Wange und geht. Malte kennt ihn nicht.

Plötzlich tritt ein ältere Frau an Felix heran. Sie gibt sich als Kulturjournalistin zu erkennen.

»Sie waren Zuschauer, ja?«, fragt sie und hält Zettel und Stift bereit. »Fanden Sie auch, dass das alles nur plumpe Unterhaltungsmaschinerie ohne jeglichen Mehrwert war?«

»Bitte, wat?«, fragt Felix überfordert zurück.

Die Kulturjournalistin mustert ihn und nickt. »Jaja, das passt natürlich«, sagt sie. Auf ihren Zettel schreibt sie: »Studentenvolk mit proletarischem Hintergrund ohne tieferen Bildungsanspruch bildet den Kern der Zuschauerschaft.« Dann verschwindet sie.

Malte und Felix sind ratlos. Welch komischer Abend mit komischen Leuten.

Typisch Poetry Slam, denkt Felix.

Hach, Schriftstellerleben, denkt Malte.

Dann erblicken sie ihren Verleger. Er redet auf eine Poetry-Slammerin ein, die auch mitgemacht hat. In ihrem Text ging es um einen Hipster, der die Bahn verpasst. Und um Hitler und *Harry Potter*.

»Ich bringe dich ganz groß raus«, bettelt der Verleger vielmehr, als dass er spricht. »Hitler und *Harry Potter*, das verkauft sich immer. Das ist wie das Salz und Pfeffer bei einem durchschnittlichen Essen. Und deine Berliner Schnauze. Du bist ein echtes Original. Komm zu meinem Verlag.«

Felix hört das und ist neidisch. Er denkt sich: Und ick musste dafür bezahlen? Die Welt ist so unjerecht.

Der Verleger redet weiter auf das Mädchen ein: »Wir können auch mal privat etwas machen. Heute Abend Filmabend bei mir?«

Sie wirkt eingeschüchtert. »Bitte lassen Sie mich einfach in Ruhe, okay?«, bettelt sie vielmehr, als dass sie spricht. »Ich kenne Sie nicht!«

Felix und Malte überlegen kurz, ihr zu helfen, wollen aber dem Verleger nicht begegnen. Am Ende müssten sie noch mit ihm Filme gucken oder mit seiner Frau schlafen. Felix fürchtet generell ein Gespräch, wegen seines Geheimnisses. Er zieht

Malte am Ärmel. Sie entfernen sich schnellen Schrittes und gehen nach Hause.

»Lach mich ruhig aus«, sagt Felix kurz vor der Wohnung, »aber ick hab Inspiration für dit Buch. Dit mit den Studenten, dit muss einfach noch viel stärker betont werden.«

»Hab ich mir auch überlegt«, sagt Malte sofort.

Felix glaubt ihm völlig zu Recht nicht. Malte hat bei keinem einzigen Text zugehört, sondern nur an Sara gedacht. Für sie will er das Buch schreiben. Nur für sie.

Die Studenten sind der Schlüssel, denkt Felix. Für sie will er das Buch schreiben. Nur für sie. Dieses Licht ist ihm beim Poetry Slam aufgegangen. Denn dort waren sehr viele Studenten.

TAG 23

GÄRTNERVERGLEICH & DIE FRAU IN DER HÜPFBURG

FELIX GEHT DEN LANGEN FLUR DER WOHNUNG ENTLANG UND macht vor der Küchentür halt. Es ist 16:07 Uhr. An einem Samstag. Felix öffnet die Tür und tritt herein. In der Hand hält er eine Tasse dampfenden Kaffee.

»Hast du mittlerweile eine Kaffeemaschine neben dem Bett stehen?«, fragt Malte. »Bei deiner Sucht muss der Weg zur Kaffeemaschine in der Küche stets wie eine lange Reise voller gefährlicher Hindernisse wirken ...«

»Wat treibste, Tiger«, ignoriert Felix die Frage und hofft, gleich gefragt zu werden, was er selbst treibt.

»Sieht man das nicht?«, fragt Malte. Vor ihm liegen diverse blau-weiß gestreifte T-Shirts, sorgfältig zusammengelegt. »Ich sortiere meine blau-weiß gestreiften T-Shirts nach a) Blautönen b) Breite der Streifen und c) Anzahl der Streifen. Danach möchte ich ein Stimmungsbarometer erstellen und die T-Shirts entsprechend zuordnen, sodass ich sofort weiß: Aha! Heute trage ich ein bisschen Schwermut, eine Prise jugendliche Euphorie und einen Hauch Ehrgeiz in mir. Also kommt nur dieses T-Shirt infrage.«

Er deutet auf eines seiner T-Shirts, das für Felix exakt aussieht, wie alle anderen. Malte muss plötzlich drei Minuten lang niesen.

»Wat ick mache?«, fragt Felix ungefragt nach einer kurzen Pause. Er grinst überlegen. »Ick hab am Buch gearbeitet.«

»Fantastisch, Felix«, sagt Malte knapp. Ihm missfällt erneut, dass Felix sich zunehmend zum Mastermind stilisiert.

»Ob ick vorlesen kann?«, fragt Felix ungefragt. »Klar! Mach ick doch jerne!«

Felix liest vor:

»Berlin, Berlin, Berlin. Eine Stadt, wie sie nur Berlin ist. Eine Grande Dame der Städte. Weil sie echt eine große Stadt ist, Berlin. Nirgendwo sonst stehen Hochhäuser so dicht im Stadtzentrum. Arme Menschen gibt es in Berlin, und auch reiche Menschen gibt es. Berlin. Wir haben den Fernsehturm, das Brandenburger Tor und das Restaurant im Fernsehturm, das dreht sich sogar, Berlin. Viele Menschen sind hier gemeldet und wohnen dementsprechend auch vor Ort. Da ist natürlich immer was los, wie man sich vorstellen kann, Berlin. Auch Gymnasien, voll mit Oberschülern, gibt es in Berlin, so wie auch drei Universitäten in der Stadt vorhanden sind. So gibt es beispielsweise die Humboldt-Universität, die Freie Universität und auch die Technische Universität. Es gibt also auch sehr viele Studenten in Berlin. Wirklich sehr viele Studenten gibt es. Auf die Studenten legt man hier ein besonderes Augenmerk, Berlin. Auch Party ist viel los. Zum Beispiel in Kreuzberg oder Friedrichshain, manchmal auch in Mitte, wo auch der oben angesprochene Fernsehturm steht, Berlin. Nicht umsonst ist Berlin der Schauplatz für die erfolgreichste deutsche Serie, nämlich die Serie GZSZ. Viele Tiere haben hier auch ihre Unterkunft. Zum Beispiel Füchse, hier und da auch mal ein Feldhase oder zwei Feldhasen, in einem der unzähligen Parks, Berlin. Man bekommt an vielen Orten Essen. Zum Beispiel an Dönerläden oder Pizzaläden, Berlin. Es gibt hier durchaus auch mehrere Flüsse, wie die Spree oder den Wannsee, Berlin. Es ist immer viel los an den Flüssen, bei schönem Wetter, im Sommer beispielsweise. Im Sommer ist es hier wirklich sehr warm. Fast so warm wie in Neu-Delhi. Oh, was war das gerade? Ein Erdbeben?«

»Joa, ähm, gar nicht so übel«, sagt Malte und ist verblüfft. Felix hat es geschafft, die gesamte Stoßrichtung des Textes mit einfachsten Mitteln zu verändern. Wie ein Fußballer, der so elegant spielt, dass schwierigste Dribblings wie ein leichter Tanz durch warmen Sommerregen wirken. Das Schwierige leicht aussehen zu lassen, denkt Malte, das ist die wahre Kunst. Er guckt andächtig wie George Clooney und Brad Pitt in Ocean's Eleven, während sie ihren Casinocoup Revue passieren lassen. Dennoch merkt er, wie sich wieder mal Neid zu der Anerkennung gesellt. »Nee, mit einem bisschen Arbeit«, sagt er dann, »da wird das schon. Da bin ich mir ziemlich sicher. Gute Arbeit, ...«, er sucht nach einem Wort, das besonders kumpelhaft wirkt. »Kumpel« zum Beispiel. Oder »Keule«. »Keule« ist ein gutes Wort. Ja, »Keule« klingt cool. »Gute Arbeit, du Fotze!«, vollendet er den Satz. Der Neid hat die Anerkennung offensichtlich in den Hintergrund gedrängt.

»Was'n mit dir, Rosskopf?« Malte ist doch nur wieder neidisch. Weil er, Felix, eindeutig die treibende Kraft hinter dem Buch ist. Und das, obwohl es nie ein großes Ziel auf seiner großen Liste mit den großen Zielen war, ein Buch zu schreiben. Felix lebt Maltes Traum. Und das passt Malte nicht in den Kram. Da ist Felix sich sicher. »Warum nennst du mich ›Fotze‹? Bist du wahnsinnig? Normalerweise müsst' ick dich jetzt erschießen!« Es ist an der Zeit, Malte zu konfrontieren und zu bedrohen.

»Fotze?«, fragt Malte. »Wann soll ich ›Fotze‹ gesagt haben?«

»Eben«, sagt Felix. Du hast ›gute Arbeit, du Fotze!‹ gesagt.«

Malte fängt auffallend künstlich und viel zu doll an zu lachen. Er winkt ab. »Ich habe gesagt«, setzt er zur Erklärung an, »›Gute Arbeit!‹ Das war auf dich bezogen. Weil du gute Arbeit geleistet hast mit deinem kleinen, unbedeutenden Beitrag für unser Buch. Dafür noch mal Respekt.« Er klatscht kurz mehrmals in die Hände. »Danach, lieber Felix, kam mir ein Gedanke, wie ich gegen die Kleiber vorgehen kann. Ich höre sie nämlich wieder. In den Wänden. Wie sie ihr hinterhältiges Kleiberleben leben, du verstehst?«

Felix schüttelt den Kopf.

»Also, dachte ich mir, wie fängt man Vögel? Mit Tieren, die

Vögel fangen. Ich betreibe Outsourcing. Welche Tiere fangen Vögel und können mir die Arbeit abnehmen?« Malte liebt Suggestivfragen immer noch.

Felix antwortet nicht. Er glaubt ihm kein Wort.

»Richtig, Felix«, sagt Malte und ignoriert Felix' Schweigen. »Katzen. Katzen fangen Vögel. Also ist es aus mir herausgeplatzt: ›Katze!‹ So als Erleuchtung, als spontane Eingebung.«

Er guckt Felix an, um sicherzugehen, dass Felix ihm glaubt. Ja, Felix glaubt ihm. Das erkennt er in seinem leichtgläubigen, einfachen Blick.

»Ick gloob dir keen Wort«, antwortet Felix. »Dit haste dir doch zusammenjesponnen gerade.«

»Nein, nein, nein!«, beschwichtigt Malte kopfschüttelnd. »Wirklich wahr. Der erste Teil meiner Aussage, ›Gute Arbeit!‹, war auf dich bezogen. Der zweite Teil meiner Aussage, ›Katze‹, nicht. Es geht nämlich nicht immer nur um dich. Das musst du langsam mal einsehen.«

»Weeßte wat, Malte?«, fragt Felix. »Du bist neidisch! Du kommst nicht damit klar, dass ick hier langsam der schnellste Gepard im Gehege bin. Versteh' ick ooch, Malte. Da stehst du auf der einen Seite: 'n Junge mit Bildungshintergrund und pipapo und schaffst nischt. Und daneben steh' icke: 'n Problemkind aus'm Ghetto, das sich allet erarbeitet hat und jetzt mit hundertachtzig km/h Richtung Literaturnobelpreis düst. Nee, sogar ...« Er macht eine seiner Kunstpausen. »... mit zweihundertachtzig km/h. Und damit kommste nicht klar. So sieht dit nämlich aus.« Wissend blickt er Malte an.

Malte blickt besserwissend zurück. »Ich kann gar nicht neidisch sein, weil Neid albern ist«, sagt er. »Und ich bin ja erwiesenermaßen nicht albern. Außerdem habe ich mir neulich erst Gedanken zum Thema Neid gemacht. Mit dem Resultat: Mag ich nicht!«

Malte liest ungefragt seine Gedanken zum Thema »Neid« vor. Felix hört immerhin mit einem Ohr zu.

NEID

Dass manch einer manchmal mehr Erfolg hat,
                        das passt nicht in mein Weltbild
Mir wurde da ja was gestohlen, das ich doch für mich selbst will
Das Wissen ums Vergleichsduell, das ich noch stets gewinn'
Das Wissen, wenn's grad nicht so läuft,
                        es geht noch schlechter – immerhin
Und Missgunst ist kein schönes Kleid,
                        das auch noch schwer zu tragen ist
Weil es seinen eig'nen Wert in völlig falschem Maße misst
Nur fällt's mir schwer, es abzustreifen, nicht mehr anzuziehen
Zu sagen:
        »Scheiß auf den Vergleich, ich muss ihn nicht bemühen!«
Denn Fremderfolg, der heißt ja nicht,
                        dass es mir grad schlecht ergeht
Und weil der starke Gegenwind mich eigentlich nicht echt anweht
Sind Neidprobleme konstruiert, zurechtgelegt und hausgemacht
In Willkürwiderspruchskultur ja objektiv nur ausgedacht
Denn nichts ist wirklich anders, als es gerade eben war
Das Problem im Kopf gebor'n und zu bekämpfen ebenda

Ich habe neulich in Hamburg zufällig Bernd, einen alten Schulfreund, wiedergetroffen. Bernd fragte mich, ob ich auch in Hamburg wohnen würde und ich antwortete, nicht ohne den Haupt-
stadtstolz einen zugezogenen Berliners: »Nein, ich wohne jetzt
in der Hauptstadt!« Da lächelte Bernd und sagte: »Ah, wie cool,
Bonn! Ich mag Bonn. Ich mag das ganze Rheinland. Ich war neulich erst wieder in Dresden.«
    Ich musste mich daran erinnern, dass Bernd wirklich dumm

war. In der Schule hatten eigentlich alle immer mindestens die Note Vier bekommen. Einfach, damit Bernd nach unten hin auf die Skala hatte passen können.

Und während ich noch daran dachte, erzählte Bernd stolz, wie er als Selbstständiger Karriere gemacht hatte. Und Stolz war es, der mich dann an mir zweifeln ließ. Ob ich mit meinem Weg zufrieden bin, fragte ich mich selber.

Ja, das bin ich wohl, war dann die Antwort. Denn gehört es nicht einfach zu einem aufregenden Lebensweg dazu, dass sich mal im WG-Zimmer Essensreste über Pizzaschachteln stapeln, über Fastfood-Boxen, aus denen Unkraut wächst, auf dem Staub liegt, der verschimmelt ist, weil man den ganzen Sommer über alle Dokus zum Thema leuchtende Fische auf YouTube anguckt?

Gehört es nicht einfach dazu, zu einem Enrique-Iglesias-Doppelgänger-Wettbewerb gegangen zu sein, zwei Karotten gezeigt zu haben, gesagt zu haben: »Hier, die hab ich auf Mallorca gekauft, ich habe auch spanische Wurzeln, lasst mich mitmachen!«?

Gehört es nicht dazu, den Wettbewerb mangels anderer Teilnehmer gewonnen zu haben und den Erfolg dann mangels anderer Erfolge prominent im Lebenslauf hervorzuheben, direkt neben dem Seepferdchen? Braucht nicht jede Gruppe jemanden, der am längsten und lautesten über die lächerlichsten Witze lacht, als einziger, nachdem er sie selber erzählt hat?

Und dann fragte ich mich, ob ich nicht einfach wieder Kind sein wollte. Ich dachte, vielleicht ist zwar mein Lebensweg vertretbar, aber alles ist doch leichter gewesen, als Eltern alles geregelt und mir zum Beispiel Cola zum Abend verboten haben, damit ich einschlafen konnte. Manchmal auch noch, als ich schon sechzehn war.

Aber dann dachte ich: Ist der Gedanke nicht gewöhnlich? Will nicht fast jeder mal wieder Kind sein? Weil jeder mal nachts wach im Bett liegt und denkt: Ich kann nicht schlafen, verdammt, die Cola, die Eltern hatten recht? Weil jede Kindheit ein bisschen wie *Mario Kart* gewesen ist, alles immer schnell und bunt und lustig, weil man in der Kindheit eine kleine Prinzessin gewesen ist, da wenn man als Kind halt manchmal entgleist ist, eigentlich immer ein Kran gekommen ist und einen in die Spur zurückgesetzt hat? Eben wie damals bei *Mario Kart*? Eben wie damals bei mir, als ich fünf war und auf dem Hinweg zum Kindergarten im Autoradio etwas über Hitler lief und ich meine Mutter fragte: »Mama, wer ist Hitler?« und sie knapp sagte: »Malte, das war ein böser Mann« und im Kindergarten Philipp dann vor mir rutschen wollte, obwohl ich zuerst da war und ich sagte: »Du bist schlimmer als Hitler!«? Weil man selbst nicht in der Verantwortung war? Weil es einen ja schon damals hätte stutzig machen sollen, dass Erwachsene auf kindliches Gejammer immer damit reagierten, dass sie sagten: »Genieß die Kindheit, Kind, das ist die beste Zeit des Lebens!«? Übersetzt hieß das ja nur: »Jaja, jetzt heulst du, aber später im Leben wird alles trotzdem noch schlimmer!«

Und genau dann fragte ich mich auch, ob ich nicht doch manchmal neidisch bin, wenn ich all die Leute mit ihren tollen Talenten sehe. Aber ich dachte mir, nein, ich muss nicht neidisch sein. Ich kann ja immer noch ganz fantastische Dinge erreichen.

Wer weiß denn schon, ob ich nicht morgen ein Bestsellerkinderbuch über eine von Robin Hood inspirierte Raubvogelbande schreibe, das ich »Inglorious Bussards« nenne?

Wer weiß denn schon, ob ich nicht morgen ein Bestsellerjugendbuch über eine von Erich Kästner und modernen Kommunikationsmöglichkeiten inspirierte Detektivbande schreibe, das ich »E-Mail und die Detektive« nenne?

Wer weiß denn schon, ob ich nicht reich werde, weil ich das Spiel »Schnick Schnack Schnuck« mit Fantasyelementen anreichere und es verkaufe als »Schere, Stein, Vampir«?

Wer weiß denn schon, ob man mit sehr schlechten Wortwitzen nicht doch reich werden kann?

Wer weiß denn schon, ob ich jetzt überhaupt bereit bin, mich auf etwas festzulegen?

Es ist gefühlt doch auch erst einen Augenblick her, dass ich noch Lokomotivführer werden wollte.

Erst einen Augenblick her, dass ich gelernt habe, dass man Nudeln nicht kochen kann, indem man sie einfach auf eine Küchenheizung legt. Gestern nämlich!

Erst einen Augenblick her, dass ich gelernt habe, dass Katzen nicht die Frauen von Hunden sind.

Also warum sollte ich neidisch sein, wenn ich auch gar keine Lust habe, in einem Büroloch neunzig Stunden die Woche Fünfhundert-Euro-Scheine zu wichsen, bis mein Bizeps brennt?

Also warum sollte ich neidisch sein, wenn all die Fassaden der anderen doch nichts bedeuten? Delfine sind auch nicht immer glücklich, obwohl es so aussieht, als ob sie grinsen.

Also warum sollte ich neidisch sein, wenn ich selbst der Maßstab bin und fast alles in meiner Hand liegt? Erfolg von anderen hindert mich doch kaum daran, selbst etwas zu unternehmen. Also, warum sollte ich neidisch sein, denn nichts ist wirklich ernsthaft anders, als es gerade eben war, ein Problem, im Kopf geboren, und zu bekämpfen ebenda.

»JUT, DANN BISTE EBEN NICHT NEIDISCH«, ANTWORTET FELIX
trocken. »Bild ick mir dit eben allet nur ein.« Er spricht so übertrieben verständnisvoll, dass Malte die Ironie hinter den Worten
klar sein muss. »Aber Malte«, hört Felix nicht auf, »du solltest
dich mal fragen, wen du mit deinen Ausführungen überzeugen willst. Mich ...« Felix macht eine lange Pause und blickt auf.
»... oder dich?«

»erdammt, denkt Malte. Ob Felix etwa auch bei einer Kinderpsychologin war? Woher kennt er sonst solche Floskeln?

»Dich wollte ich überzeugen, Felix«, sagt er knapp. »Dich,
dich und einzig allein dich. Aber du wehrst dich ja aktiv dagegen, überzeugt zu werden. Du hast ja keinerlei Interesse, einen
neuen Standpunkt nachzuvollziehen. Warum sollte ich weiter
mit dir reden? Einem Stück Boden kann selbst der beste Gärtner
kein Englisch beibringen. Ich gehe!«

Malte geht. Er ärgert sich ein wenig. Der Gärtnervergleich
war unrund. Das kann er besser. Mit solch abschließenden Vergleichen jedoch steht und fällt ein gesamtes Plädoyer. Er hat sich
unter Wert verkauft. Das ist schlecht. Außerdem hatte Felix natürlich recht. Und das, das ist nie gut!

Felix bleibt in der Küche. Er freut sich – sowohl über seinen
neuen, studentenbezogeneren Anfangsteil für das Buch als auch
über den Disput gerade. Malte hatte keine Chance gegen ihn gehabt. Auf keiner Ebene. Und dann noch dieser alberne Gärtnervergleich, denkt er sich. Vielleicht sollte er das Buch nun auch
offiziell alleine schreiben. Immerhin wird Malte zunehmend
ein Klotz am Bein. Allein das Gespräch mit dem Verleger wäre
Grund genug, sich aufzuregen. Alles hat dreimal so lange gedau-
ert wie nötig. Und nur bedingt wegen der Marotten des Verlegers. Unabhängig davon, ob Cracksucht oder sonst was falsch ist
bei dem Mann. Nein, das war allein Maltes Schuld. Seinetwegen
dauert überhaupt alles viermal so lange wie nötig. Oder gar fünf-
mal. Malte war für den Titel zuständig. Malte. Das wussten alle.
Außer Malte. Wofür soll er ihn an dem Projekt weiter beteiligen?

Wofür? Bei Büchern hört die Freundschaft auf. Das hat selbst er schon in der Schule gelernt.

Zwei Stunden später kommt Malte erneut in die Küche.

Felix sitzt immer noch dort. Er hat in dieser kurzen Zeit mehrere hochwertige Kapitel für das Buch verfasst, die er Malte zwar gerne vorstellen, die dieser aber garantiert nicht wertschätzen würde. Weil er Genialität nicht erkennt, selbst wenn sie ihm direkt ins Gesicht springt. Das betrübt Felix. Ist es denn zu viel verlangt, für sein Talent und seine Mühen das Lob zu erfahren, das ihm gebührt? Aus Frust hat er sich eine kleine Racheaktion für Malte überlegt. Der würde schon noch sehen.

Malte hat währenddessen überlegt, ob er sich tatsächlich eine Katze anschaffen sollte. Wegen der Kleiber. Direkt nach dem Streit mit Felix hat er sie wieder gehört. Sie waren dabei, ihren Angriff vorzubereiten, diese perfiden Tiere. Eine geschlagene Stunde lang hat er sein linkes Ohr gegen die Wände gedrückt. Warum, wusste er nicht so genau. Aber nichts tun? Dann könnte er die Wohnung gleich selbst zu einem Vogelhaus umbauen.

»Hast du dich wieder abgeregt?«, fragt Malte und setzt ein süffisantes Lächeln auf.

»Ick war nie uffjeregt«, entgegnet Felix trocken, ohne Malte anzugucken.

»Gut, dann zieh dich schnell um, damit wir loskönnen!«

»Wohin?«, fragt Felix, den Blick immer noch auf sein Manuskript gerichtet.

»Zu einer Gala, die an der Universität der Künste stattfindet.«

Felix schreckt auf. Die Universität der Künste, natürlich, denkt er. Ick hab die Humboldt-Uni, die Freie Uni und die Technische Uni in das Manuskript eingebaut. Wegen der Studenten. Aber die Universität der Künste nicht. Aber da jibt's ja ooch Studenten. Einen kurzen Augenblick kommen ihm seine Kapitel bedeutend weniger hochwertig vor als eben noch. »Sorry, wat für 'ne Gala?«, fragt er, noch an das Buch denkend. »Ist dit nicht die Zeitschrift, die du immer liest?« Felix kennt den Begriff nur im Zusammenhang mit einer Zeitschrift, die Malte immer liest.

»Eine Gala ist ein festlicher Empfang«, erwidert Malte und denkt dankbar an ein kürzlich halb gelöstes Kreuzworträtsel, in dem eine Gala als festlicher Empfang umschrieben worden war. »Eine Gala an der Uni der Künste«, fährt er fort. »Sara wird da sein. Das ist meine Chance.«

»Schön und jut«, sagt Felix und überlegt, ob er noch sauer sein soll auf Malte. Dann entschließt er sich, noch sauer auf Malte zu sein, es ihm aber nicht zu zeigen. Das ist wahre Größe. Als echter Literat muss er diese nun besitzen.

»Also, zieh dich um. Ich brauch dich als Unterstützung!«, drängelt Malte Felix.

»Woher weißt du überhaupt, dass Sara da sein wird?«, fragt Felix. Er kann sich gut vorstellen, dass Malte einfach auf gut Glück hingeht, weil Sara dort studiert, es dort aber bestimmt dauernd irgendwelche festlichen Empfänge gibt.

»Ich, äh, also ...«, druckst Malte herum. »Dieses Haus ist ja sehr hellhörig. Und als ich vorhin mein linkes Ohr, der Kleiber wegen, gegen die Wände gepresst habe, da hab ich Sara unter uns telefonieren gehört. Und, na ja, daher weiß ich das. Das ist meine große Chance!« Entschlossen schlägt er gegen den Türrahmen, um seinen Worten Ausdruck zu verleihen. Ein aufgeschrecktes Flattergeräusch ist deutlich zu vernehmen.

»Kleiber!«, ruft Malte kurz und streckt den Zeigefinger aus. »Hast du das gehört? Kleiber, Kleiber, Kleiber!« Panisch sieht er sich um und ballt die Fäuste vor seinem Gesicht.

Felix hat selten etwas Uneinschüchternderes gesehen. »Ick hab nischt jehört«, sagt er unbeeindruckt und blickt auf sein Smartphone. »Aber halt lieber die Klappe, sonst kannste dit mit Sara gleich wieder verjessen. Die hört dich ja, wenn se sich grad unten hübsch macht für ihre InTouch.«

»Für ihre Gala«, korrigiert Malte ihn.

»Dann«, fährt Felix fort, »will die mal ganz sicher nicht wieder von deiner Paranoia genervt werden!«

Malte setzt die Miene eines Mannes auf, der in einer Zwickmühle steckt. Er hat die Kleiber gehört, ganz sicher! Aber vielleicht hat Felix recht. Sara ist wie ein Reh. Dem muss man sich als Jäger vorsichtig nähern. Diesen sexistischen Gedanken darf ich nie laut aussprechen, denkt Malte noch. Dann entschließt er sich, Sara die Priorität einzuräumen. »Stimmt«, sagt er schließlich zu Felix, »das wird wohl eine Taube draußen gewesen sein. Also, ziehst du dich um? Wir müssen gut aussehen auf der Gala!«

Erst jetzt bemerkt Felix, wie Malte aussieht. Er trägt einen schwarzen Anzug. Unter dem Jackett trägt er einen mit Nieten und Nägeln besetzten Kapuzenpullover, auf dem »Hier könnte Ihre Werbung stehen – wenn ich käuflich wäre« steht. In die Anzughose hat Malte offensichtlich selbst Löcher geschnitten, um diese dann notdürftig mit grün-rot kariertem Stoff zu flicken. Völlig unpassende Schneeschuhe runden das Outfit ab.

»Alter!«, sagt Felix. »Du siehst aus wie 'n obdachloser Rechtsanwalt – 'n hässlicher obdachloser Rechtsanwalt. Oder wie 'n Penner, der einem Banker den Anzug geklaut hat – 'n hässlicher Penner, der einem Banker den Anzug geklaut hat.« Er macht eine Pause. »Und dann in den Skiurlaub fahren will«, ergänzt er. »Wat ist denn kaputt bei dir?«

Malte schüttelt wissend den Kopf. »Da, wo wir hingehen«, sagt er, »da sind nur Künstler. Wir müssen uns entsprechend anpassen und kleiden. Ich habe mich für eine balancierte Kombination aus elegant und retro-rebellisch entschieden.« Malte sieht Felix nicht erwartungsvoll an. Er weiß, wie gelungen sein Outfit ist.

»Dit ist dit ungelungenste Outfit, wat ick je gesehen habe«, sagt Felix. »So geh ick nicht mit dir aus'm Haus!« Er klingt wie eine Mutter, deren dreizehnjähriger Sohn zum ersten Mal tief sitzende Hosen trägt. In Maltes Welt. In Felix' Welt war dreizehn ein Alter, das großzügig übersprungen wurde. Da war man erst neun Jahre alt. Und ein Jahr später sechzehn. Das war die harte Realität in Neukölln.

Eine Stunde später sind Felix und Malte auf dem Weg zur Gala. Malte hat sein Outfit anbehalten und Felix überredet, einen Taucheranzug anzuziehen. Felix hatte sich natürlich zunächst geweigert, letztendlich jedoch überzeugen lassen. Ein knapper Hinweis von Malte hatte genügt. So ein Taucheranzug ist sehr körperbetont. Er setzt Felix' muskulöse Erscheinung perfekt in Szene. Felix weiß, dass er bei den anwesenden Künstlerinnen keine Chance haben wird. Er, als einfacher Junge von der Straße. Aber die Schwestern der Künstlerinnen, die werden ihm sofort verfallen. Ein Kerl wie er ist genau das Beuteschema für solche Damen. So viel steht fest.

Eine weitere Stunde später sind Felix und Malte bereits eine halbe Stunde lang auf der Gala anwesend und sehr angetrunken. Was vermutlich auf die diversen Wegbiere und Maltes extragroßen, nervositätsbedingten Bierdurst zurückzuführen ist. Auch hat er ausnahmsweise zwei Pillen gegen seine »Kondition« eingeworfen. Zur Sicherheit. Und selbst für Felix sind siebzehn Espressoshots außergewöhnlich viel. Und natürlich hat der hochprozentige Begrüßungscocktail auch nicht direkt zur Ausnüchterung beigetragen.

Felix hat sich in seinem ausgeklügelten Outfit perfekt unter die Menge gemischt. Nur Malte fällt mit seinem albernen Kleidungsstil unangenehm auf. Er erntet viele Blicke der anderen Gäste, manche davon ratlos oder gar verärgert.

»Das Seminar für linksalternative Familienunternehmer aus Skandinavien ist eine Straße weiter«, hatte ein Mann ihm angesäuert hinterhergerufen, der Mann selbst trug einen Taucheranzug.

»Hast du Sara schon gesehen?«, fragt Malte Felix.

»Nee, Mann, hab ick nicht«, antwortet Felix. »Ick hab aber

auch nicht auf sie geachtet. Ick bin mental noch ziemlich in meinem«, er stockt, »äh, unserem Buch drin. Ick hab da 'ne Menge juter Ideen. Die wollen alle raus. Raus, raus, raus wollen die.« Zu jedem »raus« klopft Felix mit der rechten Hand auf den Tisch.

»Was meinst du mit *deinem* Buch?«, fragt Malte und hält sich an einem Stehtisch fest. Ihm ist schwindelig. Und es ärgert ihn, dass Felix Wörter wie »mental« nun fast schon regelmäßig benutzt. »Nur weil du jetzt mal 'ne Idee hattest, ist das jetz' *dein* Buch, oder wie?«

»Reg dich ab, Rosskopf, dit war 'n Versprecher«, versucht Felix die Situation zu beruhigen.

Malte würde gerne antworten, dass es wenigstens ein Freud'scher Versprecher war. Aber dann müsste er Felix erklären, was das bedeutet, und das muss jetzt auch nicht sein.

»Wie deiner mit der ›Fotze‹ vorhin – 'n Versprecher. Und kein Freud'scher, falls du dit jetzt gloobst.«

Malte kann es nicht glauben. »Das war kein Versprecher. Du denkst wirklich, du machst das Buch alleine, gib es doch zu! Und hör auf, zu wissen, was ein Freud'scher Versprecher ist! Das weißt du nicht. Das weiß ich, ich, ich. Nicht du. Und jetzt gib zu, dass es kein Versprecher war!«

»Ja, verfickte Scheiße! Verfickt verdammt noch mal! Scheiße, ja!«, bricht es aus Felix heraus. »Ick mach ja ooch allet, ick schreibe hier, ick organisier' da, ick mache, mache, mache. Und du?« Er macht eine Geste in Richtung Malte, die besagt: »Und du?« »Was machst du, Malte? Hm? Du träumst von Sara, einer Frau, die du nicht kennst. Du bist neidisch auf meine Talente. Du bildest dir Vögel in deiner Wohnung ein! Du nimmst irgendwelche krassen Drogen und musst immer irgendwas sortieren oder ordnen. Trotzdem ist immer alles unaufgeräumt. Du hältst mich für dumm. Du gehst mir so hart auf den Sack mit deiner Malte-Malte-Malte-Art. Und all dit, Malte, all dit«, Felix spricht nun wieder leiser und besonders deutlich, »all dit, Malte, würd' ick dir nachsehen. Ick würd' dir dit allet nachsehen. Aus Freundschaft.« Felix starrt Malte wütend an und blickt sich dann um. Er rechnet damit, mittlerweile den unangenehm auffallenden Mittelpunkt der Gala darzustellen. Aber niemand nimmt Notiz von ihnen. An einem Stehtisch ein paar Meter weiter rangeln zwei Gestalten in Dalmatinerkostümen. Auch sie werden nicht groß beachtet.

»Hach, Künstlerleben«, würde Malte denken, wäre er nicht so wütend.

»Aber«, setzt Felix wieder energisch an, »ick sehe dir dit nicht nach.« Nun beginnt er wieder zu schreien. »Weil du nicht einmal ernsthaft sagen kannst, wie talentiert ick bin. Nie, nie, nie haste mich ma' jelobt. Mir zu erkennen jegeben, dass ick Schriftsteller bin. Ick bin aber Schriftsteller!« Er dreht sich von Malte weg und ruft in die Menge: »Wat bin ick?«

Niemand reagiert.

»Ick bin Schriftsteller. Schriftsteller bin ick!«, ruft er so laut, dass ihn jeder hören kann. Sogar die Gestalten im Dalmatinerkostüm hören kurz zu rangeln auf.

Felix geht zu ihnen, packt einen, schüttelt ihn und schreit ihn an: »Weißt du, wat 'n Akronym ist? Weißte dit?« Er wartet keine Antwort ab. »Nee, dit weißte nicht. Ick aber, du Nichtsnutz. Allet Pseudokünstler hier. Ick bin Schriftsteller, ihr versnobten Lappen. Ick bin der einzig wahre Künstler hier.« Immer noch wird er kaum beachtet.

Er geht zu dem anderen Mann mit Taucheranzug. »OSSIS, schon ma' jehört?« Der Mann schüttelt verstört den Kopf. »Oberschüler, Studenten, Serien-Junkies, Inder und Seismologen. Dit is' ma' 'ne Zielgruppe. Kann ooch ruhig ma' jemand sagen: ›Toll, Felix. Tolle Zielgruppe.‹ Aber nee. Dit wird immer einfach nur hinjenommen. Undankbare Leute allet.« Er spuckt auf den Boden.

»Darf ich jetzt gehen?«, fragt der andere Mann im Taucheranzug vorsichtig.

»Wat machste beruflich?«, fragt Felix einschüchternd.

»Ich, äh, bin Bildhauer«, antwortet er eingeschüchtert.

Felix winkt verächtlich ab. »Hör mir uff. Dit ist doch albern, ist dit doch. 'n Bildhauer.« Felix lacht los. »Na denn, hau mir mal 'n Akronym in irgend'nen Stein, du peinlicher Klopfheini! Nee, nee, nee ... 'n Bildhauer, ick schmeiß mich weg!« Er schüttelt den Kopf.

Der Mann guckt überfordert und steht in Schockstarre da.

»Verschwinde! Ksch, ksch!«, ruft Felix. Dazu macht er eine wegscheuchende Geste. Der Mann läuft davon. »Hau doch da mal 'n Bild drüber, du Versager«, schreit Felix ihm hinterher. »Ick bin Schriftsteller!« Dann geht er zu Malte zurück, der in der Zwischenzeit erfolglos nach Sara gesucht hat.

»So sieht dit nämlich aus, Rosskopf. Ick ...« Felix tippt mit dem Zeigefinger auf seine Brust, »... bin Schriftsteller. Und du machst allet kaputt. Kümmer dich um Sara, los. Ick schreib dit Buch. Dann macht jeder jenau dit, wat ihm wichtig ist.« Mit einem abschließenden Kopfnicken dreht Felix sich um und watschelt vor die Tür, um eine zu rauchen.

Malte ist vorher gar nicht aufgefallen, dass Felix sogar Taucherflossen trägt. Er überlegt. Felix' Worte haben ihn durchaus getroffen. Natürlich hat er seine Macken. Aber gehört das denn nicht dazu? Ist er denn nicht auch Künstler? Und vor allen Dingen in erster Linie auch Mensch? Überhaupt, auch Felix ist ja nicht frei von Allüren. In einigen Bereichen offenbart er immerhin die unmöglichsten Bildungslücken. Er denkt in der Kategorie »Tier«. Und immer muss er Kaffee trinken. Keine zwanzig Minuten am Stück sitzt er mal ruhig. Und frech ist er. Jawohl, frech! Und rücksichtslos. Ihm, Malte, einfach dieses Buchprojekt aufzudrücken. Er hat von Maltes Wunsch, ein Buch zu schreiben, gewusst und diese Schwachstelle erbarmungslos ausgenutzt. Und aufbrausend ist Felix auch. Und undankbar! Hat Malte ihn denn nicht mit offenen Armen in seiner Wohnung willkommen geheißen wie einen alten Freund? Gut, klar, Felix ist ja auch ein alter Freund. Aber trotzdem. Er hat doch für ihn gekocht, gesorgt, eingekauft. Einmal hat er ihn doch sogar in den Schlaf gesungen. Auch wenn Felix davon betrunken kaum etwas mitbekommen hat.

»Marcus, oder?«, wird Malte aus seinen Gedanken gerissen. Vor ihm steht Sara. Sie trägt ein wunderschönes Abendkleid. »Was machst du denn hier?« Sie spricht sehr langsam und betont jedes Wort einzeln. Malte weiß nicht, wie er reagieren soll. Kurz überlegt er, schnell wegzulaufen und ein paar Haken zu schlagen. Wie ein Hase. Dann entscheidet er sich für Plan B.

»Sarah oder?«, sagt er, und schreibt Saras Namen in seinem Kopf bewusst falsch mit einem »h« am Ende. Ha, nimm das, denkt er.

»Wo ist denn dein Aufpasser?«, fragt Sara und zeigt sich von Maltes Beleidigung unbeeindruckt.

»Hä?«, fragt Malte.

»Oje«, murmelt Sara und blickt sich hilfesuchend um. »Bist du denn ganz alleine hier?«

»Hältst du mich wirklich für geistig verwirrt?«, fragt Malte.

Sara mustert Maltes Outfit und lächelt dann: »Natürlich nicht. Du bist ein ganz besonderer junger Mann.«

Malte setzt die Miene eines Mannes auf, der zu viele Medikamente in Verbindung mit Alkohol zu sich genommen hat. Mit einem Mal packt ihn der Mut. »Du magst ja vielleicht denken, dass ich einen Dachschaden habe, Sara. Und du hast sicherlich auch Recht. Aber ich habe einen anderen Dachschaden als du denkst. Einen ganz anderen. Mag ich gerne Ranglisten? Ja, das tue ich! Höre ich Vögel in meiner Wohnung? Ja, das tue ich. Weil sie dort sind!« Malte ist nun aufgesprungen. Er geht auf und ab wie ein Anwalt einer US-Serie, wenn er ein Plädoyer hält.

Sara ist vollkommen überfordert.

»Ich bin ein Mensch, Sara, ein Mensch«, fährt Malte fort. »In erster Linie bin ich immer Mensch. Vielleicht habe ich meine Macken, meine Marotten, meine ...«, er setzt eine Kunstpause, »... Menschlichkeiten«, vollendet er und geht mit der Stimme herunter. »Aber, Sara, aber: Ich bin stolz darauf. Ich bin stolz, Mensch zu sein und als solcher Besonderheiten zu haben. Denn erst das hebt mich, hebt uns alle«, er blickt in die Runde, »von den Tieren ab.« Malte nickt einigen verdattert zuhörenden Gestalten freundlich zu. Dann erklimmt er eine Bühne in der Mitte des Saals und greift nach dem Mikrofon.

»Wat will denn der Typ in der lächerlichen Kleidung?«, ruft eine Frau, die ein Tischkostüm trägt und in einer Hüpfburg sitzt.

Künstler, denkt Malte. Dann setzt er erneut an, seine flammende Rede fortzusetzen. »Ich will damit keineswegs sagen, dass Tiere schlecht sind. Denn Tiere sind nicht schlecht. Was soll denn ›schlecht‹ überhaupt bedeuten?«

»›Schlecht‹ bedeutet ›nicht gut‹«, ruft die Frau aus der Hüpfburg.

Malte ignoriert sie. »Ich habe wirklich kein Problem mit Tieren«, ruft er. »Ich habe auch fast kein Problem mit unangebrachten Tierkostümen auf schicken Empfängen.« Er wirft einen tadelnden Blick zu den Menschen im Dalmatinerkostüm, die schuldbewusst auf den Boden schauen. »Tiere sind gut. Ein guter Freund von mir zum Beispiel denkt fast nur in der Kategorie ›Tier‹«, ruft Malte weiter. Mittlerweile hört tatsächlich fast jeder zu. »Und darauf will ich hinaus. Wisst ihr, warum er in der Kategorie ›Tier‹ denkt?« Keiner sagt etwas. »Weil er Mensch ist. Und Menschen denken. Vielleicht manchmal um die Ecke oder manchmal zu viel. Aber sie denken. Und wenn sie in der Kategorie ›Tier‹ denken wollen, dann dürfen sie das. Und darauf will ich hinaus. Mein guter Freund, nein, mein Autorenkollege«, er blickt energisch in die Runde, »der darf denken, was er will. Denn die Gedanken sind frei. Keiner kann sie erraten, sie fliehen vorbei. Wie nächtliche Schatten. Kein Mensch kann sie wissen. Kein Jäger sie schießen. Es bleibet dabei ... « Er hält das Mikrofon in die Menge.

»Die Gedanken sind frei!«, schallt es zögerlich zurück.

»Richtig«, sagt Malte, »richtig. Aber meine Gedanken waren

nicht frei. Nicht immer. Nicht ...«, er macht schon wieder eine Kunstpause, »... nicht neulich.« Er senkt den Kopf. »Denn ich war einer Frau verfallen. Und sie hielt mich und meine Gedanken gefangen.« Ein Schaudern geht durch das Publikum. »Und ich kann mir keinen Vorwurf machen, ich bin auch nur ein Mensch. Und das bin ich in erster Linie immer, ein Mensch!«

Es ist totenstill. Alle hören gebannt zu.

Plötzlich tönt es aus der Stille: »Und ick bin in erster Linie Schriftsteller. Schriftsteller bin ick. Ihr Lappen!« Felix ist unvermittelt aufgetaucht. Die Meute wendet sich gegen ihn.

»Er stört die Vorstellung«, ruft der Mann im Taucheranzug.

»Buhen wir ihn aus!«, fordert einer der Dalmatiner.

Laute Buhrufe gellen zu Felix.

»Wir müssen noch mit dem Finger auf ihn zeigen«, verlangt der andere Dalmatiner.

Alle Finger richten sich auf Felix.

»Ihr seid doch albern, seid ihr doch«, schimpft Felix. »Buht nicht den Schriftsteller aus, sondern den da!« Felix deutet auf den Bildhauer. »Der ist Bildhauer. Bildhauer! Zieht euch dit mal rinn. Der haut Bilder. Lächerlich!«, brüllt Felix noch und verschwindet endgültig.

Er tut Malte leid. Aber erstens ist Malte sternhagelvoll und zweitens kann er alles, was er sagen wollte, auch in dieser Rede sagen. »Wissen Sie, meine Damen und Herren, ich schreibe Texte«, fährt er fort. »Texte. Nur für mich. Nicht für das Publikum. Nicht für die Bezahlung. Nur für mich. Und ich schreibe über Frauen. Darüber, dass ich sie nicht ansprechen kann. Darüber, dass ich mich nicht traue, ehrlich zu ihnen zu sein. Darüber, wie eine Beziehung zu Ende geht, ohne dass Leid oder Zorn eine Rolle spielen. Ich bin ein tragischer Held. Ein einsamer Reiter in kalter Nacht. Diese Rolle habe ich nicht gewählt.« Malte schaut in die Menge. Jeder schaut ihn an. Einige haben Tränen in den Augen. »Diese Rolle hat mich gewählt. Und dann habe ich mich trotzdem verliebt. Verliebt – in dich, liebe Sara.« Malte schaut sehnsüchtig einen alten Mann an. Er hat keine Ahnung, wo genau Sara jetzt steht. Es ist ihm auch egal. Darauf kommt es gerade nicht an. Er muss nur irgendwie ins Publikum gucken. »Aber nun«, ruft Malte und streckt beide Arme aus, als wäre er der Messias, »nun liebe ich nicht mehr. Liegt es daran, dass ich immer nur das haben will, was ich nicht haben kann?« Er sieht das Publikum an und macht eine beruhigende Geste. »Vielleicht, ja! Ein bisschen. Liegt es daran, dass ich denke, ich bin zu jung, um zu lieben? Um wirklich, wahrhaftig und aufrichtig zu lieben? Sicherlich, ja. Aber hauptsächlich ist der wesentliche Kern meiner Persönlichkeit so gestaltet, dass ich tragisch einsam zu sein habe. Wer wäre ich denn, hätte ich eine Freundin? Nicht ich. Was wären meine Texte, hätte ich eine Freundin? Lügen, die das Papier nicht wert sind, auf das sie geschrieben sind. Wo wäre ich, hätte ich eine Freundin? Nicht dort, wo ich gebraucht werde. Bei mir zu Hause, bei meinem Co-Autoren am Computer, um ein Buch zu schreiben, das die Welt verändert.« Malte öffnet die Augen und erwacht aus einer Trance. Er hat seine Worte wirklich gefühlt.

»Verzeihen Sie«, flüstert er in das Mikrofon. »Ich muss nun gehen. Ein Freund braucht mich.« Dann springt er in Superman-Pose von der Bühne und verschwindet. Applaus brandet auf. Langer, warmer Applaus. Es gibt »Bravo! Bravo!«-Rufe.

»Ich wusste gar nicht, dass der Überraschungsgast dieses Jahr ein derart herausragender Postfeminist ist«, sagt der Mann im Taucheranzug.

»Ganz stark«, sagt eine Frau.

»Ich bin begeistert«, stimmt einer der Dalmatiner zu.

»Den kenne ich, das ist mein Nachbar«, ruft Sara. »Ich glaube aber immer noch, dass er geistig verwirrt ist.«

»Was heißt das schon?«, fragt die Frau aus der Hüpfburg heraus. »Wir sind doch einfach alle Künstler!«

Eine Gruppe Poetry-Slammer kommt zu ihr, hüpft mit ihr und sagt: »Du hast uns verstanden. Du hast Poetry Slam verstanden!«

Felix und Malte bekommen davon schon nichts mehr mit. Beide übergeben sich einige hundert Meter entfernt in die Büsche. In erster Linie sind sie immer Menschen geblieben.

TAG 24

DAS KLEIBER-KIT & ALTE PILLEN

Felix geht den langen Flur der Wohnung entlang, macht vor Maltes Zimmer halt und klopft mit seinen starken Armen laut gegen die Zimmertür. Es ist 16:11 Uhr. An einem Sonntag.

»Aaauuu!«, antwortet Malte von drinnen. Felix öffnet die Tür und tritt herein. Er hat starke Kopfschmerzen und wähnt auch Malte in verkatertem Zustand.

Malte aber wirkt sehr vital.

»Hast du keine Kopfschmerzen?«, fragt Felix.

»Nein, warum?«, fragt Malte.

»Weil wir beide gestern unfassbar viel getrunken haben?«, fragt Felix. »Außerdem hast du eben laut ›Aaauuu‹ gerufen, als ick geklopft habe. Ick führte das auf restalkoholbedingte Geräuschempfindlichkeit zurück.«

»Ach so, nee«, gibt Malte zurück, »hab mir nur den Fuß gestoßen. Mir geht's gut. Die Tabletten gegen meine ›Kondition‹ wirken auch bezüglich durchzechter Nächte Wunder.«

»Wollen wir über jestern reden?«, fragt Felix wie ein schüchterner Teenager nach einem One-Night-Stand. Ick wirke wie Malte nach einem One-Night-Stand, denkt er. Zumindest würde er sich Malte so vorstellen, wenn er sich Malte nach einem One-Night-Stand vorstellen müsste.

»Äh, ja, klar«, sagt Malte routiniert. Diese Situation kannte er durch Serien, in denen One-Night-Stands eine Rolle spielten. *Gossip Girl* oder *90210* zum Beispiel. Meistens wollen die Frauen darüber reden. »Hast du meine Rede noch gehört?«

»Nur, bis ick rausgeflogen bin«, erwidert Felix. »Ick erinner mich aber an nischt.«

»Ich eigentlich auch nicht. Keine Ahnung, was ich in der Rede wirklich gesagt habe«, sagt Malte. »Aber unterm Strich kann ich jetzt sagen: Sorry, dass du denkst, ich würde dich und deine Kunst nicht wertschätzen. Du bist ein fantastischer Literat und ich war neidisch. Das tut mir leid.«

»Angenommen«, sagt Felix. »Mir tut es leid, dass ick dir deine Marotten vorgehalten habe. Du weißt, genau derentwegen hab ick dich so gern.« Er kommt sich dabei vor wie die imaginäre Freundin aus Maltes Text »Wenn ich eine Freundin hätte«.

»Alles vergeben, Felix«, sagt Malte. »Wir haben uns beide nicht mit Ruhm bekleckert. Aber jetzt lass uns dieses Buch schreiben. Ich war abgelenkt durch Sara und die Kleiber, aber jetzt bin ich voll dabei.«

»Hinsichtlich der Kleiber ...« Felix guckt betreten zu Boden. »Ick hab dir da 'nen Streich jespielt, weil ick doch sauer war.«

»Einen Streich?«, fragt Malte.

»Ja, gestern. Kurz bevor wir zu der Gala sind, da haste ja die Kleiber gehört.«

»Ja?«, fragt Malte. »Worauf willst du hinaus?«

»Dit war ick mit den Kleibern«, gibt Felix zu. »Ick hab mich so unjeliebt jefühlt, dass ick mir 'ne Kleiber-App runterjeladen hab. Außer Kleibergeräuschen kann die nich' fülle, war auch teuer, aber ick war halt pampig. Als du dann gegen den Türrahmen jehauen hast, hab ick 'n Kleibersound abjespielt.« Er schämt sich. Gerade haben sie sich so herrlich unkompliziert wieder vertragen und alle Differenzen ausgeräumt, da gibt er Malte einen neuen Grund, sauer auf ihn zu sein.

»Geiler Streich«, sagt Malte unangenehm verständnisvoll und bietet Felix ein High-Five an. »Wirklich, wirklich ausgeklügelt. Wie du ja aus den Ausführungen über meine Freunde weißt, liebe ich gute Streiche!«

»Äh, Malte?« setzt Felix vorsichtig an. »Super, dass du so ausgeglichen bist. Aber ist dir mal uffjefallen, dass du ein sehr unrealistischer Mensch bist?«

»Ein unrealistischer Mensch?«, fragt Malte.

»Na ja«, erklärt Felix. »Mal biste so besserwisserisch, mal euphorisch, mal krass wütend. Dann hin und wieder unglaublich niedlich kindisch. Und dann zwischendrin hältste endlose Reden und Texte, die du immer zufällig für solche Momente rumliegen hast. Aber in deinem Verhalten is' wenig Konstanz.«

»Ich bin halt menschlich«, antwortet Malte. »In erster Linie bin ich Mensch.«

»Klar«, sagt Felix. »Aber wo ick doch so viel an *unserem* Buch tüftle, da hab ick mir natürlich viel Jedanken jemacht über Personen und deren Verhalten und Entwicklung. Sodass dit möglichst realistisch ist. Und na ja, du wärst einfach sehr unrealistisch. Als Charakter in 'nem Buch? Nee, dit würde nicht passen. Viel zu hü und hott, heute so, morgen so. Da würde der Leser sich denken ›Nee, dit gloob' ick aber nicht‹, würde der denken.«

Felix ist gespannt, wie Malte reagiert. Kern seiner Aussage war ja immerhin, dass man nie genau weiß, wie Malte reagiert.

»Du wirst lachen«, entgegnet Malte.

»Dit is' 'ne jewagte Aussage«, sagt Felix.

»Wieso?«, fragt Malte.

»Na ja, ›Du wirst lachen‹, dit weiß man ja nie. Jeder Mensch hat doch seinen eigenen Humor.«

»Ja, okay«, gibt Malte zu. »Aber worauf ich hinauswollte: Auch zu dem Thema hab ich einen Text, der zufällig passt. Ich les den mal vor.« Die Stimmung ist versöhnlich. Felix wird lächeln und zuhören.

»Cool«, sagt Felix. Er lächelt und hört zu.

BANANE

Ich habe mir neulich überlegt, dass es gut wäre, mir ein Kind zu kaufen. Um ein bisschen Stabilität in mein Leben zu bekommen. Das Kind wäre quasi die Konstante, die mich erdet. Sodass, wenn es gerade mal fantastisch bei mir läuft, ich nicht auf die Idee komme zu denken: Yeah! Nice! Woohoo! Geil! Ich habe gerade dreizehn Euro Gage bei einem Poetry Slam in Blankenburg verdient. Ich bin reich! Ich sollte das Geld nutzen, um mir eine Insel zu kaufen. Oder Spandau, ganz Spandau. Zum Paintballspielen. Oder ein Kind. Um Stabilität in mein Leben zu bringen!

Nein, sollte ich dann denken, nein, Malte! Du hast schon ein Kind. Hör auf, von Reichtum und Inseln zu träumen. Von den dreizehn Euro Gage kaufst du dir maximal ein Spaghettieis und der Rest wird eingezahlt in einen College-Fond! Das Kind soll studieren können. Das Kind soll es einmal besser haben als du. Das Kind soll sich Inseln kaufen können. Und Spandau, ganz Spandau. Zum Paintballspielen. Und ein eigenes Kind. Um Stabilität in sein Leben zu bringen!

Und wenn es gerade mal ganz schrecklich läuft, dann sollte ich nicht denken: Oh weh, oh weh, au weia, alles ist so finster in meinem Leben, gerade musste ich schon sechs polnische Zloty Eintritt zahlen, um beim Poetry Slam in Bernau mitmachen zu dürfen (ich musste für meinen eigenen Auftritt zahlen! Und da war der Eintritt, den ich ebenfalls zahlen musste, noch nicht mal mit eingerechnet. Die Fahrtkosten auch nicht. Von der Unterkunft fang ich gar nicht erst an. Die gab es nämlich nicht!), ich sollte mich umbringen!

Nein, sollte ich dann denken, nein, Malte! Fortan geht es nicht mehr nur um dich. Es geht sowieso überhaupt nicht mehr um dich. Du hast jetzt ein Kind zu Hause. Es geht jetzt um das Kind. Um das Kind musst du dich kümmern, lass deine Wut gefälligst an dem Kind aus!

Ich sollte mir also ein Kind kaufen, denn Kinder bringen Stabilität und ich brauche Stabilität. Denn oft genug steckt bei mir eine winzige Laune gleich alles andere mit in Brand. Die Laune irrlichtert irrational bis zu den eigentlich unbetroffensten Lebensbereichen, um dort die Flagge der Eroberung zu hissen. Meine Launen sind wie ein reviermarkierender Hund, der jeden Baum anpinkelt, ohne sich zu fragen: Mag ich diesen Baum überhaupt? Passt dieser Baum zu mir? Ist dieser Baum so verortet, dass ich ihn je wiedersehen kann? Wäre es nicht besser gewesen, sich Urin für andere Bäume aufzusparen? Sollte ich mit einer Blasenentzündung wirklich so oft und unnötig urinieren? Hätte der Hund Kinder, also Welpen, dann würde er denken: Nein, Hund! Achte auf deine Gesundheit und haushalte mit deinem Urin, der Kinder, also Welpen, zuliebe. Für die Kinder, also Welpen, musst du gesund und vernünftig sein, verlasse sie nicht, denn sie verlassen sich auf dich! Welpen, also Kinder, bringen Stabilität und ich brauche Stabilität!

Folgende Anekdote vermag dies zu illustrieren:

Neulich kaufte ich bei mir im Wedding in Berlin ein. Manchmal tue ich das, um zu überleben. Auf dem Rückweg vom Supermarkt sah ich, wie ein altes, rostiges Auto hielt und ein Mann ausstieg. Der Mann war schwarz und trug einen schmuddeligen Blaumann und ein sehr modern wirkendes Headset. Vor mir auf der Straße ging Kuddel, ein Weddinger Einheimischer, der mit Berliner Dialekt alles brabbelnd kommentiert, was er sieht. Als er den Mann sah, wie er mit schmuddeligem Blaumann und modernem Headset aus dem alten, rostigen Auto stieg, da sagte er: »'n Neger mit 'nem Headset – jetzt hab ick aber ooch allet jesehen, Mensch!« Und das hat mich sehr geärgert. Ich war richtig wütend. Natürlich, ich gebe zu, das Bild war skurril. Hier Auto und Blaumann, beide irgendwie schmutzig und offensichtlich gebraucht, da das moderne Headset, das nagelneu fast noch funkelte. Aber die Hautfarbe hatte ja nun wirklich nichts damit zu tun. Aber Kuddel erkannte das nicht, weil er engstirnig und sicher irgendwie dumm war. Böser, schlimmer, dummer Kuddel, dachte ich mir. Dem sollte man mal die Meinung geigen! Und dann dachte ich, dass man mir entgegnen könnte, dass Kuddel ja nun nicht der Alleinschuldige war, sondern auch nur Opfer seiner Sozialisierung. Im Prinzip hatte einfach die Gesellschaft insgesamt versagt. Und da wurde ich dann erst recht wütend, weil vieles plötzlich so aussichtslos wirkte. Ich habe mit dem Gedanken gespielt, meine Freundin anzurufen und zu sagen: »Schatz, ich mache Schluss mit dir, in dieser grausamen Welt kann ich keine Beziehung führen, meine Liebe ist nicht groß genug, um gegen dieses Elend anzukommen.« Dann fiel mir auf, dass ich ja nicht mal eine Freundin hatte, und wurde sofort noch verzweifelter. Wie sollte ich ohne Liebe gegen all das Elend auf der Welt ankommen?

Eine Laune oder Stimmung steckt gleich alles andere mit in Brand.

Anderes Beispiel: Ich war zu Gast in einer anderen Stadt, um fünf Mark bei einem Poetry Slam zu verdienen. Als ich den Weg nicht fand, da fragte ich eine Frau: »Entschuldigen Sie, kennen Sie sich hier aus?« Die Frau sah mich an und antwortete: »Sie suchen bestimmt einen Friseur, oder?« Da habe ich dann so an mir gezweifelt, dass ich nicht nur wirklich zum Friseur ging, sondern auch sehr zusammenhanglos dachte: Malte, brich dein Studium ab, es macht dich unglücklich!

Weiteres Beispiel: Ich habe kürzlich herausgefunden, dass der »Schauspieler« Nicolas Cage und die »Band« *Nickelback* nicht dieselbe Person sind. Auf einmal gab es so viel mehr Elend auf der Welt, als mir vorher bewusst war. Da wollte ich reflexartig meine Wohnung kündigen, da sie mir spontan nicht mehr gefiel.

Eine Laune oder Stimmung steckt gleich alles andere mit in Brand.

Zurück zu Kuddel und dem Mann mit dem Headset. Der hatte

Kuddels Aussage »'n Neger mit 'm Headset, jetzt hab ick aber ooch allet jesehen, Mensch!« nämlich gehört und geantwortet: »Ich dachte mir schon, dass man sich heute über mein Outfit wundert. Altes Auto, alter Blaumann, neues Headset, was ist da denn los? Ja, also, ich komm gerade vom Paintballspielen mit Autos, daher die alten Sachen, das Headset brauche ich aber für die Kommunikation mit meinen Mitspielern. Unsere Spielfläche ist sehr groß, ich habe extra ganz Spandau zum Paintballspielen gekauft. Was ich mich allerdings frage: Was hat meine Hautfarbe damit zu tun? Ich denke mal: rein gar nichts. Aber ganz grundsätzlich wollt' ich auch nochmal betonen, dass man das Wort ›Neger‹ nicht sagen sollte. Jedoch werde ich mich darüber nicht aufregen, denn dann würde ich mich ja aufregen und dann müsste ich mich ja schon darüber aufregen, dass ich mich aufrege. Und darüber müsste ich mich dann auch aufregen, ein Teufelskreis, ein ganz, ganz schrecklicher Teufelskreis. Zumal ich so gestrickt bin, dass eine Laune oder Stimmung bei mir gleich immer alles andere mit in Brand steckt. Würde ich mich also jetzt aufregen und dann in den Teufelskreis geraten, dann hätte das womöglich zur Folge, dass ich meine Frau verlasse oder meine Wohnung kündige oder spontan ganz Charlottenburg verkaufe. Das gehört mir nämlich auch. Ich hab das mal zum Autoscooter- und Lastertagspielen erworben.« Und dann hat der Mann gelächelt. Und Kuddel hat gesagt: »Och Mensch, jute Sache, dass de dit ma' so ansprichst, wusst ick ja nich, dass man dit nich sagt. Ick könnt' ja jetze behaupten, ick wär' ja ooch nur Opfer meener Sozialisierung, aber dit wär' 'ne plumpe Ausrede. Von sofern kann ick nur sagen, dass ma dit echt voll leid tut, dass ick ›Neger‹ jesagt hab, mach ick nie wieder. Aber ick freu mir, heute so viel jelernt zu ham, danke!« Und dann haben sie sich vertragen und ich hab mich darüber gefreut. Ich hab mich so gefreut, dass ich mir ein Spaghettieis gekauft habe. Und über mein Spaghettieis hab ich mich so gefreut, dass ich mir noch ein Spaghettieis gekauft hab. Und das haben Kuddel und der Mann mit Headset gesehen und mir noch ein Spaghettieis gekauft. Und dann bin ich überglücklich nach Hause und dachte mir: Nice, nice, nice, alles ist supernice. Die Sonne scheint, das Wetter ist gut und Melanie aus der 7b findet mich auch toll. Und das mit Melanie ist vielleicht komisch, weil sie in der 7b ist und ich schon 2008 Abitur gemacht habe, aber immerhin habe ich Abitur gemacht und das ist auch ziemlich nice. Ich dachte mir: Nice, nice, nice, ich hab Abitur! Dann fiel mein Blick auf eine alte Banane, die in einer Obstschale mittlerweile braun geworden war, aber weil ich ja so gute Laune hatte, dachte ich nur: Wie geil sind eigentlich Bananen, so lecker und nahrhaft und Bruttoinlandsproduktprodukt Nummer eins in sogenannten Bananenrepubliken. Und da dacht' ich mir dann: Wie geil sind eigentlich Republiken? Nichts mit Diktatur und Monarchie, nein, Demokratie wie in Deutschland, Frankreich oder früher auch der Deutschen Demokratischen Republik, der DDR! Und wie geil war eigentlich die DDR? Natürlich kann man da jetzt ganz wild kritisieren, aber wenigstens hatten da alle Arbeit und man wusste jedes Jahr, wohin man in den Urlaub fährt. Dann war die Frage nicht »Mallorca oder Spanien?«, nein, da wusste man immer: Rügen an der Ostsee. Die Antwort war immer: »Rügen an der Ostsee«. Unabhängig von der Frage. »Wo waren wir letztes Jahr im Urlaub?« »Rügen an der Ostsee!« »Wo sind wir dieses Jahr im Urlaub?« »Rügen an der Ostsee!« »Wo werden wir nächstes Jahr im Urlaub sein?« »Rügen an der Ostsee!« »Was ist zwei plus zwei?« »Rügen an der Ostsee!« Rügen an der Ostsee war eine Konstante, das brachte Stabilität, das war wie Kinder, hach DDR, du warst schon ein Prachtstück!

Man merkt: Wenn man will, kann man fast alles super finden, einfach, weil man sich von einer guten Grundlaune anstecken lässt. Das ist leider sehr gefährlich. Zum Beispiel antwortet man in solchen Launen anstelle von »Ich liebe dich nicht und werde mich auch nicht mehr verlieben!« mit »Natürlich sollten wir zusammenziehen, denn ich liebe dich!« Außerdem sind, wie beschrieben, auch schlechte Launen sehr ansteckend. Irgendwann las ich in der InTouch, dass zu viele Bananen ungesund seien. Ich blickte auf unseren Obstkorb, sah eine Banane, dachte, ich müsste wohl bald sterben und zeigte eine große Supermarktkette an. Ich weiß nicht genau, wieso ich das tat.

Ich brauche dringend Stabilität, ich kaufe mir ein Kind!

»Und jetze?«, fragt Felix. »Willste 'n Kind koofen? Ick mein, ick bin keen Experte. Aber ick würd sagen: Dit is' nich' okay.«

»Vielleicht erst mal eine Katze«, sagt Malte. »Das machen viele. Die testen an Katzen aus, wie sie mit Kindern können. Ist aber ein Anfängerfehler. Kinder haben nämlich keine neun Leben. Auch keine sieben. Das ist bei Katzen ja auch unterschiedlich. Eine Zwei-Katzen-Gesellschaft quasi.« Malte lacht gedankenverloren.

»Ick privat find ja Hunde eh besser«, sagt Felix. »'n juter Golden Retriever zum Beispiel.«

»Hmm«, sagt Malte. »Ich hab 'ne Golden-Retriever-Puma-Schwäche. Ich kann die Tiere beim besten Willen nicht auseinanderhalten. Neulich bin ich im Park panisch vor 'ner Familie weggelaufen, weil ich dache, ihr Puma wär' nicht angeleint. Aber vor zwei Jahren, beim Wandern in den Rocky Mountains, da wär' ich beinahe gestorben. Einfach weil ich dachte, ich streichle einen niedlichen Golden Retriever.«

»Siehste, dit mein ick«, antwortet Felix. »Dit ist 'ne janz neue Marotte, die nicht zu dir passt eigentlich. Sondern eher zu mir.« Er überlegt einen Moment. »Hast du mal überlegt, dass vielleicht deine Kondition dafür verantwortlich sein könnte? Oder deine Medikamente dagegen?«

Malte beginnt zu lachen. »Hahaha. Keine Sorge, meine Kondition ist nicht so dramatisch.«

Felix weiß nicht, wie er das Lachen deuten soll. Sagen nicht alle Verrückten, dass sie gar nicht verrückt sind?

Malte muss plötzlich drei Minuten lang niesen. »Ich hab nur Heuschnupfen«, beruhigt er Felix dann. »Ich dachte, ich mach da ein kleines Geheimnis draus. So als Streich. Wie du aus den Ausführungen über meine Freunde wissen solltest, mag ich Streiche.« Er setzt die Miene eines Mannes auf, der Streiche mag.

»Bist du sicher?«, fragt Felix.

»Ja! Ganz sicher. Und klar, die Wirkung ist erst mal eigenartig. Aber erstens nimmt man das Medikament nur einen Monat lang, bis sich ein gewisser Spiegel im Körper gebildet hat. Zweitens liegt die euphorisierende Wirkung an meiner Enzymstörung. Die ist aber für sich genommen auch nicht dramatisch. Das ist jetzt nur die Verbindung von beidem. Aber ist ja bald vorbei.« Er guckt Felix an, als wolle er noch hinzufügen: »Ich weiß, du machst dir Sorgen und ich kann das nachvollziehen. Aber du musst dir wirklich keine Sorgen machen!«

»Hat der Arzt dir dit so erklärt?«, bohrt Felix weiter nach.

»Nicht direkt, nee«, sagt Malte. »Aber als damals die Enzymstörung entdeckt wurde, wurde mir gesagt, dass einige Medikamente bei mir mitunter euphorisierende Nebenwirkungen haben können.«

»Der Arzt, der die Enzymstörung entdeckt hat, war dit der gleiche, der dit Mittel gegen Heuschnupfen verschrieben hat?«

»Nope. Die Enzymstörung wurde in den USA entdeckt, als ich genäht werden musste. Weil dieser bekackte Golden Retriever mich halb aufgefressen hat.«

»Wie heißt denn dit Medikament?« Felix ist sich mittlerweile sicher, dass da nicht alles mit rechten Dingen zugeht.

»Tofranil, warum?« Malte ist sich nicht sicher, worauf Felix hinauswill.

Felix holt sein Smartphone heraus und ein Kleibergeräusch ertönt. »Sorry, war 'n Versehen«, entschuldigt er sich, »ick will nur mal eben dein Medikament googeln.«

»Tofranil«, liest er kurz darauf vor. »Ein starkes Antidepressivum. Warte, ick überspring mal den chemischen Scheiß.« Felix scrollt nach unten. »Hier, dit is' wichtig: Macht nach ca. zwei Monaten psychisch und körperlich abhängig. Setz dit schnell ma' wieder ab, Rosskopf!«

»Haha, Felix«, antwortet Malte. »Du weißt, ich schätze gute Scherze!«

»Lies, Rosskopf, dit ist keen Scherz!«

Malte nimmt das Smartphone und liest sich den Artikel

durch. »Krass«, sagt er dann. »Ich bin voll auf Drogen unterwegs gewesen die letzte Zeit.« Er ist sich nicht sicher, wie er reagieren soll. Soll er schockiert sein? Soll er das alles lustig finden?

Felix ist gespannt, wie Malte in seiner – nun erklärlichen – Inkonstanz reagiert. Wird er lachen? Wird er weinen? Hoffentlich weint er nicht, denkt er. Damit kann ich nicht umgehen. Wobei auch ein hysterisches Lachen sehr unangenehm wäre.

Malte lacht hysterisch. Dann fängt er an zu weinen. »Ich bin drooogensüchtig!«, schluchzt er. »Ich werde auf der Straße landen und mir eine Brücke mit unserem Verleger teilen müssen.«

»Wieso?«, fragt Felix. »Der wirkt doch jut situiert. Ick meine, dit Verlagsgebäude hat schon echt wat hergemacht. Ick denk nicht, dass der unter der Brücke wohnen muss.«

»Soll mich das aufheitern? Dass ich auf der Straße lande und mir die Brücke nicht mit unserem Verleger teilen muss?«

»Beruhig dich, Rosskopf!«, sagt Felix. »Du hast dit Zeug keene zwei Monate jenommen. Du bist nicht süchtig. Aber wie biste überhaupt an die Tabletten jekommen? Die sind doch bestimmt rezeptpflichtig?«

Malte setzt sich auf. Er muss sich eben umziehen. Für seine aktuelle Stimmung braucht er ein anderes blau-weiß-gestreiftes T-Shirt als das, was er trägt. »Keine Ahnung«, sagt er, während er sich das Shirt über den Kopf zieht. »Hab das Medikament regulär in der Apotheke geholt und mir keine Gedanken gemacht. Wobei ...« Er stockt. »Als ich die Apotheke verlassen habe, bin ich mit einem Mann zusammengestoßen. Daraufhin ist mir die Tüte runtergefallen. Du weißt schon, die Tüte, in die man immer noch Traubenzucker und Taschentücher gepackt bekommt.«

Felix nickt, weiß aber nicht Bescheid. Er hat noch nie eine Apotheke von innen gesehen. Für alles Pharmazeutische, was er braucht, hat er »Kontakte«.

»Und dem Mann«, erklärt Malte hastig weiter, »ist die Tüte auch runtergefallen. Bestimmt haben wir unsere Tüten beim Aufheben vertauscht. Das muss es sein.«

Felix verdreht die Augen. »Dit klingt wie 'n schlechter deutscher Spielfilm. Der große SAT.1 FilmFilm: *Medikamente vertauscht wider Willen* oder so 'ne Scheiße ...« Ein bisschen hatte er auf eine spannendere Auflösung gehofft.

»Aber warte mal«, sagt Malte.

Felix wartet mal.

»Eine andere, vielleicht spannendere Auflösung könnte sein, dass ich Tabletten ja nicht so gerne mag.«

»Ah ja?«, fragt Felix und wundert sich, wie normal der eben noch schluchzende Malte plötzlich wieder ist. Das müssen die Tabletten sein.

»Ich hab die Packung dann zunächst in den Arzneischrank gelegt«, erklärt Malte. »Erst als der Heuschnupfen Überhand genommen hat, habe ich die Medikamente genommen. Eine Woche später muss das ungefähr gewesen sein. Vielleicht hatte der Vormieter Depressionen und ich hab aus Versehen alte Pillen von ihm gegriffen.«

»Habt ihr den Arzneischrank nicht ausgeleert nach dem Einzug?«, fragt Felix.

»Puh, nö«, antwortet Malte. »Also ich nicht. Und mein jetziger Mitbewohner ist ja erst später dazugekommen. Das war ein fließender Übergang. Da verliert man schnell die Übersicht. Wenn mein Mitbewohner jetzt auszieht – oder wenn du wieder nach Marburg gehst – dann räum ich den Schrank bestimmt auch nicht auf. Da kann schon mal was liegenbleiben.«

»So zeitlich«, fragt Felix, »passt dit mit den Kleibern? Hast du die dit erste mal jehört, nachdem du die Medikamente genommen hast?«

Malte überlegt. »Ja«, sagt er langsam, »das könnte hinkommen. Lass mich rechnen.« Malte rechnet. »Ja, das passt.«

»Krass«, sagt Felix. »Also hast du dir die Kleiber vermutlich wegen des Medikaments einjebildet.«

Malte schämt sich. »Vermutlich«, sagt er knapp. »Oh Mann, das darf doch alles nicht wahr sein.«

Felix steht auf und verlässt das Zimmer. »Ich will auch einen Kaffee!«, ruft Malte ihm hinterher.

»Ick mach aber keen' Kaffee«, ruft Felix zurück. »Ick will wissen, ob in eurem Arzneischrank 'n Heuschnupfenmittel ist. Jetzt bin ick neugierig.«

Malte lässt sich auf einen Stuhl fallen und seufzt. Er kann das alles nicht so recht glauben.

Zwei Minuten später kommt Felix zurück. In der Hand hält er eine Schachtel mit Pillen. »Dit hier, dit hätteste nehmen sollen«, sagt er monoton und mit starrem Blick. »Dann hätteste ooch nicht so oft geniest. Is' aber unwichtig gerade.«

Malte bemerkt, dass Felix leicht verstört und aufgelöst wirkt. »Wieso ist das unwichtig?«, fragt er und misst Felix' Art keine große Bedeutung zu. »Ist doch gut zu wissen, wie es zu der Verwechslung kam. Andere Optionen waren ja a) ein schlampiger Arzt, b) eine schlampige Apothekerin oder c) ein depressiver Mann, der Suizid begangen hat, weil er sich mit einem Mittel gegen Heuschnupfen über Wasser halten wollte.«

Felix hört kaum zu und verändert seine Miene nicht.

»Du verstehst«, erklärt Malte. »Ich meine den Mann, mit dem ich vor der Apotheke zusammengestoßen bin. Der hätte dann ja zwangsläufig mein Medikament eingenommen.«

Felix ändert seine Miene immer noch nicht. »Kleiber ...«, stammelt er verstört. »Da sind Kleiber im Badezimmer jewesen, viele, aggressive Kleiber!«

Malte muss lachen. »Ach, Felix«, sagt er. »Du weißt, ich schätze einen guten Streich. Und das mit der Kleiber-App war echt ziemlich gut. Aber das jetzt? Nee. Zu vorhersehbar. Das kannst du besser.« Er grinst Felix an. Dann sieht er, wie Blut an Felix Schläfe herabrinnt und sein Grinsen friert ein.

»Dit is' keen Streich«, sagt Felix. Er steht offensichtlich unter Schock. »Kleiber, überall Kleiber!«, sagt er immer noch starr und mit monotoner Stimme.

»Oh mein Gott«, flüstert Malte. »Es gibt sie wirklich!« Er blickt

Felix an. »Es gibt sie wirklich!« Dann springt er auf und schreit laut: »Ich habe es gesagt! Ich habe es gesagt! Kleiber! Kleiber! Kleiber!« Aggressiv triumphierend blickt er sich um. »Ich hab es immer gewusst, aber niemand hat mir geglaubt. ›Verrückt‹ habt ihr mich genannt. ›Einen Narren‹ habt ihr mich geschimpft. Aber ich, ich habe nie an mir gezweifelt! Ihr habt versucht, mir den Verstand zu nehmen!« Er hält diese epische Kriegsrede mit der Miene eines Mannes, der kurz davor ist, in die Schlacht zu ziehen. »Kleiber! Meine Ehre wolltet ihr. Und meine Wohnung! Aber ich wusste, wo das Licht war, immer wusste ich es. Auf in den Kampf!« Dann sprintet er in die Abstellkammer zu dem Werkzeugschrank. Mit einem Schlüssel, den er scheinbar die ganze Zeit um den Hals getragen hat, öffnet er eine geheime Schublade. Er greift nach einer werkzeugkistengroßen Box. »Malte nimmt das Kleiber-Kill-Kit aus der geheimen Schublade und öffnet es«, kommentiert er mit der Stimme eines Actionhelden. Das muss einfach sein. Das hat dieser Moment verdient. Er hat lange genug auf ihn gewartet. »Malte hat lange genug auf diesen Moment gewartet«, kommentiert er weiter. »Lange genug hat er still gehalten und gewartet. Aber immer mit offenen Ohren und stets wachem Blick. Denn es ist Krieg. Und der Krieg erlaubt keine Pausen. Mit todesmutigem Blick blickt Malte auf die Waffen in seinem Kleiber-Kill-Kit. Jeder, der *Pulp Fiction* gesehen hat, kennt die Szene, in der Bruce Willis als Butch eine Waffe für den Kampf gegen Zed auswählt.« Malte ist voll in seinem Element und kommentiert wirklich gut. Das findet zumindest er selbst. »Bruce Willis entscheidet sich letztendlich für ein japanisches Kampfschwert«, fährt er fort. »Aber diese Szene hier ist brutaler, perfider und einfach krasser. *Pulp Fiction* ist eine kleine Rauferei dagegen. Das weiß Malte. Mit schneller Hand greift er nach einer Eigenkonstruktion. Eine Mischung aus Taschenmesser und Flammenwerfer. Diese Waffe soll sein Schutzengel sein, denkt Malte. Mit dieser Waffe wird er in den schier aussichtslosen Kampf ziehen. Nur er und die Kleiber. Malte bekreuzigt sich und sieht sich noch einmal in der Abstellkammer um, die ihm stets ein treuer Begleiter gewesen ist. Mit einer kurzen Verbeugung verabschiedet er sich von ihr, weiß er doch: Vermutlich wird er nie wiederkehren.«

»Alter, wat redest du?« fragt Felix, der plötzlich hinter ihm aufgetaucht ist. Auf seiner Stirn klebt ein Pflaster und er wirkt weniger schockiert als noch vor ein paar Minuten.

»Ich kommentiere diesen Moment«, entgegnet Malte. »Das bin ich mir schuldig, nach all den kleiberbedingt schlaflosen Nächten.«

»Jut. Wennde meinst«, murmelt Felix.

»Hast du das Pflaster aus dem Badezimmer?«, fragt Malte. Er kann sich nicht vorstellen, dass Felix unbewaffnet dorthin zurückgekehrt ist.

»Nein, aus deinem Zimmer. Da hast du doch ein Kleiberkampfnotversorgungs-Kit.«

»Ah, richtig«, sagt Malte, stolz auf seine Vorkehrungen. »Wirst du an meiner Seite kämpfen, mein tapferer Bruder?«, fragt er dann.

»Hmm«, sagt Felix. »Eigentlich nicht. Ist ja dein Kampf. Den will ick dir nicht wegnehmen. Andererseits haben die Viecher mich attackiert. Als Neuköllner muss ick die Sippe jetzt ausrotten. Ehre, dies das. Du verstehst?«

Malte versteht. Er nickt ihm stolz zu.

Felix greift nach einer Waffe. Er entscheidet sich für den Klassiker – ein Stuhlbein, aus dem ein rostiger Nagel herausragt. »Ick will spüren, wie ick sie töte«, flüstert er mit aufgerissenen Augen.

Dann ziehen die beiden Helden in die Schlacht.

Als sie das Bad zwanzig Minuten später verlassen, ist Maltes kriegerisch-blau-weiß gestreiftes Shirt zerrissen. Sie tragen Hackwunden am ganzen Körper, und sie tragen sie mit Stolz. Felix streichelt seine angeschwollene rechte Faust und wischt sich Blut aus dem Mundwinkel. Die Bilanz: einunddreißig tote

Kleiber, eine kaputte Badewanne, diverse Verbrennungen dritten Grades und eine Anzeige wegen Ruhestörung durch Sara. Die große Kleiberplage von 2015 aber ist überstanden.

»Dit war's wert«, fasst Felix zusammen. »Dit ...« Er lässt eine sehr lange Kunstpause, »... war's wert!«

Sechs Tage vergehen.

TAG 29

MOTIVATIONSKAFFEE & EINE SAUMÄSSIGE ARBEITSMORAL

MALTE UND FELIX SITZEN IN DER KÜCHE. FELIX TRINKT KAFFEE, Malte liest ein Ranking der besten Rankings aller Zeiten in der neuen InTouch. Beide schweigen. Kein unangenehmes oder bedrücktes Schweigen, eher ein genügsam-glückliches.

Morgen ist Abgabe des Manuskripts. Weil täglich diverse E-Mails mit Einladungen zu privaten Filmabenden unbeantwortet geblieben sind, hat der Verleger die Deadline einen Tag nach vorne verlegt.

Malte und Felix sind trotzdem sehr entspannt.

Seit er die Kleiber los geworden ist und endlich die richtigen Medikamente nimmt, ist Malte wie ausgewechselt. Er hat die letzten Nächte durchgeschlafen, wenige Monologe gehalten und Felix sogar einmal ungefragt für seine Arbeit am Buch gelobt.

Tatsächlich ist das Buch so gut wie fertig.

Felix schnappt sich seine Memoiren und beginnt ein Gespräch: »Weeßte wat, Rosskopf?« Er nimmt Malte die InTouch aus der Hand und legt sie sanft auf den Tisch.

Malte ist von Felix' Sanftheit positiv überrascht.

Felix bemerkt das. Er will zwar keinen Streit anfangen, aber er will auch nicht für sanft gehalten werden. Deshalb nimmt er die InTouch wieder vom Tisch und wirft sie wütend quer durch die Küche in die Kammer. »Sorry, aber ick kann nicht mit ansehen, wie du dir diese Scheiße immer reinziehst. Du verdummst dabei, Malte. Gloob mir dit!«

Malte glaubt ihm nicht. Er schiebt Felix den Phrasen-Wind-

hund vor die Nase und steht wortlos auf, um die InTouch aufzu-
heben. »Ich will nur noch wissen, welches Ranking Platz eins
belegt. Ich hab da nämlich eine Vermutung.« Malte nickt, wie
nur ein Experte nicken kann. »Danach kannst du mir erzählen,
was du mir erzählen wolltest.«

In aller Seelenruhe setzt er sich wieder, lehnt sich zurück und
liest weiter.

Felix folgt Malte mit seinen Blicken. Aufmerksam beobachtet
er dessen Mimik.

Malte liest. Sein freudig-wissender Blick verfinstert sich.

Felix beginnt zu grinsen. »Und?«, fragt er. »Es war doch wohl
nicht etwa 'n anderet Ranking auf Platz eins?« Auch Felix mag
neuerdings Suggestivfragen.

Malte sieht Felix nicht an und schmeißt die InTouch quer
durch die Küche. Sie liegt jetzt wieder genau da, wo er sie vor
einer Minute aufgehoben hat. Noch vor wenigen Tagen hätte
das gereicht, um seine Laune nachhaltig zu verschlechtern. Mit
der richtigen Medikation und ohne Kleiber ist er ausgeglichener.
So ist es heute mit dem Wegwerfen der Zeitschrift getan. »Also,
Lobrecht. Was wolltest du mir erzählen?«, fragt er.

»Wat?«

»Na, was du mir erzählen wolltest? Vor nicht einmal drei Minuten meintest du: ›Weeßte wat, Rosskopf?‹ Du erinnerst dich?«

»Nee.«

»Wie, ›nee‹? Das war gerade eben. Wie kannst du dich daran nicht crinnern? Du hast angefangen, mir etwas erzählen
und danach hast du mir die InTouch aus der Hand genommen
und sie durch die Küche geworfen. Und das nur, weil du wieder
heimlich in meinen Gedanken gelesen hast und wusstest, dass
ich dich zunehmend für sanft halte. Aber das nur am Rande.
Worum ging es in deiner Geschichte?« Es geht ihm nicht um
den Inhalt von Felix' Geschichte. Er hasst es nur, wenn Leute
anfangen etwas zu erzählen und dann einfach aufhören. Egal
wie trivial, banal oder belanglos.

»Ach, dit meinste.« Felix erinnert sich und winkt ab. »Ja, nee. Ging eigentlich um nischt. Mir ist nur aufgefallen, wat für 'n vorbildlicher Mitbewohner ick hier in deiner WG war und bin.«

Malte lässt die vergangenen vier Wochen Revue passieren. Felix ist unangemeldet und uneingeladen erschienen, hat zweimal versucht, ihm größere Summen Bargeld zu klauen, hat sämtliche Vorräte von ihm und seinen abwesenden Mitbewohnern gegessen, hat nicht einmal den Küchen-, Bad-, Flur- oder zumindest Dienstplanerstelldienst übernommen, war, ohne Bescheid zu sagen, eine Woche einfach weg und hat die letzten beiden Ausgaben der InTouch – die Malte abonniert hat – einfach weggeschmissen. Das Exemplar, das Malte grad wütend weggeworfen hat, hatte er sich am Kiosk nachkaufen müssen. Und das sind nur die Dinge, die ihm spontan einfallen. »Nenn mich eigen, aber wenn ich die letzten vier Wochen so durchgehe – mir sind schon ein, zwei Sachen aufgefallen, die man künftig besser machen könnte«, sagt er und fühlt sich sehr diplomatisch. Zur Belohnung gönnt er sich ein Duplo. Die hohe Kunst der Duplomatie, denkt er und lächelt.

Felix fühlt sich angegriffen. »Nenn mir sechs Sachen, die in den letzten vier Wochen nicht so jut jeloofen sind!« Er setzt ein Gewinnerlächeln auf.

Malte zählt daraufhin ansatzlos und wie aus der Pistole geschossen die sechs Sachen auf, die ihm eben noch spontan eingefallen sind und setzt ein Gewinnerlächeln auf.

Felix ist verblüfft. Schon die zweite Diskussion in Folge, die er verliert. »Na ja, wie dem auch Hai«, tut er das Aufgezählte ab, »in meiner WG in Marburg bin ick noch viel schlimmer.« Er sagt das, als sei das etwas Gutes.

»Ist das so?«, entgegnet Malte mit der Kurzangebundenheit eines Gewinners.

»Ja, so ist dit. Hier!« Felix deutet auf seine aufgeschlagenen Memoiren. »Hab ick neulich erst uffjeschrieben, damit ick nicht vergesse, wat für 'n scheiß Mitbewohner ick bin.« Er sagt auch das, als sei es etwas Gutes. Er trinkt noch einen Schluck Kaffee, knackt seine Finger, den Nacken und erschreckenderweise auch die Schultern durch und beginnt vorzulesen.

WETTER IN DER WOHNUNG

Ick lass beim Lüften im Winter immer die Heizung an. Dann peitscht die kalte Luft von draußen auf die warme Luft von drinnen. Jut, long story short: Letztens hatten wa 'n kleinet Gewitter im Wohnzimmer. Kennt man doch, da machste dir morgens 'nen Kaffee und dann: Wirbelsturm in der Küche.

Wir haben in meiner WG nur zwei große Streitpunkte: Olivenöl nachkoofen und Wetter inna Wohnung.

Und halt die Sache, dass meine Mitbewohner nicht wissen, dass ick im Flur wohne. Die denken alle, ick wär' Gast.

Mein Flur hat jetzt ooch nicht direkt 'n Fenster. Wenn ick Besuch empfange, sag ick immer: »Komm' se rinn, könn' se rinnkieken!«

Ick trau mich nicht, dit anzusprechen mit dem Wohnen, weil ick die Reaktion eh schon kenne. Meine Mitbewohner sind wie Tiere. Tiere haben ja ooch keen großet Repertoire an Reaktionen und verhalten sich immer gleich. So 'ne Katze denkt sich ooch: Nee, dit passt mir grad jar nich' in' Kram, allet klar – ick fauche! Oder so 'n Hund: Es klingelt? Jut, ick belle! Oder diese albernen Echsen, die immer irgendwat am Kopf ausfahren in Stresssituationen: Dit ist eigentlich mein Revier – jut, Fächer raus!

Wenn ick sage, dass ick hier wohne, heißt dit: »Du wohnst hier? Jut – Miete!«

Nicht mit mir, Freunde. Bevor ick Miete zahle, will ick erst ma' 'n Fenster in meinem Flur.

Wenn ick hier offiziell wohnen würde, müsst' ick außerdem ooch ma' Küchendienst übernehmen, oder so. Möcht ick aber nicht. Ick sag ja immer: Küche putzen ist wie Wäsche waschen, nur dass man selber die Maschine ist.« Ick bin aber keene Maschine, oder steht auf meinem Shirt irgendwo »Ick bin 'ne Maschine«? Ick gloobe nich'.

Als ick in meiner letzten WG Küchendienst hatte, kamen nach 'n paar Wochen regelmäßig Rentnergruppen zum Pilzesammeln vorbei.

Wir machen übrigens bald 'ne WG-Party, hab ick mir überlegt. Ihr seid alle eingeladen. Gibt auch 'ne Facebook-Veranstaltung. Richtig vollet Programm mit Veranstaltungstext und pipapo:

Hey Partypeople, it's Partytime. Wir feiern eine Party. Eine richtig gute Party mit ausgelassener Stimmung und viel Fun. Es ist für Snacks gesorgt, zum Beispiel für Chips, Flips, NicNac's, Erdnüsse, Nachos, Salzstangen, kleine Brezeln, saure Apfelringe und für die Vegetarier: Fisch ›Red Snapper Filet‹. Kennt ihr den Fisch Red Snapper? Alberner Name für 'nen Fisch. Ick find, dit klingt wie 'ne App.

Ick finde den Text ja sehr gelungen. Kurz und auf'n Punkt.

Zur Vorbereitung auf die Party habe ick mich dazu entschieden zu duschen. Nach dem Haarewaschen pflege ick meine Haare immer mit Olivenöl. Ist jut für den Glanz und man riecht immer 'n bisschen danach. Vorteil: Meine Haare glänzen schön und ick komme sehr schnell mit Italienern und Griechen ins Gespräch. Nachteil: Ständig wollen Leute wat auf mir braten. 'n Ei, zwei Eier oder drei Eier. Ick frag mich dann immer, wo dit hinführen soll. Vier Eier?

Gerade sitze ick mit meinen neuen Freunden Costas und Fabrizio in unserer Küche. Wir sonnen uns. Meine Mitbewohner setzen sich auf ein Bier dazu. Und mit Bier mein ick Weißwein aus'm Tetrapak. Ich ziehe mein Partyoutfit an. Ein viel zu kleinet Shirt, auf dem steht: »Ick bin 'ne Maschine«. Und morgen mach ick dann die Küche sauber. Dit hab ick ihnen versprochen im Suff und sie nehmen mich beim Wort. Ick fühle mich wie Jesus. Der war ja auch erklärtermaßen dazu bereit, für seine Überzeugungen zu sterben und im Wesentlichen haben die Römer ihn auch nur darauf festgenagelt.

Ick liebe meine WG.

»Hilft das wirklich?«, fragt Malte nach einer kurzen Pause.
»Hilft wat wirklich?«

»Na, das mit dem Olivenöl? Also, ist das wirklich gut für die Haare, für den Glanz, fürs Wachstum, und so? Du weißt schon.«

Dass Felix ihn vor vier Wochen gefragt hat, ob er eine Glatze bekommt, wurmt ihn immer noch. Steckt nicht in jeder Aussage ein wahrer Kern?

»Keene Ahnung. Hab dit irgendwann mal in einer deiner In-Touchs gelesen, als se mal uffjeschlagen rumlag. Vor 'nem Jahr oder so, als ick dich mal besucht hab.«

»Ach, der Artikel, ich erinnere mich.« Malte erinnert sich sofort an den Artikel. »Das war im März 2014, glaube so auf Seite zwanzig. Könnte aber auch zweiundzwanzig gewesen sein.« Normalerweise weiß er so etwas genauer. »Das kannst du besser, Malte!«, murmelt er.

»Na ja, wie ooch immer. Also mehr als da drin stand, weeß ick ooch nicht. Aber seit ick Olivenöl zur Haarpflege benutze, ist zumindest nix schlechter jeworden.« Felix deutet auf sein volles Haupthaar.

»So, wollen wa mal die letzten paar Seiten Buch fertig schreiben?«, fragt er nach einer Weile. Malte hat die InTouch in der Zwischenzeit wieder aufgehoben. Er plant einen geharnischten Leserbrief wegen des Ranking-Rankings zu verfassen. »Wer offensichtlich nicht hinreichend informiert ist, sollte die Finger von so heiklen Themen lassen«, wettert er. »Das sind so halbgare Journalisten, die vollkommen unambitioniert irgendwas abtippen, nur damit sie in die Mittagspause oder früher in den Urlaub können. Peinlich ist das. Solche Menschen steigen in Züge und nehmen den ersten freien Sitzplatz, ohne zu gucken, ob es nicht vielleicht noch ein leeres Abteil nur für sie gibt. Zu schnell zufrieden, das Pack. Die haben sich doch allesamt aufgegeben.«

Offensichtlich muss man ab und zu immer noch mit wütenden Monologen rechnen, denkt Felix, Medikamente hin oder her. »Komm, dein alberner Leserbrief kann warten«, sagt Felix. »Überleg ma', wie weit wa schon jekommen sind. Noch vor drei Tagen hatten wa überlegt, dit Buch stichpunktartig abzugeben. Jetzt haben wa schon über hundert Seiten. Heute noch Schlussspurt und wir sind durch, Alter!«

Malte ist von Felix' emotionslos vorgetragener, aber inhaltlich motivierender Rede überzeugt und legt die InTouch beiseite.

Felix lächelt und steht auf, um neuen Kaffee zu machen. Einen »Motivationskaffee«, wie er immer sagt.

»Sieh's mal so, Rosskopf«, sagt er, als er Malte eine Tasse reicht. »'nen richtigen Job könnten wir eh nie erfolgreich machen. Wir ham nur diese Option – ›Schriftstellerleben oder Armut‹ ist das Motto. Ick hab schon oft genug in normalen Jobs gearbeitet. Abjesehen davon, dass dit keen' Spaß macht, kann ick dit ooch einfach nicht. Beim besten Willen, ick kann's nicht: Wenn ick in meinen Nebenjobs als Barkeeper, Kellner, Eishockeykartensortierer, Flyerverteiler, Fitnesstrainer, Fitnessstudiotresenmädchen, Sushiausfahrer, Regaletiger bei Edeka und Regaletiger bei Kaufland eines über mich gelernt hab, dann: Ick hab 'ne saumäßige Arbeitsmoral. Dit jibt so Mitarbeiter, bei denen kannste dir sicher sein, die stehen zehn Minuten vor Schichtbeginn uff der Matte, die haben wat an, die klauen nicht, die jeben immer hundertfünfzig Prozent. Und dann jibt's Mitarbeiter, bei denen man sich freut, wenn se überhaupt kommen. Bei denen man sich freut, wenn sie während ihrer Arbeitszeit einfach nur nischt Größeret in Brand stecken oder wenigstens mal vorne im Laden Bescheid geben, dass et brennt. Ick hab die Verwirrung meist jenutzt und mir zwei, drei Feuerlöscher jezogen. Meine Chefs wussten teilweise ooch jar nicht, wo ick mich während der Arbeitszeit überhaupt aufhalte. Ick war roochen, oder spazieren, oder hab 'ne Radtour jemacht. Ick bin irgendwie nicht so der Arbeitstyp. Irgendwie ist da der Wurm drin.«

»Klingt so, als hättest du echt eine saumäßige Arbeitsmoral«, fasst Malte zusammen.

»Jut zusammenjefasst, Malte. Jut zusammenjefasst«, antwortet Felix gönnerhaft.

Noch vor wenigen Wochen wäre Maltes Zusammenfasserei Grund für eine ausgewachsene Auseinandersetzung mit mehreren Verletzten gewesen. Schon beeindruckend, wie einen die konzentrierte Arbeit an einem Buch und der Kampf gegen Kleiber zusammenschweißen kann. Natürlich ist es nicht so, dass Felix plötzlich sanft oder Malte cool geworden wäre. Überhören und Ignoranz sind der Schlüssel zur Harmonie.

»Na ja, und nicht nur die Arbeit an sich ist kacke. Bei so normalen Jobs haste die merkwürdigsten Kollegen. Hab da ooch mal wat in mein Tageb..., äh, in meine Memoiren geschrieben.« Felix flext kurz den Bizeps, um von seinem Versprecher abzulenken. Es funktioniert. »Also, ick hab mal in 'nem Café gearbeitet. Bevor ick da anfangen konnte, musst' ick natürlich zum Probearbeiten. Da hab ick dann meinen neuen Kollegen kennengelernt.«

STÜHLE-DENNY

»Hallo, ick bin Felix. Ick bin heute zum Probearbeiten hier. Der Chef meinte, ich soll 'n bisschen bedienen und vielleicht 'n bisschen Ordnung hier draußen machen mit den Stühlen ...«

»Babababa!«, unterbricht mich mein neuer Kollege. »Dit mit den Stühlen und wie die stehen und wie dit allet anjeordnet ist, dit mach aallet ick! Aallet ick! Merke: Wenn's um Stühle jeht, jeht's immer ooch um Denny! Kannst mich ooch ›Stühle-Denny‹ nennen! Ick kenn mich dahingehend aus und dit wissen die Leute. Die Leute wissen, wer ›Stuhl‹ sagt, muss auch ›Denny‹ sagen.

Ick hab hier anjefangen, damals nacha Wende, mit Karten uff die Tische legen. Scheffe wusste, wenn Denny die Karten legt, dann liegen die Karten. Immer eene pro Tisch, außer bei großen Tischen zwee! Da war Auge jefragt. Und Auge hab ick.

Dann kam die Zeit mit den Decken. Da hab ick dann Decken über die Stühle jelegt. Immer eene Decke pro Stuhl, keene Sonderregelung. Ja, da hat sich dit mit den Stühlen schon langsam anjebahnt. Hier und da mal wat zurechtjerückt an Stühlen, ooch mal 'n neuen Stuhl aus'm Schuppen jeholt, wenn Not am Stuhl war.

Da ham se dann jemerkt, wat ich so zu leisten in der Lage bin in Punkto Stühlen. Der Rest ist Geschichte, heute mach ick dit hier allet alleene mit den Stühlen. War 'n Kampf! Aber ick war schon immer Kämpfer! Und 'n Macher, ick mache!

Andere reden, ick mache! Ick lese Situationen, ick reagiere schnell. Zack, Notfall: Vier Gäste loofen uffn Tisch mit drei Stühlen zu, da müssen schnelle Entscheidungen kommen! Da heißt dit umverteilen, neue holen, organisieren, Überblick behalten. Wenn du hier anfangen willst bei uns im Laden, und dit seh ick noch nicht, fordere ick zweihundert Prozent, im Privaten wie im Beruflichen! Hier, siehste dit?« Denny krempelt seinen Ärmel hoch und deutet auf seinen Unterarm. »›Bonum est sedere in vim.‹ Dit is' Latein für: ›Im Sitzen liegt die Kraft.‹ Mein Lebensmotto. Nicht weniger erwarte ick von dir. Ick kenn die Tricks, ick lass mir hier keen' hinter die Kette jagen. So früh uffstehen, um mir 'n Kaffee zu kochen, kannste jar nicht. Ick bin immer 'nen Schritt vorneweg. Der Kaffee, den ick trinke, ist schon am Donnerstag von Freitag. Ohne den Mann an der Sitzplatzbereitung ...«

Mein Chef kommt und nimmt mich beiseite: »Hatta wieder sein Ding mit den Stühlen abjezogen? Lass dich von dem Spinner nicht abschrecken, der lebt dit mit den Stühlen 'n bisschen zu sehr. Ick sag's dir janz ehrlich: Mir isset doch scheißejal, wie die Stühle stehen, Hauptsache die Leute können sitzen. Aber jut, ick lass ihn machen. Seit fünfzehn Jahren arbeitet der hier Vollzeit auf Vierhundert-Euro-Basis. Ohne Scheiß, ick hab dit ma' ausjerechnet, dit sind keine drei Euro die Stunde. Mindestlohn willa ooch nicht. Da nehm ick dit in Kauf. Egal, am besten, du schnappst dir 'n paar Getränkekarten und legst die hier erst mal uff die Tische. Wie, ist mir scheißejal.«

Ick kündige.

»JA, KRASS. SO LEUTE, DIE ES LEBEN, TRIFFT MAN ÜBERALL«, stimmt Malte zu. »Nee. Du hast recht. Darauf habe ich keine Lust. Lass uns einfach schnell das Buch fertigmachen und damit reich werden. Dann können wir auch endlich in den Urlaub fahren.«

Felix hat keine Lust auf Urlaubstalk mit Malte und stimmt direkt zu.

Die kommenden vierundzwanzig Stunden trinken die beiden sehr viel Kaffee und arbeiten konzentriert am Buch.

TAG 30

DAS NEUE ENDE & ADAM SANDLER

Malte sitzt in der Küche und tippt grinsend auf der Tastatur seines Laptops.

Felix öffnet die Tür und gesellt sich, ebenfalls grinsend, dazu. »Wat macht der Rosskopf?«, fragt er.

»Ich schreibe willkürlich Leute aus meiner Freundesliste bei *Skype* an und sage, dass sie wenigstens die Kamera ausschalten sollen, wenn sie masturbieren.«

»Und, wie reagieren die Leute?«

»Jeder Vierte geht sofort offline. Aber sofort. Klassische Panikreaktion. Nur Bernhard hat mich gefragt, ob mir nicht gefällt, was ich sehe.«

»Dit is' lustig, Malte, im Ernst. Haha.« Felix lacht wirklich ein bisschen. »Aber ick kann's nich' leiden, wenn du von deinen Freunden erzählst, als müsste ick die kennen. Ohne Spaß, ick hasse dit, wenn Leute irgendwelche Namen wie selbstverständlich fallen lassen, obwohl keene Sau die Leute hinter den Namen kennt. In jedem zweiten Partygespräch wird von Mandy und Chrissy gesprochen. Ick hab aber keene Ahnung, wer Mandy und Chrissy sind. Und ick will ooch nich' wissen, wer Mandy und Chrissy sind. Also, wer zur Hölle is' Bernhard?«

»Du kennst Bernhard«, antwortet Malte.

»Ick entscheide ja wohl selber, wen ick kenne und wen nicht.«

»Das verschreckte Eulenbaby.«

»Ach Bernhard, klar. Sag dit doch gleich«, sagt Felix vorwurfsvoll und ergänzt: »Oh, wat ick jemacht hab, willst du wissen?«

»Ja, das will ich wirklich wissen.«

Felix schweigt. Mit dieser Antwort hat er nicht gerechnet. Sie überfordert ihn gewaltig. »Oh, wat ick jemacht hab, willst du wissen?«, fragt er erneut, um dann direkt die Antwort zu geben. »Ick hab unser Buch zu Ende geschrieben. Letztet Kapitel und boom: Wir sind fertig. Wie ein Fertigsandwich. Ick hab da übrigens ma' 'ne Doku ...«

»Jaja, ich kenne die Geschichte, Felix«, unterbricht Malte ihn. »Aber cool, dass du das letzte Kapitel geschrieben hast. Einsame Spitze, du Hengst!«

»Hätteste nich' jedacht, dass ick dit letzte Kapitel schreibe, wa?«

»Doch, Felix. Denn eigentlich wollte ich das letzte Kapitel schreiben und dann hast du gesagt, du hättest die beste Idee der Welt und würdest wirklich, wirklich gern das letzte Kapitel schreiben wollen. Dann hast du mich unnötigerweise direkt noch mal angerufen, obwohl du neben mir standest, und gesagt, dass du das letzte Kapitel wirklich ehrlich schreiben willst, und dann bist du in dein Zimmer gegangen und hast mir zur Sicherheit bei *Skype* geschrieben, dass du das letzte Kapitel jetzt schreiben wirst, nachdem du kurz offline warst. Da hab ich dann eins und eins zusammengezählt und mir gedacht, dass du das letzte Kapitel schreiben wirst.«

»Is' ooch wirklich richtig, richtig jut jeworden«, versichert Felix. »Ick bin selber restlos begeistert.«

»It better be good«, antwortet Malte lachend und fühlt sich sehr gönnerhaft, Felix das letzte Kapitel überlassen zu haben. »Wenn es nicht wirklich ausgezeichnet ist, dann schreib ich das letzte Kapitel noch mal. Ich hab da ja auch den ein oder anderen Kniff für ein aufregendes Finale in der Hinterhand.« Er zwinkert Felix zu.

»Wird nich' nötig sein, Rosskopf, lies und staune und zwinker mir gefälligst nie, nie wieder zu!« Felix reicht Malte den Laptop. Malte beginnt zu lesen.

»Dit jeht so nich'«, mosert Felix.

»Was geht so nicht?«

»Du kannst dit nich' einfach so lesen. Du musst dich auf den Bauch rollen, deinen Kopf auf den Händen abstützen und die Beine baumeln lassen. So wie sonst ooch. So liest du ja schon total voreingenommen, am Ende sitzte unbequem, hast 'n schlechtet Gefühl deswegen und denkst dann, dass dit von meinem Ende kommt. Nee, erlaub ick nich'. So kann dich dit ja per se schon nich' überzeugen.«

»Du spinnst wohl«, sagt Malte.

»Nee, Rosskopf, ick verlange, dass du dit so liest wie immer. Also, Kopp inne Hände, auf'n Bauch jerollt und Beine baumeln lassen!«

Malte steht auf und geht in die Vorratskammer.

»Du kannst nich' einfach mitten im Jespräch verschwinden, dit is' mein Move, du Movedieb!«, protestiert Felix, dem Maltes Gehabe überhaupt nicht gefällt.

»Sorry, mir war nach einem Whiskey. Außerdem würde ich ohne Whiskey dein Genöle nicht ertragen. Wieso ist dir das letzte Kapitel überhaupt so unfassbar wichtig, dass du dich so penetrant aufführst wie sonst nur ...«, Malte macht eine Pause und schluckt. »... ich«, gibt er schließlich zu. »Du benimmst dich nicht wie der Lobrecht, den ich kenne.« Den letzten Satz spült Malte mit einem großen Schluck Whiskey hinunter. »Schon viel besser«, stellt er nüchtern fest, obwohl er mindestens vier Zentiliter getrunken hat.

»Na ja«, druckst Felix herum, »also, wenn du's jenau wissen willst ...«

»Will ich nicht«, unterbricht Malte ihn trocken, obwohl er sich gerade beim zweiten Schluck mit Whiskey bekleckert hat.

»Da steckt einfach viel Persönlichet drin und so«, ignoriert Felix Maltes Kommentar. »Ick hab da am Ende versucht, noch dit ein oder andere zu verarbeiten. Keene Ahnung warum, kam einfach so rausjesprudelt. Ick hab meine Worte richtig *jefühlt*.« Felix fällt auf, dass der letzte Satz genauso von Malte hätte kommen können. Ihn schaudert.

Malte bemerkt das nicht und widmet sich dem letzten Kapitel. »Nun denn«, sagt er, »dann will ich mal wohlwollend lesen.« Erneut zwinkert er Felix gönnerhaft zu.

»Ick hol mir auch ma' wat zu trinken, sonst ertrag ick deine gönnerhafte, widerwärtige Art nicht. Und Alter, hör auf mir zuzuzwinkern!«, sagt Felix. Er ist sehr, sehr aufgeregt, wie Malte das Kapitel findet. Auch deswegen braucht er Alkohol, zur Beruhigung. Im letzten Kapitel ist so viel Tiefgang drin, denkt er, wenn Rosskopf dit nicht erkennt, dann zünd' ick ihn einfach an.

Malte nimmt noch einen Schluck Whiskey und tut widerwillig, wie ihm geheißen. Er liest einige Minuten, Felix sitzt direkt daneben und starrt ihn dabei aus nächster Nähe an.

»Ach ja«, unterbricht Felix Maltes Lesefluss, »wenn du die Rolle des grauen Mülleimers nicht sofort nachvollziehen kannst, dann lies erst mal weiter. Ick hab den als roten Hering ausjestaltet.«

»Was hast du gemacht?«

»Also, der graue Mülleimer, der im letzten Kapitel vorkommt, der ist in Wahrheit ein roter Hering. Nur falls du dit nicht sofort verstehst. Aber lass dich nicht irritieren und lies weiter. Dit löst sich am Ende allet auf, keene Sorge.«

»Der graue Mülleimer ist ein roter Hering?«, fragt Malte. »Sag mal, geht's dir gut? Man kann dieses Tier-Ding auch übertreiben, Felix. Bekommt jetzt etwa jeder Gegenstand von dir auch eine tierische Bezeichnung? Das braune Sofa ist in Wahrheit ein gelber Grashüpfer und die weißen Vorhänge sind in Wahrheit türkise Dackel?«

»Nee, Rosskopf, roter Hering bezeichnet umgangssprachlich ein Ablenkungsmanöver. Kommt von den Engländern, ›red herring‹ heißt dit dort. Dit Prinzip ›roter Hering‹ is' in Filmen und Büchern jerne jenutzt. Dit weeß man eigentlich, wenn man sich für Bücher und Filme interessiert und so 'n professioneller Klugscheißer is' wie du.«

»Klar, weiß ich auch«, murmelt Malte und sucht nach einer Entschuldigung. »Hab grad nur viel um die Ohren und das deswegen vergessen. Kommt nicht wieder vor.«

Dit is' doch nich' normal, denkt Felix. Wieso fühl ick mich hier wie der Rosskopf mit Jefühlen und Pathos und pipapo. Und wieso kennt Rosskopf plötzlich bestimmte Wörter und Redewendungen nich' mehr?

Wieso kenne ich plötzlich bestimmte Wörter und Redewendungen nicht mehr?, denkt Malte. Sind Felix' kognitive Einschränkungen etwa ansteckend? Oh mein Gott, nur jemand, der kognitiv so eingeschränkt ist wie Felix würde solche Einschränkungen für ansteckend halten. Was geschieht hier? Schnell trinkt er noch mehr Beruhigungswhiskey und betet diverse Ranglisten runter, um sich zu überzeugen, er selbst zu sein.

»Lies bitte endlich weiter!«, quengelt Felix und erschrickt, weil er erneut wie Malte klingt. Haben wir etwa wie in Filmen der frühen 2000er durch eine physikalische Anomalie über Nacht die Persönlichkeiten jetauscht?, denkt er. Warum sonst sollt' ick Wörter wie »physikalisch« oder »Nacht« kennen? Oder frühe Filme der 2000er? Und warum sollt' ick mich sonst so maltemäßig verhalten? Und warum sonst sollte Malte plötzlich so lässig und erhaben sein? Felix blickt Malte an. Malte wirkt muskulöser und schöner als sonst. Panisch trinkt Felix mehrere Gläser Ouzo. Dann boxt er einen Küchenschrank kaputt, um sich felixtypisch zu verhalten. »Du bist Felix Lobrecht, du bist Felix Lobrecht«, spricht er sich immer wieder selber zu.

»Warum hast du meinen Küchenschrank zerstört?«, fragt Malte.

»Weil ick Felix Lobrecht bin«, schreit Felix. »Ick – bin – Felix – Lobrecht!« Er setzt an, eine Superman-Pose zu machen, hört jedoch sofort auf, als er realisiert, was er da tut.

»Was geschieht hier?«, flüstert Malte panisch.

»Ick bin du und du bist ick«, sagt Felix verstört.

»Ich bin du und du bist ich?«, fragt Malte.

»Du Glückspilz!«, sagen beide wie aus einem Mund. Dann

trinken sie noch jeder mehrere Schlucke Ouzo und Whiskey.

»Okay«, sagt Malte schließlich. »Das ist unrealistisch, dass wir uns so verhalten. Ich weiß, dass das unrealistisch ist, weil ich sehr schlau bin. Und klug. Immerhin bin ich Malte Rosskopf. Also ruhig, Blut, alter Junge!«

»Mit wem sprichst du jetzt genau?«, fragt Felix.

»Eigentlich nur mit mir. Aber da ich nicht weiß, wer ich bin, spreche ich zur Sicherheit mit uns beiden.«

»Jut«, setzt Felix an, »es gibt 'ne normale Erklärung für unser Verhalten, da bin ick mir sicher. Wir sind beide sehr betrunken mittlerweile und haben viel jearbeitet und lange Zeit aufeinander jehockt, richtig?«

»Hör auf, Suggestivfragen zu stellen«, antwortet Malte. »Das ist mein Move, du Movedieb!«

»Hör auf, Wörter wie ›Move‹ und ›Movedieb‹ zu benutzen«, sagt Felix, »dit sind meine Wörter.«

»Ich will, dass das aufhört!«, brüllt Malte und trinkt noch mehr Whiskey.

»Vielleicht solltest du aufhören, so viel Whiskey zu trinken«, antwortet Felix und nimmt noch einen großen Schluck Ouzo. »Ick denke, wir steigern uns da alkoholbedingt rein gerade.«

»Nein, Felix, nein, du kannst jetzt nicht der rational Denkende von uns sein. Oder der Denkende generell. Das ist mein Job. Platz eins: *The Beatles*, Platz zwei: Bob Dylan, Platz drei: *Pink Floyd*«, setzt Malte erneut zu einer Rangliste an.

»Okay, Rosskopf, wir machen jetzt 'ne minimale Pause und kommen ma' kurz runter. Ick bin mir sicher, dass wir nur gerade sehr betrunken sind. Und ick nehme an, dass wir ferner einfach langsam Verhaltensmuster des jeweils anderen adaptieren. Weil wir so viel Zeit miteinander verbringen, du verstehst?«

»Natürlich versteh ick, äh, ich das. Ich bin Malte, ich verstehe Dinge. Und hör auf Wörter wie ›Verhaltensmuster‹ und ›adaptieren‹ zu benutzen! Du hast kein Recht dazu, du hast nie ein Praktikum bei einer Psychologin gemacht!«

»Jut«, sagt Felix, »dann machen wa jetzt 'ne halbe Stunde Pause, halten unsere Köpfe unter kaltet Wasser und jeder macht Dinge, die er halt so tut. Danach lieste meen Kapitel und dann sind wa fertig, okay?«

»Na gut«, antwortet Malte. Ihm ist nicht wohl zumute. Er will nicht wie Felix sein. Felix ist schon zu lange hier, ich möchte nicht wie er werden, es ist Zeit, dass er geht, denkt er.

Au weia, denkt Felix. Ick hab die Lage gerade jerettet. Aber so wie Malte die Lage normalerweise retten würde. Wo ist mein Style hin? Ick werde weich und zahm. Wie ein zahmet Pony. Bei dem letzten Gedanken fängt er an zu lächeln. Malte denkt nicht an zahme Ponys, weiß er. Nur ick denk so was. Ick werde wieder normal. Trotzdem, ick muss hier weg!

Drei Stunden später treffen Felix und Malte sich wieder. In der ersten Stunde der Pause hat Felix sieben Espressoshots getrunken. Malte hat sich vier blau-weiß gestreifte T-Shirts im Internet bestellt. In der zweiten Stunde hat Felix trainiert und Malte hat IQ-Tests gemacht. In der dritten Stunde haben sich beide aus Langeweile weiter hemmungslos betrunken. Aber keiner hat sich getraut, nach der Vorgeschichte den ersten Schritt zu machen und Kontakt zum anderen aufzunehmen. Daher begannen Whiskey und Ouzu, erneut ihre Reize zu entfalten.

»So, ick bin wieder icke«, sagt Felix schließlich nach der Pause. »Lies dit Kapitel jetzt oder ick töte dich! Und wehe, du liest nicht mit baumelnden Beinen!«

»Dann lese ich eben mit baumelnden Beinen«, antwortet Malte. »Und zwar, weil ich wieder ich bin. Und das ist auch gut so!« Er rollt sich auf den Bauch, legt den Kopf in die Hände und lässt die Beine baumeln.

Felix beobachtet ihn zufrieden. Doch noch immer ist er sehr aufgeregt. Malte muss dit Kapitel einfach großartig finden, denkt er. Nie hab ick wat besseret jeschrieben, nach wie vor nicht.

Dann setzt er sich wieder ganz nah an Malte, sodass sein

Gesicht maximal drei Zentimeter von Maltes Gesicht entfernt ist.

Malte liest, davon unbeirrt.

Plötzlich aber hören Maltes Beine auf zu baumeln, seine Miene verdunkelt sich und er steht auf. »Nein! Nein, nein, nein, nein, nein. Nein, Felix, Nein! Das ist scheiße!«

»Wie, wat?«

»Na, das ist scheiße, das machen wir so auf keinen Fall. Nein. Nein, nein, nein!«, antwortet Malte und trinkt einen Schluck. Felix versteht nicht und zieht irritiert ein Drittel der Ouzoflasche runter, ohne dabei auch nur zu zwinkern.

»Doch, Malte. Doch. Dit ist brilliant, jedes andere Ende wäre riesengroße Pissscheiße, wär' dit. Wir machen dit so. So, und nicht anders.«

»Auf keinen Fall. Zum Glück habe ich vorsichtshalber und, vorausschauend wie ich bin, auch schon ein Ende geschrieben. Ein wirklich gutes, großartiges Ende. Lies es und sag mir, dass ich gut bin«, sagt Malte großkotzig. Felix winkt ab. Malte öffnet eine Datei auf seinem Laptop und hält ihn Felix unter die Nase. »Was? Schiss, dass du einsehen musst, wie viel besser mein Ende ist?«

»Lachhaft! Weeßte wat, Rosskopf, ick les mir deine Scheiße jetzt durch, aber nicht, weil ick auch nur die geringsten Zweifel an meinem Ende hab, sondern nur, um dir zu zeigen, dass dein Ende scheiße ist!« Er nimmt Maltes Laptop an sich, liest zwei Minuten und schreit: »Nieeemals! Not gonna happen, uff kee nen Fall und nein! Dit is' Scheiße, riesengroße Scheiße. Kannste sofort wieder verjessen. Wir nehmen mein Ende.«

»Einen Scheiß nehmen wir! Mein Ende ist viel besser!«

»Klar, Rosskopf, natürlich ist dein Ende besser«, sagt Felix voller Ironie. »Unsere Zielgruppe sind ja nicht ›OSSIS‹ sondern anjefahrene Vorschulkinder aus Friedberg. Ach, nee! Unsere Zielgruppe sind ja doch ›OSSIS‹, Rosskopf, schade! Dann ist dein Vorschlag wohl einfach nur riesengroße Scheiße!«

Felix und Malte brüllen sich die folgende Stunde lang an. Die Worte »*****« und »**********« fallen regelmäßig. Auch das Wort »***********« wird benutzt.

»Rosskopf, mir reicht dit! Ick leg hier mein Herz offen in dem letzten Kapitel«, schreit Felix, seine Argumente wiederholend, »aber du wertschätzt dit eenfach nich'. Dit is' doch wieder Neid, is' dit doch wieder! Ick raste aus, raste ick, ick ...«

Felix' Gebrüll wird durch ein Türklingeln unterbrochen.

»Wieso klingelt dit jetze?«, will er wissen.

»Ich nehme an, weil jemand die Klingel an der Tür betätigt hat«, antwortet Malte, der sich immer noch besonders viel Mühe gibt, wieder wie er selbst zu klingen. »Ich erwarte nämlich noch jemanden!«

»Ach ja?«, fragt Felix. »Ick erwarte ooch noch jemanden.«

»Ich habe dir aber nicht erlaubt, Gäste in meine Wohnung einzuladen!«

»Ick scheiß auf deine Regeln!«

Felix und Malte gehen zur Wohnungstür und öffnen sie. Troy und Marcel treten herein.

Drei Stunden später schließen Felix und Malte die Küche von außen wieder auf und treten ein. Troy und Marcel sehen eingeschüchtert und verängstigt zu ihnen.

»So, ihr Pfeifen, wie sieht's aus? Welchet Ende findet ihr besser? Meins, wa?«, fragt Felix suggestiv und sieht Malte dabei erhaben an.

»Ja, genau, welches ist besser? Mein geniales, durchdacht sozialkritisches Ende, oder die Kacke, die Felix da hingerotzt hat?«, fragt dieser dann.

Troy und Marcel sind verunsichert und wissen nicht, wie sie reagieren sollen.

»B-b-beide toll«, stammelt Marcel schließlich.

»Ja, find ich auch. Ihr seid beide Künstler«, ergänzt Troy noch.

»Kann der mal bitte sein Maul halten, Malte?«, schreit Felix, ohne Troy anzugucken.

»Nein, Felix. Troy hält jetzt nicht sein Maul. Troy erklärt uns jetzt nämlich, wie zur Hölle wir mit dieser schwammigen, Wischiwaschi-wir-sind-alle-Champions-Diplomatie-Kackantwort verfahren sollen!«

Troy reißt die Augen auf und sieht sich hilfesuchend um. Marcel hat sich wieder hinter der Couch verschanzt. Felix wirft einen Löffel nach ihm.

»Ihr hattet eine Aufgabe, nur eine. Es kann doch selbst für euch zwei Nacken nicht so schwer sein, einfach zu sagen, welchet Ende besser ist, oder wat?« Felix schüttelt den Kopf und denkt kurz nach. Er zückt sein Handy und sieht zu Marcel rüber. »So, du Lappen, entweder du sagst jetz' wat, oder ick ruf Emre an und sag ihm, wer damals gepetzt hat.«

»Nein, nein, nein. Äh, warte, äh, ich habe eine Idee!« Marcel kneift die Augen zusammen und hofft auf eine spontane Eingebung. Sein Blick entspannt sich plötzlich. »Okay, ich hab's: Wenn ihr beide euch nicht auf ein Ende einigen könnt, sollte jemand Drittes es schreiben, so als Kompromiss?«

Felix und Malte sehen sich kurz an.

»Okay, und wer soll dieser Dritte sein, Marcel? Hä, wer?«, fragt Malte mit drohendem Unterton.

»Troy«, platzt es aus Marcel heraus. Als er seinen Namen hört, springt Troy aus dem Stand neben Marcel hinter die Couch.

»Jute Idee«, sagt Felix.

»Gute Idee«, sagt Malte.

Troy schluckt.

»Jut, Troy. Pass uff! Du hast neun Minuten Zeit, ein Alternativende zu schreiben, ansonsten erzählt Malte der Welt von der Offenen Bühne in Blankenfelde. Also: Husch husch die Waldfee!«

Troy springt auf und beginnt, auf Maltes Laptop herumzutippen.

Auf die Sekunde genau neun Minuten später kommen Malte und Felix zurück in die Küche. Wortlos reißt Malte Troy den Laptop aus der Hand.

Troy steht unter Strom und sitzt wie paralysiert da.

Marcel wirkt das erste Mal entspannt.

Felix fasst nochmal zusammen: »Also ihr Pfeifen, wenn uns dit jetzt jefällt, bekommt ihr jeder einen Hustenbonbon geschenkt und verlasst bitte sofort unsere Wohnung. Wenn nicht, sind wir sauer auf Troy, weil er so 'ne Scheiße jeschrieben hat und wir erzählen der Welt von Blankenfelde. Aber richtig, wirklich richtig tief und doll und hart böse sind wa dann mit Marcel, da es ja sein Vorschlag war, Troy das Ende schreiben zu lassen. Dit ist noch viel schlimmer, als einmal 'n schlechtet Ende produziert zu haben. Dit passiert jedem Mal«, sagt er und klopft Malte auf die Schulter.

Marcel schluckt.

»Aaalso«, setzt Malte zum lauten Vorlesen an. »Plötzlich explodierte die Tankstelle, die vorher noch vor Ort vorhanden gewesen war, woraufhin plötzlich das passierte, was passieren musste, es machte nämlich laut BOOOM und auf einmal ward Adam Sandler, der vorher an Ort und Stelle vorhanden gewesen war, für immer verschwunden. Ende.«

Troy und Marcel zittern und trauen sich kaum, Felix und Malte anzusehen.

»Dit«, sagt Felix dann, »is«, er guckt noch mal zu Malte, »genial. Genial is' dit.«

»Stimmt«, sagt Malte. »Da ist noch mal für jeden was dabei. Die Oberschüler lieben Adam Sandler, Studenten setzen sich oft kritisch in Ökonomievorlesungen mit Tankstellen als Beispiel für Kartelle auseinander, die Seismologen werden die Explosion als Ausschlag auf ihrem Seismographen sehen können und wenigstens für dreißig Sekunden mal Action in ihrem sonst so langweiligen Berufsalltag haben. Für Inder ist das alles eine große Genugtuung, weil sie die Tankstelle und das Öl, das dort vertrieben wurde, symbolisch für die Ressourcenausbeutung der armen Länder der Welt durch den Westen sehen werden und die Explosion von selbiger eine gelungene Retourkutsche ist. Serien-

Junkies hassen Adam Sandler und freuen sich, dass er nun für immer verschwunden ist. Chapeau.«

»Ick wusste, es war 'ne jute Idee von mir«, sagt Felix zufrieden, »Marcel einzuladen. Immerhin war es sein Vorschlag, den Schriftsteller schreiben zu lassen.«

Auch Malte ist vom Ende restlos überzeugt. Sie fordern Troy und Marcel ohne ein Wort des Abschieds oder des Dankes und vor allem ohne die versprochenen Hustenbonbons auf, endlich zu gehen. Die beiden rennen aus der Wohnung. Malte und Felix schlagen ein. Jetzt müssen sie das neue Ende nur noch in das Skript einpflegen und sie haben es geschafft.

Eine Minute vor Deadline werden sie fertig.

Malte zieht sich ein glücklich-stolzes, blau-weiß gestreiftes Shirt an und liest seine InTouch zu Ende. Felix trinkt noch einen Kaffee mit Ouzo. Malte öffnet einen neuen Whiskey. Morgen kommen Maltes Mitbewohner wieder. Felix' Fahrt nach Marburg ist schon gebucht.

EPILOG

DER KLAPPENTEXT & DAS FUNDBÜRO

Vier Monate später.

Felix läuft den langen Flur in Maltes Wohnung entlang und macht vor Maltes Zimmer halt. Es ist Freitagmittag und aus Maltes Zimmer sind Geräusche zu vernehmen.

Felix klopft mit seinen starken Armen sechzehnmal gegen die Tür. Er hat sich abgewöhnt, mehr als sechzehnmal zu klopfen, weil das auf Dauer wirklich anstrengend ist. Erfahrungsgemäß ist die Reaktion bei einer Klopfzahl größer als sechzehn auch nicht besser als bei einer Klopfzahl kleiner als sechzehn. Jedes weitere Klopfen ab dem sechzehnten Mal wäre quasi verschwendete Energie. Energie, die Felix aber im Fitnessstudio, beim Kaffeekochen oder als Support der nächsten epischen Schlacht gegen Kleiber gut gebrauchen kann.

Aus dem Zimmer ertönt: »Gleich! Ich muss nur noch ...« Ein Moment vergeht.

Felix hasst es, so zu reagieren, wie er nun reagieren muss. Er wirft all seine Prinzipien über den Haufen, alles, wofür er steht und gekämpft hat. Er klopft ein siebzehntes Mal.

»Wer auch immer da ist«, setzt Malte seine Antwort fort, »es geht dich gar nichts an, was ich noch kurz muss! Also: gleich!« Malte hat sich klassisch in Rage gedacht, die Fortsetzung seiner Antwort klingt deutlich wütender als der Anfang. Zwei Minuten später lugt er durch die minimal geöffnete Tür. Er ist sehr rot im Gesicht und noch außer Atem.

»Felix?«, fragt er hechelnd. »Hä? Was machst du denn hier?«

»Tach auch, Rosskopf. Freut mich ebenfalls sehr, dich zu sehen«, sagt Felix mit sarkastischem Unterton. Er versucht, an Malte vorbei und in sein Zimmer zu gucken. Malte versperrt ihm den Blick. »Wat zur Hölle hast du da grad jemacht?« Felix will wirklich wissen, was zur Hölle Malte da gerade gemacht hat.

»Es ist nicht das, wonach es aussieht!« Ohne die Tür einen weiteren Spaltbreit zu öffnen, schlängelt Malte sich aalgleich in den Flur. Er knallt die Tür hinter sich zu, schließt sie ab, versucht den Schlüssel herunterzuschlucken und erstickt fast. Felix haut ihm mit seinen kräftigen Armen siebzehnmal auf den Rücken. Er ärgert sich. Früher hätten auch sechzehn Schläge gereicht. Das Universum rächt sich.

Malte nimmt von Felix' Gedanken keine Notiz. Er würgt den Schlüssel aus und kickt ihn geistesgegenwärtig schnell weg. Gekrümmt und keuchend steht er jetzt vor Felix.

»Alter! Wat zur Hölle hast du da drin jemacht?«

Malte bedeutet ihm, dass er erst Luft holen muss. Zwei weitere Minuten später richtet er sich auf, atmet tief ein und aus und sagt: »Äh, Kaffee?«

»Netter Versuch, Rosskopf, aber ick will wissen, wat du da drin gemacht hast! Ick hab 'n Recht darauf, dit zu erfahren, weil, äh, weil, äh ...« Felix überlegt, warum er ein Recht darauf hat. »Weil ick eine Vaterfigur für dich jeworden bin und das strapaziert unser Vater-Sohn-Verhältnis grad enorm, junger Mann. Und ja, verdammt. Ick will Kaffee!«

Felix und Malte gehen in die Küche. Malte reicht Felix eine Tasse.

»Du hast gewichst, oder?«, ist Felix' charmante Art, »Danke« zu sagen.

»Bitte für den Kaffee, gern geschehen«, entgegnet Malte pampig. Schlürfend nimmt er einen Schluck und ergänzt betont sachlich: »Aber um auf deine kindische Frage zu antworten: Nein, Felix, ich habe nicht gewichst.«

»Doch, Malte. Du hast da drin nach allen Regeln der Kunst

gewichst, hast du.« Felix zwinkert Malte väterlich zu und klopft ihm auf die Schulter. Die Rolle des peinlichen Vaters steht Felix sehr gut.

»Felix, zum letzten Mal: Ich habe nicht gewichst!« Malte betont jedes Wort einzeln.

»Is' jut, Champion. Is' jut.« Nach einem zweiten Schluck Kaffee verliert er das Interesse daran, Malte weiter zu ärgern und starrt in die Luft.

Gute acht Minuten passiert gar nichts.

»Weswegen ick eigentlich hier bin ...«, beginnt Felix.

Bevor er weiterreden kann, unterbricht Malte ihn. »Ja, Mann, warum zur Hölle bist du hier? Und wie bist du in die Wohnung gekommen?«

Felix zieht einen Schlüssel aus der Hosentasche.

»Ick hab mir 'n Schlüssel nachmachen lassen, als wir dit Buch jeschrieben haben. Du erinnerst dich? Wir haben ein Buch jeschrieben.«

»Ja, und?« Malte verliert die Geduld. Er hat gerade die Restvorkehrungen für seinen anstehenden Urlaub getroffen und große Angst, Felix könnte all das sabotieren. Vielleicht erklärt Felix ihm nun, er hätte ihn an die Fremdenlegion verkauft oder so.

»Ach so, ja«, sagt Felix trocken und ohne Bezug zur Fremdenlegion. »Ick hab' jestern die ersten Verkaufszahlen für unser Buch bekommen. Du erinnerst dich? Wir haben ein Buch jeschrieben.«

Malte wird sofort hellhörig. »Und?«

»Ick hab die hier in meener Tasche.« Felix deutet auf seine Tasche und genießt sein überlegenes Wissen.

»Los, sag schon!«

»Is' ja jut, Alter. Mann, ick dachte, wichsen entspannt?«

»Pff«, winkt Malte ab. »Dann besorg ich mir die Zahlen eben anders.«

»Haha, wie denn?« fragt Felix. »Willst du mich angreifen?«

Malte winkt ab. »Sowas hab ich gar nicht nötig, es gibt andere Mittel und Wege.« Er setzt einen überlegenen Blick auf. Dann springt er katzengleich auf und stürzt sich so überraschend auf Felix, dass er es tatsächlich schafft, ihn in den Schwitzkasten zu nehmen und auf den Boden zu zerren.

»Gib mir die Zahlen!«, prustet Malte, während er Felix würgt.

Felix realisiert langsam, was gerade passiert. Als wiege Malte nichts, steht er auf und entfernt den gestreiften Angreifer von seinem Leib. Ohne auch nur im Geringsten außer Atem zu sein, setzt er sich hin und trinkt seinen Kaffee weiter.

»Rosskopf, beruhig dich!« Er tätschelt ihm den Kopf, wie ein Vater seinem siebzehnjährigen Sohn den Kopf tätschelt, während der sich übergibt, weil er gerade das erste Mal zu viel Bier getrunken hat. Ein bisschen sauer, aber primär väterlich ergriffen. »Du bist noch nicht so weit, Großer«, fügt er hinzu.

»Felix, bitte. Was zur Hölle tust du hier, wenn du mir nicht die Zahlen geben willst?«

Felix macht dieses Mal bereits vor der Antwort eine sehr lange und dramatische Pause. »Ick hab', wie gesagt, jestern die Verkaufszahlen für unser Buch bekommen«, tut er so, als hätte Malte grundsätzlich gefragt, was Felix in seiner Wohnung tut. »Ick hielt sie für sehr erfreulich. Hab mich dann kurzerhand entschlossen, sie persönlich zu überbringen. 'nen Schlüssel hatt ick wie gesagt noch. Et voilà: Hier bin ick, Tiger. Allet in Ordnung.«

Malte schüttelt resigniert den Kopf. »Okay«, sagt er dann. »Und?«

»Und was?«, fragt Felix.

»Na, die Verkaufszahlen. Wie viele haben wir verkauft?«, fragt Malte.

»Ach so, das meinst du.« Felix grinst.

Malte starrt ihn erwartungsvoll an.

Felix nennt eine Zahl.

Malte nickt ehrfürchtig und langsam. Er scheint positiv überrascht, beeindruckt und stolz.

»Krass. Also echt. Krass. Freut mich enorm!« Maltes Nervosität ist wie weggepustet. »Echt sehr, sehr krass. Hat der verrückte Verleger mal was dazu gesagt oder sich überhaupt noch mal gemeldet?«

»Na ja«, beginnt Felix zu antworten. »Er hat mich noch oft zu privaten Filmabenden bei sich eingeladen und mir einmal die Handynummer seiner Frau geschickt. Ooch nach dir hat er immer wieder mal gefragt. Wollte dir selbst gebastelte Kastanienmännchen oder so schenken. Ick dachte, ich belästige dich damit nicht. Ansonsten ist der Konktakt zum Glück einjeschlafen. Aber zwischen den Zeilen hab ick rausjelesen, dass er zufrieden ist.«

Malte wundert sich nicht weiter. »Okay, und ...«, Malte ziert sich ein wenig, »... sind wir dann jetzt reich? Also, reichen die verkauften Exemplare schon für Luxusurlaub und Eigentumswohnung in Charlottenburg?«

Felix könnte einfach mit »ja« antworten. Mit Büchern und Kleinkunst wird man bekanntlich sehr schnell sehr reich. Fast immer. Aber etwas anderes brennt ihm noch auf der Zunge. Das Chili con Carne vom gestrigen Abendessen nämlich. Außerdem muss und will er Malte endlich etwas beichten.

»Malte.« Er ist plötzlich sehr ruhig und überhaupt nicht mehr cool. Er setzt die Miene eines Mannes auf, der etwas gestehen muss. »Ehrlich gesagt bin ick nicht nur wegen der Verkaufszahlen hier. Ick, äh, ick muss dir wat beichten.«

Malte versteht nicht, ist aber plötzlich sehr besorgt. Doch nicht etwas mit der Fremdenlegion? Aus irgendeinem Grund entwickelt er trotzdem mütterliche Fürsorgegefühle. »Okay. Ja, komm, so schlimm kann es ja nicht sein. Erzähl!«

Felix scharrt nervös mit den Füßen und sieht zu Boden.

So hat Malte ihn noch nie erlebt. Malte fühlt sich immer mehr wie eine Mutter, die ihr Junges beschützen muss. Er will Felix an seinen nicht vorhandenen Busen drücken, um Trost zu spenden. »Was ist denn los, mein Großer? Haben dich die anderen wieder wegen deiner Körpergröße gehänselt? Du weißt doch, du kannst mir alles sagen.«

Felix wehrt Maltes Versuch, ihn an seine Brust zu ziehen, reflexhaft mit einer gekonnten Drehung ab. Ein Move, den er sich vom Verleger abgeschaut hat. Aber er muss nun ehrlich sein. Er setzt zweimal an, bringt aber kein Wort heraus.

Malte hat kurz die unlogische Vorstellung, Felix erzähle ihm gleich, dass er Sara sei. Denn einen Twist dieser Art hatte er selbst für das große Finale in ihr Buch eingebaut. Und damit alles richtig gemacht, wenn man sich die Verkaufszahlen anschaut. Dennoch verwirft er den Sara-ist-Felix-Gedanken schnell wieder. Sara kommt ja laut eigener Aussage aus Tempelhof. Felix würde es niemals über die Lippen bringen, zu sagen, er käme aus Tempelhof.

»Allet war eine Lüge. Allet. Dit mit dem Buch, mit dem Verleger, allet«, platzt es plötzlich aus Felix heraus. Schüchtern blickt er zu Malte hoch.

Malte hat keine Ahnung, wovon Felix spricht. »Ich versteh nicht ... was meinst du?«

»Na ja, lass mich so anfangen: Du bist nicht der Einzige, der immer schon mal 'n Buch schreiben wollte. Dit war auch seit je her 'n großer Traum von mir. Ick hab ihn zwar nicht auf irgend'ne alberne Liste großer Träume jeschrieben, wat im Wesentlichen aber nur daran liegt, dass ick keene albernen Listen schreibe, aber ... na ja. Jedenfalls war ick vor 'nem halben Jahr mal bei 'nem Poetry Slam. Poetry Slams sind diese modernen Dichterwettkämpfe, bei denen junge Poetinnen und Poeten mit ...«

Malte unterbricht Felix' Ausführungen mit einem mahnenden Blick.

»Ja, jedenfalls, da war ick. Und da war ooch unser durchjeknallter Verleger. Ick wusste, dass er Verleger war, weil er jedem Gast per Handschlag gesagt hatte, er sei Verleger. Dann bin ick uffjetreten und kam ooch einigermaßen jut an beim Publikum. Ick hab meine große Chance gewittert und den Verleger später anjesprochen. Er war nach der Veranstaltung allein auf der

Tanzfläche und hat unjeschickte Drehungen jemacht. Hab ihm dann erzählt, dass ick schon immer mal 'n Buch schreiben wollte und da er ja Verleger sei und pipapo. Wir kamen jut ins Gespräch und ja ... Er meinte, er könne sich das prinzipiell schon gut vorstellen, mit Buch schreiben und so. Allerdings meinte er auch, ick wär' noch nicht so weit. Meine Texte fänd' er okay, und Berliner Schnauze ist ooch immer super. Aber für 'n jutet Buch würden da eindeutig *Harry-Potter*-Referenzen und Hitlerwitze fehlen. Salz und Pfeffer hat er immer wieder gesagt. Salz und Pfeffer. Na ja, wie du weißt, bei *Harry Potter* und Hitler muss ick immer direkt an dich denken. Hab ihm dann jesagt, ick hätte da den perfekten Co-Autoren, nämlich dich.« Felix schaut Malte kurz in die Augen. »Der Verleger war dann prinzipiell interessiert, aber, weil er uns als Autoren ja nicht kennt, immer noch skeptisch. Er meinte, er könnte uns nicht einfach blind 'n Buch schreiben lassen. Dit würde ja ooch 'ne Menge kosten, so wat. Er müsse Hannibal, den Lektor, bezahlen, das Buch drucken lassen und allet. Dit wär' zu teuer für so 'n Experiment. Ick wollte aber unbedingt. Na ja, long story short, wir haben uns so geeinigt: Ick zahl' ihm 'nen Vorschuss von fünfzehntausend Euro und dafür dürfen wir dit Buch bei ihm rausbringen. Ick hab dann dit Geld besorgt, mich sehr jefreut, dit janze Projekt dann aber erst mal voll verjessen 'n paar Monate lang. Joa, dann war's auf einmal 'n bisschen eilig, ick bin zu dir gezogen, wir haben das Buch jeschrieben und jetzt bin ick wieder hier. Es tut mir wirklich Leid, dass ick dich angelogen hab, aber ...« Er atmet erleichtert durch. Fünf Monate lang hat er die Last dieser Lüge mit sich herumgetragen, nun fällt ihm ein kompletter Steinbruch vom Herzen. Auch wenn er sich vor Maltes Reaktion fürchtet. Immerhin hat das Buch sie, trotz des Ärgers und diverser Streite zwischendurch, sehr zusammengeschweißt. Schüchtern nimmt er wieder Blickkontakt auf. Eine drückende Stille erfüllt die Küche.

Malte ist sprach- und fassungslos. Kurz überlegt er, Felix ein zweites Mal anzugreifen und es dieses Mal zu Ende zu bringen.

Er verwirft den Gedanken dann aber schnell wieder. Ein zweites Mal würde er den Überraschungseffekt nicht nutzen können. Der Moment für einen zweiten Angriff auf Felix würde beizeiten wiederkommen. Aber nicht hier, nicht heute. Trotz seines schuldbewussten Gestus hat Felix nämlich wieder seinen Neuköllner Der-Angriff-kann-jederzeit-kommen-Blick drauf. »Du hast mich benutzt, Felix«, sagt er leise. Stechend sieht er ihm in die Augen. Er schüttelt leicht, aber voller Enttäuschung den Kopf. »Benutzt hast du mich. Dir ging es nie darum, mir bei der Verwirklichung eines Lebenstraumes zu helfen. Dir ging es auch nicht um mich als Künstler und Autor und schon gar nicht ging es dir um mich als Freund. Es ging dir nur um dich. Du hast mich benutzt; für deine Geltungssucht und Fame-Geilheit instrumentalisiert hast du mich. Du hast mich auf meine *Harry-Potter-* und Hitlerwitze reduziert. Ich bin bis ins Mark erschüttert, Felix. Bis ins Mark.« Malte versucht, auf seine Wirbelsäule zu deuten, von der er weiß, dass dort das Mark ist, ist aber zu ungelenkig und zeigt deshalb auf seinen hinteren Rippenbogen.

Felix ist verwirrt, auch wenn die Schuldgefühle die Verwirrung überwiegen. »Malte«, setzt er an. »Ick weeß. Du hast völlig recht, du hast völlig recht. Aber ick wollte dir noch sagen, dass ick das Buch ohne dich niemals hätte schreiben können und dass ick dich für einen äußerst begabten, kreativen und großartigen Künstler und Schriftsteller halte. Ick kann grad leider nicht mehr tun, als dich inständigst um Entschuldigung zu bitten.«

Malte weiß nicht, was er sagen und denken soll. Wie konnte Felix ihn über Monate hinweg so konsequent anlügen? Sie waren doch Freunde. Zwar hassten sie sich öfters auch mal wie schlimme Feinde, aber meistens waren sie wie Brüder. Ungleiche Brüder. Aber Brüder. Aber war er denn frei von Sünde? Und das Buch war doch auch gut geworden. Besser, als sie es sich je erträumt hätten, und die Arbeit daran hatte Spaß gemacht und sie zusammengeschweißt. Die Schlacht gegen die Kleiber hatte ihm gezeigt, dass Felix immer hinter ihm stand.

»Weißt du was, Lobrecht?«, beginnt er. »Fick dich. Echt. Aber ey, das Buch ist super geworden. Und du bist wirklich ein toller Autor und auch wenn du das verschwiegen hast und die Motive vielleicht die falschen waren – du hast mir einen Lebenstraum erfüllt und dafür danke ich dir. Außerdem rechne ich dir hoch an, dass du nun ehrlich warst. Du hättest alles auch für dich behalten können. Die Wahrheit wäre sonst nie ans Licht gekommen.« Er guckt großmütig und fährt fort: »Und klar, natürlich wolltest du irgendwie enttarnt werden, damit man deine Intrigen hinter den Kulissen auch zu würdigen weiß. Aber das macht dich menschlich. In erster Linie bist du eben immer Mensch geblieben. Und ich denke, in diesem Fall war dir der Wunsch nach ehrlicher Freundschaft ohnehin wichtiger.« Malte lächelt.

Felix nickt.

»Außerdem«, fährt Malte fort, »muss ich auch was zugeben: Ich habe in das Buchprojekt nur eingewilligt, weil ich wusste, wenn es floppt, kann ich dir die Schuld dafür geben. Das ist auch nicht okay und ein falscher Antrieb. Von meinem zeitweiligen Neid ganz zu schweigen. Bitte verzeih!«

Er reicht Felix die Hand. Felix fängt schüchtern an zu lächeln. Dann fangen beide an zu lachen.

Malte holt zwei Bier aus dem Kühlschrank. »Auf das Buch«, prostet er Felix zu.

»Auf dit Buch, Junge!« Sie stoßen an und nehmen beide einen tiefen Schluck.

»Alter«, sagt Felix. »Ist dir aber nie uffjefallen, wie merkwürdig ick mich manchmal benommen hab? Zum Beispiel, als du nachgefragt hast, warum der Typ uns so einfach 'n Buch bei sich schreiben lässt? Oder als wir so plötzlich vom Verleger abgehauen sind? Oder als wir ihn da vor dem Slam gesehen hatten, als ick plötzlich fluchtartig abzischen wollte?«

»Na ja, lass es mich so sagen. Felix, du bist ein äußerst komischer Kauz. Mir ist das alles schon irgendwie aufgefallen, aber ich habe dem keine weitere Bedeutung beigemessen. Weil du halt echt ein äußerst komischer Kauz bist.« Malte schüttelt lachend den Kopf. »Lass uns das abhaken, okay?«

Felix nimmt dankend an. Sie stellen die leeren Biere in die Pfandkammer, verlassen die Küche und laufen zum nächsten Spätverkauf, um Nachschub zu holen.

»Eine Frage hab ich aber doch noch«, eröffnet Malte beim Laufen. »Wo zur Hölle hast du auf die Schnelle fünfzehntausend Euro herbekommen?«

Felix zuckt unbeeindruckt mit den Schultern. »Ach dit. Ja, dit war einfach. Bin einfach zum nächsten Fundbüro gegangen und hab jefragt, ob jemand fünfzehntausend Euro gefunden hätte. Der Fundbüromensch meinte ›ja‹. Ick musste was unterschreiben, dann hatta mir dit Geld gegeben. Easy, Bruder. Easy.« Er zwinkert lässig.

Malte grinst.

Nach mittlerweile fünf Bieren pro Kopf plaudern sie über Gott und die Welt.

Felix fragt: »Ey, wat is' eigentlich aus der Sara jeworden? Haste die je wieder gesehen?«

»Ja, wir haben ein paarmal geredet. Sie hatte einen Monat später dann auch Kleiber in der Wohnung. Sie kam dann hoch und hat sich dafür entschuldigt, dass sie mich so blöd behandelt hat und so. Sie wollte dann Tipps wegen der Kleiber. Ich hab ihr das Kleiber-Kit überlassen.«

»Echt? Du hast so an dem Ding gehangen!«

»Joa, schon, aber ich brauchte es ja nicht mehr und Sara war echt nett. Wir waren dann auch ein paarmal spazieren und was essen. Haben uns auch gut verstanden und sie ist auch echt süß, aber der Funke ist einfach nie übergesprungen. Weder bei ihr noch bei mir. Na ja, sie hat jetzt ein Engagement an irgendeinem Theater in Leipzig und seitdem habe ich sie auch nicht mehr gesehen. Und das war die Sara-Story.« Er scheint mit ihr seinen Frieden gemacht zu haben.

Felix nickt anerkennend.

»Ach ja«, sagt Malte noch. »Am Abend ihrer Abschiedsparty hat sie nachts betrunken bei mir geklingelt und wollte mit mir schlafen.« Malte hört auf zu erzählen.

Felix wartet auf das Ende dieser spannenden Wendung.

»Ja – und? Hast du?«

»Sie hatte ein Dalmatinerkostüm dabei. Ich glaube, sie wollte, dass ich das anziehe.«

»Ja – und? Hast du?« Felix ist nun doppelt neugierig.

Malte lächelt und schweigt.

Felix winkt ab.

»Unabhängig davon«, wechselt Malte das Thema, »willst du eigentlich gar nicht mehr wissen, was zur Hölle ich vorhin in meinem Zimmer gemacht hab?«

»Aaah, doch, unbedingt! Alter, hab ick schon wieder völlig verjessen. Wird Zeit, dass ick wieder Tageb..., äh, Memoiren schreibe. Also?« Felix ist wieder Feuer und Flamme.

»Na ja, nach dem großen Kleibermassaker war ja Ruhe. Wir haben wirklich alle erwischt.« Sie schlagen stolz ein. »Zumindest alle, die schon lebten. Ein kleines Kleiber-Ei haben wir übersehen. Es lag neben dem Boiler und hat so genug Wärme bekommen, um nicht gebrütet werden zu müssen. Es ist dann ein paar Wochen, nachdem du weg warst, geschlüpft. Kurz vorher hatte ich das Ei entdeckt. Mit gezücktem Stuhlbein stand ich davor und hab mit Schaum vorm Mund gewartet. Weil ich wenige Minuten früher ein bisschen Brausepulver genascht hatte, du verstehst. Aber als das Küken dann kam, hab ich es nicht übers Herz gebracht. Joa, und jetzt habe ich einen Hauskleiber. Er heißt Bartosz.« Malte klingt wie eine stolze Vogelmutter, als er den Namen des Jungen ausspricht.

Felix muss grinsen. »Bartosz also als Name, gute Wahl!« Die beiden schlagen erneut ein.

»Vorhin ist er aus seinem Käfig ausgebüchst und ich musste ihn wieder einfangen. Hach, sie werden so schnell erwachsen. So schnell, Felix. So schnell.«

Felix nickt wissend. »Warum haste dit nicht gleich gesagt?«

»So ungleich sind wir doch gar nicht, Felix. Wir beide mögen doch eine kleine Show für die Aufmerksamkeit. Wären wir sonst Poetry-Slammer? Vor allen Dingern aber: Unser Kleiber-Kampf war episch, ich wollte die gemeinsame Erinnerung nicht kaputt machen, dadurch, dass ich einen von ihnen großziehe.«

»Der Feind wird nicht als Feind geboren«, sagt Felix weise. »Er wird zum Feind erzogen.«

Beide nehmen noch einen Schluck und lehnen sich zurück.

Nach dem sechsten Bier haben die beiden die Idee, auf der Webseite des Verlags Kurzrezensionen zu ihrem Buch zu lesen.

Felix stellt seinen Laptop auf den Tisch. »Okay, hier sind se. Ick will aber anfangen«, stellt er klar. »Nice, die hier is' jut: ›Nie war das Warten zwischen zwei Erdbeben kurzweiliger. – Ein Seismologe.‹«

»Okay, immer abwechselnd. Warte …« Malte sucht eine gute Rezension. »Ja, Mann. Die ist gut: ›Nach diesem Buch wurde ich nie mehr gemobbt, weil ich endlich mitreden konnte. Endlich weiß ich, wofür man Geld ausgibt, wenn man zum ersten Mal welches hat. – Ein glücklicher Oberschüler.‹«

»Oh, oder die hier!« Felix freut sich. »›Das sind Menschen genau wie wir – Studenten eben. Toll zu sehen, dass es jemand aus unseren Reihen zu etwas gebracht hat. – Ein Student.‹«

»›Menschen sollten weniger zu Poetry Slams gehen und häufiger dieses Buch lesen. – Eine Kulturjournalistin, die oft über Poetry Slams berichten muss.‹«, kontert Malte.

»›Wer Ja zu Flugzeugen sagt, hat dieses Buch nicht verstanden! – Mensch mit Flugangst.‹«, liest Felix. »Auf die Leute mit Flugangst ist einfach Verlass.«

»Auf die Seismologen aber auch«, sagt Malte. »Guck mal die: ›So macht mein seismologisches Pflichtpraktikum in der achten Klasse richtig Spaß. In der elften Klasse werde ich noch eines machen, freiwillig! Wegen dieses Buches! – Ein Seismologie-Praktikant.‹«

Felix geht noch mal zum Kühlschrank und holt die letzten beiden Biere. Dann liest er noch eine Rezension vor, die ihm persönlich viel bedeutet: »›Diese Jungs sollten dringend eine Zeitung gründen! – Eine unabhängige und mutige Onlinezeitung.‹« Felix nickt wissend und übergibt an Malte.

»›Bevor ich dieses Buch las, war ich nur ein fremdes Mädchen in diesem fernen Land. Jetzt fühle ich mich endlich willkommen und bin glücklich. Das Buch hat mich integriert, ohne dass ich mich verstellen musste. Jeder, der die tiefe deutschindische Freundschaft verstehen will, muss dieses Buch lesen! – Eine hübsche Inderin.‹«

»›Ich kann die Umsetzung dieses Buches als Serie kaum erwarten. Heutzutage geht es ja nicht mehr ohne eine Serienauskopplung – die Autoren haben das erkannt. Toll. – Ein Serien-Junkie.‹«

»›Diese Jungs haben Poetry Slam nicht verstanden. Und doch verstanden. Und genau darauf kommt es beim Poetry Slam an. Und eben auch nicht. – Ein Poetry-Slammer.‹«, beendet Malte das Lesen der Rezensionen.

Die beiden sind stolz wie nie zuvor.

»Weißt du was, Felix?«, fragt Malte. Er zückt ein Exemplar ihres Buches. »Lass uns noch mal den Klappentext lesen und dann neue Projekte angehen. Wir haben ja jetzt große Referenzen und ich hab viele, viele neue *Harry-Potter-* und Hitlerwitze, okay?«

Felix nickt vorfreudig. »Ich habe auch viele neue Ideen!« Er guckt zufrieden. Dann rollt Malte sich auf den Bauch, stützt das Gesicht in die Hände und lässt die Beine baumeln. Er bedeutet Felix, es ihm gleich zu tun. Felix sträubt sich zunächst. Eigentlich macht er bei solch Albernheiten nie mit. Die Dynamik des Moments lässt ihn aber weich werden. Langsam und ungeschickt rollt auch er sich auf den Bauch, stützt das Gesicht in die Hände und lässt die Beine baumeln. Er erschrickt. Es fühlt sich besser und richtiger an, als er erwartet hätte.

Malte seufzt »Hach, Schriftstellerleben« und dreht das Buch um. Die beiden lesen den Klappentext laut vor. Sie fühlen ihre Worte.

»Bartosz ist ein ganz normaler Junge. Eigentlich. Er geht zur Oberschule, weiß noch nicht, wofür man Geld ausgibt und liebt TV-Serien. Manchmal guckt er mehrere Folgen an nur einem Tag. Nach dem Abitur macht er ein Auslandsjahr in Indien. Dort trifft er sehr viele Inder. Als er wieder zurück nach Berlin kommt, freut er sich. Indien war toll und alle Inder waren sehr nett zu ihm. Und Hühnchen mit Curry schmeckt ihm immer noch am besten. Doch Berlin ist einfach seine Heimat. Berlin, Berlin, Berlin, eine Grande Dame der Städte. Bartosz wohnt in einem Hochhaus, das direkt im Zentrum steht. Das gibt es nirgendwo sonst, wow, Berlin. Doch als er eines Tages am Alexanderplatz, wo der Fernsehturm vorhanden ist, vorbeigeht, um in einem Park einen oder vielleicht zwei Feldhasen zu streicheln, merkt er, dass etwas nicht stimmt. Bartosz kann plötzlich zaubern. Genau wie Harry Potter, *denkt er. Außerdem ist er ein Vampir. Als Bartosz dann noch herausfindet, dass er der Urenkel von Adolf Hitler ist, ändert sich endgültig alles. Eigentlich wollte Bartosz nämlich studieren an einer der zahlreichen Universitäten, die es in Berlin durchaus auch gibt. Die Freie Universität Berlin gibt es nur in Berlin, denkt Bartosz. Doch nun muss er die ganze Welt retten und in nur einem Monat ein Buch darüber schreiben, wie man ein Buch schreibt. Und eine Zeitung. Sonst werden alle Tiere sterben. Und dann ist da ja noch die Sache mit den Frauen ... Bartosz liebt eine Poetry-Slammerin, die ihre Texte nur für sich selbst schreibt. Aber wie wird er sie dazu bringen, ihn zu beachten? Mit Hilfe seiner Zauberkräfte und natürlich seiner Freunde – alles Inder – schafft Bartosz es beinahe, alle kleinen und großen Herausforderungen des Alltags zu meistern. Bis plötzlich wieder alles ganz anders ist. Und was war das gerade – ein Erdbeben? Eine spannende Geschichte voller Spannung: Was hat zum Beispiel Adam Sandler damit zu tun?«*

ANHANG

HIER WERDEN NUN EIN PAAR RANKINGS BESCHRIEBEN. ICH SAGE es gleich sehr ehrlich und direkt vorweg: Das sind *meine* Rankings! Die unterliegen meinen Regeln und Ansprüchen. Wie ich Dinge in meinem Kopf sortiere, ist einzig und alleine meine Sache. Wenn also jemand auf die Idee kommt zu kritisieren, eine Kokosnuss sei gar keine Frucht und passe daher nicht zwingend in eine Rangliste meiner liebsten Südfrüchte, dann sei diesem Jemand mitgeteilt, dass seine Anwesenheit nunmehr unerwünscht ist. Ich glaube wirklich, es hackt. *Das sind meine Listen!*

Malte

Meine zehn liebsten Südfrüchte

1. Ananas
2. Mango
3. Papaya
4. Kumquat
5. Maracuja
6. Banane
7. Kokosnuss (Ihr habt wohl gedacht, ich zieh das nicht durch. Falsch gedacht!)
8. Vanille
9. Zimt
10. Ich entscheide selber, wie viel zehn ist

Der Kader der deutschen Fußballnationalmannschaft der Männer, wenn ich Trainer wäre, niemand verletzt wäre und weder Philipp Lahm noch Per Mertesacker zurückgetreten wären. Und wenn das nächste Turnier in einem Monat wäre. Und wenn Marcell Jansen seine Karriere nicht im zarten Alter von nur neunundzwanzig Jahren beendet hätte. (Nicht, dass er im Kader steht. Das tut er nicht. Aber es beruhigt mich einfach, mir vorzustellen, er tollt da draußen noch im Profifußball herum. Ich benötige diesen Gedanken, um die anderen dreiundzwanzig Spieler zu selektieren.)

Tor: Manuel Neuer, Marc-André ter Stegen, Ron-Robert Zieler

Abwehr: Philipp Lahm, Per Mertesacker, Benedikt Höwedes,
    Mats Hummels, Jérôme Boateng, Emre Can,
    Holger Badstuber, Shkodran Mustafi

Mittelfeld/Sturm: Bastian Schweinsteiger, Toni Kroos,
    Sami Khedira, İlkay Gündoğan, Marco Reus, Mesut Özil,
    Thomas Müller, Kevin Volland, André Schürrle, Julian Draxler,
    Karim Bellarabi, Mario Götze

Bands, die ich gut finde und die auf den Namen »The Grateful Dead« hören:

1. The Grateful Dead

Die zehn interessantesten Ballsportarten

1. Fußball
2. Basketball
3. Baseball
4. Feldhockey
5. American Football
6. Rugby
7. Cricket (nicht Croquet, Peter Fox beispielsweise verwechselt diese Sportarten in seinem Lied »Haus am See«)
8. Quidditch
9. Kanu (ja, Kanu: meine Liste, meine Regeln, meine Definition von Ball)
10. Hier wird es schwierig: In China beispielsweise würde man sagen, dass Tischtennis sehr interessant ist. Am Timmendorfer Strand kommt man an Beachvolleyball kaum vorbei. Und was ist mit Handball oder Tennis? Oder gar Golf? Solche Listen sind sehr, sehr schwierig, da sollte man sich keinen Illusionen hingeben.

Meine beliebtesten Türklinken in der Wohnung

1. Die Türklinke der Speisekammer (außen): Weil ich nicht erwachsen genug bin, um auf Vorrat einzukaufen, ist meine Speisekammer meist leer. Daher benutze ich die Speisekammer selten. Entsprechend ist auch die Türklinke kaum abgenutzt und fühlt sich die wenigen Male, die sie berührt wird, unschuldig und sauber an. Außerdem benutze ich sie nur, wenn ich ausnahmsweise doch mal auf Vorrat eingekauft habe. In jenen Momenten fühle ich mich dann angekommen im Leben. Das ist vielleicht zweimal im Jahr der Fall.

2. Die Türklinke meines Zimmers (innen): Wenn ich in mein Zimmer gehe und die Tür von innen schließe, benutze ich dazu meist die Türklinke, selten nur schlage ich die Tür zu. Denn die Tür hat mir nichts getan. Nein, das hat die Tür wirklich nicht. Im Gegenteil: Oft hat die Tür verhindert, dass Felix Lobrecht gegen meinen Willen mein Zimmer betreten konnte. Ich bin der Tür dafür sehr dankbar. Immerhin hat Felix früher bis zu zweihundertvierundachtzigmal gegen die Tür geschlagen, wenn er eine Reaktion provozieren wollte. Wer also wäre ich, die Tür auch noch zuzuschlagen? Wie könnte ich der Tür das antun? Mithin ist jeder Griff an die Türklinke eine Erweisung tiefster Dankbarkeit meinerseits und ein Zeichen meines aufrichtigsten Respekts für die Tür. Außerdem weiß jeder, dass die Seele einer Tür in ihrer Klinke schlummert.
(Anmerkung: Wer weitere Infos zu meiner Zimmertür erhalten will, dem sei mein Ranking „Türen – Die besten in meiner Wohnung und wo sie zu finden sind" ans Herz gelegt. Dieses Ranking sollte auch ins Buch, aber der Verleger lehnt das Prinzip der Tür ab und musste schon hinsichtlich des Rankings über die Türklinken überredet werden.)

3. Die Türklinke der Haustür (außen): Gut, ja, das kommt sicherlich als Überraschung oder gar als Schock, aber manchmal verliebe ich mich in Nachbarinnen von mir. Vor ein paar Jahren – lange bevor Sara in mein Leben treten sollte – war ich in die Nachbarin Lisa verliebt. Es war ein heißer Sommertag, ich trug Einkäufe nach oben und traf Lisa im Treppenhaus. Als ich meine Hand schon an der Türklinke hatte, sprach Lisa mich an. Ich meine, sie wollte wissen, ob sie unser WLAN benutzen dürfe. Ich meine auch, mich zu erinnern, ihr meinen Laptop geschenkt zu haben. Aber das ist eine andere Geschichte. Denn ich schaffte es zunächst, Lisa in ein Gespräch zu verwickeln. Die Türklinke ließ ich dabei jedoch keine Sekunde lang los. Das hat mehrere Gründe. Erstens wirkt das so herrlich locker. Man signalisiert: »Eigentlich will ich die ganze Zeit schon in die Wohnung, aber unser Gespräch ist so knorke, dass ich mich jede Minute erneut entscheide, noch ein bisschen weiterzuplaudern.« Zweitens war Lisa so schön, dass ich mich festhalten musste, um nicht umzufallen. Drittens wollte ich die Option haben, schnell in meine Wohnung stürmen und weinen zu können, sollte Lisa mir das Herz brechen. Der konstante Griff an die Klinke war also wichtig. Wie beschrieben, war jedoch Sommer und es war heiß. Daher schmolz die Klinke in meiner Hand. Jetzt hat die Klinke meinen Handabdruck. Wenn ich Geheimagent spiele (und ich spiele oft Geheimagent), dann eignet sich diese Klinke hervorragend dafür, einen Fingerabdruck-Scanner zu symbolisieren. Daher mag ich die Klinke. Außerdem erinnert mich die Klinke jedes Mal an Lisa, meine großartige tolle Lisa. Lisa, die achtundvierzigste Frau, in die ich mich auf den ersten Blick unsterblich verliebt habe, seit ich in Berlin wohne.

4. Die Türklinke der Haustür (innen): Ich wurde mal aus Versehen eingesperrt. Die Freundin meines Mitbewohners hielt

meinen Schlüssel irrtümlich für einen Schlüssel für Gäste und nahm ihn an sich, verließ die Wohnung und schloss von außen ab. Ich konnte also die Wohnung nicht verlassen, obwohl ich das wollte und auch musste. Erst habe ich geweint, dann habe ich getrunken. Viel Alkohol habe ich getrunken. Und schließlich sprach ich mit der Türklinke. Ich flehte und bettelte und versuchte alle Tricks, die mir bekannt waren. Schließlich half mir ein Schraubenzieher. Die Türklinke hatte am Ende keine Chance. Aber sie hat alles gegeben, tapfer gekämpft und das imponierte mir. Ich würde uns nicht als Freunde bezeichnen, aber wir respektieren uns und grüßen uns, wenn wir uns sehen. Also jeden Tag. Denn wir wohnen quasi zusammen. Vielleicht sind wir doch sogar sowas wie Freunde.

5. Die Türklinke der Speisekammer (innen): Ich habe die Türklinke noch nie benutzt. Wirklich noch nie. Ich bin kein einziges Mal in die Speisekammer gegangen (ich bin ja ohnehin nur sehr selten dort) und habe die Speisekammer dann von innen geschlossen. Warum sollte ich das auch tun? Ich bin doch keine Speise. Aber, ich weiß, dass die Wohnung und ich nach all dieses Jahren noch ein »erstes Mal« offen haben, eine Berührung, ein Erlebnis, dass es so bis jetzt noch nicht gab. Der Gedanke, die innere Türklinke der Speisekammer irgendwann zu benutzen, hilft mir an regnerischen Tagen voller Hunger und Schmerz. Ich weiß nicht wieso, aber ich hinterfrage das auch nicht. Wenn man in dieser welligen Welt der Sturmfluten einen sicheren Hafen kennt, sollte man nicht erst mit der Tochter des Leuchtturmwächters schlafen, es sei denn, sie will das auch. Das zumindest hat Kuddel, ein Streuner aus der Gegend, immer gesagt und ich glaube, er meinte genau solche Situationen. Ich weiß es aber nicht. Denn Kuddel hat wirklich ein großes Alkoholproblem.

Treffen sich zwei Poeten in Rom ...

Zwei junge Bühnenpoeten, wie sie unterschiedlicher kaum sein können, erkunden gemeinsam die Ewige Stadt. Das Ergebnis ist eine poetisch-unterhaltsame Reiseerzählung mit Fußnoten. Ein ungewöhnlicher Blick auf Rom: versponnen, augenzwinkernd und mit viel literarischem Feingefühl verfasst.

»Ein grandioses Buch über Rom und die vielleicht schönste Männerfreundschaft seit Waldorf und Statler.« (Paul Bokowski)

»Alex Burkhards locker-flockiger Stil wird hier buchstäblich von Patrick Salmens beinharten Punchlines untermauert. Ein definitiv gelungenes Experiment.« (Thomas Spitzer)

Alex Burkhard, Patrick Salmen
Die Zeit kriegen wir schon Rom
Klappenbroschur, 112 S., 10,90€
ISBN: 978-3-944035-50-5 (auch als E-Book erhältlich)

LYRISCHE ALLTAGSBEWÄLTIGUNGEN

Kaum ein anderer Bühnenpoet schafft den Spagat zwischen Unterhaltung und Ernsthaftigkeit so gut wie Felix Römer. Auf der Bühne besticht er durch seine markante Stimme, seinen Humor und seine Leidenschaft. In seinen Texten treffen sich Pathos und Melancholie, Ernst und Komik, analytischer Scharfsinn und bissige Pointen. Felix Römers Texte lassen niemanden kalt, sie sind eindringliche Poesie mit Durchschlagskraft.

»Ich habe mit Felix Römer die schlimmste Nacht meines Lebens verbracht. Ansonsten kann ich ihn privat und beruflich uneingeschränkt empfehlen.« (Marc-Uwe Kling)

Felix Römer
Verhinderter Held.
Klappenbroschur, 96 S., 10,90€, inkl. 6 Audiolinks
ISBN: 978-3-944035-54-3 (auch als E-Book erhältlich)

100 Texte – 66 Autorinnen und Autoren, darunter 21 deutschsprachige Poetry-Slam-Champions – 25 Jahre Poetry Slam in Deutschland – 1 Sprache

Seit mehr als fünf Jahren ist diese Textsammlung das Standardwerk in Sachen Poetry Slam. Zum 25. Jubiläum der deutschsprachigen Poetry-Slam-Bewegung wurde sie um einige hochklassige Beiträge von wichtigen neuen Stimmen der Szene ergänzt. Star des Buches bleibt die Sprache selbst – das Handwerkszeug aller Poetinnen und Poeten, das in vielen Texten gespiegelt, betrachtet, lustvoll hinterfragt oder spielerisch erweitert wird.

Buch inkl. 25 Links zu Audio-Files: ausgewählte Texte, von den Poeten selbst vorgetragen.

Bas Böttcher, Wolf Hogekamp (Hrsg.)
Die Poetry-Slam-Fibel 2.0 (erweiterte Neuauflage)
Klappenbroschur, 336 S., 16 €
ISBN: 978-3-947106-45-5